13세기 베긴 여성신비가들과 젠더 신비주의
여성주의 시각으로 조명하는 베긴 여성신비가들의 정치적 신비주의

감리교신학대학교 조직신학분야 김 정 숙

13세기 베긴 여성신비가들과 젠더 신비주의

초판 1쇄 | 2024년 2월 29일
지은이 | 김정숙
펴낸이 | 홍보연

펴 낸 곳 | 도서출판 뜰밖
등록번호 | 제2006-000030호

(03736) 서울시 서대문구 충정로 7길 30, 3층(현대아파트 상가)

대표전화 | 02-393-9973   팩 스 | 02-392-9973
E-mail | mwli2000@hanmail.net
홈페이지 | http://mwli.creatorlink.net
디 자 인 | 디자인통

ISBN 978-89-958316-8-7

※ 이 책은 저작권법에 따라 보호되는 저작물이므로 무단 전체와 복제를 금합니다.

"나의 어머니 이순덕 님께 드립니다."

차 례

PART 1

13세기 베긴 여성신비가의 저작에 나타난 젠더 신비주의
제3의 신학자로서의 베긴 여성신비가들

제1장 제3의 신학자로서의 베긴 여성신비가들과 종교여성해방운동   9

제2장 마그데부르크의 메흐틸드(Mechtild of Magdeburg)의 신학적 인간학: 39
삼위일체 하나님의 신성에의 자각

제3장 앤트워프의 하데비치(Hadewijch of Antwerp)의 신학적 인간학: 59
신인합일에서의 인간화(Humanization)와 신화(Deification)

제4장 마그리트 포레테(Marguerite Porete)의 부정신학적 하나님 형상의 신학: 81
『소박한 영혼의 거울』의 신학적 인간학을 위한 변증

2 PART

남성 사제들이 쓴 성인전기의 행간 읽기
베긴 여성신비가들의 젠더 신비주의

제1장   13세기 서구 중세 유럽과 초기 베긴 여성신비가들   111

제2장   브라반트-리에주 지역의 베긴 여성신비가들: 129
스펠베크의 엘리자베스, 경이로운 크리스티나, 그리고 마리 드와니

제3장   성 스펠베크의 엘리자베스: 141
Imitatio Christi와 그리스도 수난의 영적 공연

제4장   성 경이로운 크리스티나(St. Christina the Astonishing)   169

제5장   첫 베긴 여성신비가: 구원의 어머니 마리 드와니   201

아래의 글은 각 학술 저널에 발표한 원고에
약간의 수정과 보완을 더 해 실었습니다.

———

1. 제3의 신학자로서의 베긴 여성신비가들과 종교여성해방운동

"13세기 베긴 여성신비가들과 젠더 신비주의: 여성주의 시각으로 조명하는 베긴 여성운동과 제3의 신학자로서의 베긴 여성신비가"
「신학사상」 한신대학교 신학사상연구소(179), 155~195.

2. 마그데부르크의 메히틸드(Mechtild of Magdeburg)의 신학적 인간학: 삼위일체 하나님의 신성에의 자각

"13세기 베긴 공동체 여성신비가 막데부르크의 메히트힐트의 '하나님 형상'으로서의 신학적 인간학: 여성주의 시각에서 조명하는 정치적 신비주의"
「현상과 인식」 제44권 4호, (2020. 12), 77~108.

3. 베긴 여성신비가, 마그리트 포레테의 부정신학적 하나님 형상의 신학: 『단순한 영혼의 거울』 Marguerite Porete의 신학적 인간학을 위한 변증

「신학과 세계」 제91호(2017. 9), 85~123.

13세기 베긴 여성신비가의
저작에 나타난 젠더 신비주의

제3의 신학자로서의 베긴 여성신비가들

1

PART

1

제3의 신학자로서의

베긴
여성신비가들과
종교여성 해방운동

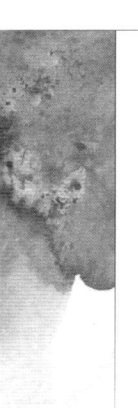

제1장

제3의 신학자로서의 베긴 여성신비가들과 종교여성해방운동

여성해방운동의 선구자

역사 속에서 여성들의 자취를 찾아내는 일은 쉽지 않다. 역사 이전부터 여성들은 남성과 더불어 문화를 만들고 전통을 잇고 엮어 전수해 왔음에도 불구하고 이에 대한 여성들의 기록은 거의 없기 때문이다. 여성들에 관해 기록한 남성들의 글은 적지 않음에도 정작 여성들이 주체가 되어 여성 자신의 경험과 사유, 비전과 가치, 그리고 고통과 구원 등에 대한 여성 자신의 이야기를 글로 남긴 역사적 자료는 드물다. 근대에 이르기까지 동서를 막론하고 공적인 교육의 기회를 박탈당했던 여성들은 비판적 사고와 창조적 상상력을 통해 자신들을 표현할 수 있는 모든 이론과 실천의 영역에서 배제될 수밖에 없었다. 그러기에 여성들은 과거를 통해 현실을 비춰보고 미래를 예측하며 새롭게 개혁하기 위한 토대로서 선조 여성들의 고유한 역사와 전통을 재구성하는 데 어려움을 겪는다. 남아있는 여성들의 글조차 객관과 중립의 이름으로 이성과 초월을 도구삼아 남성 자신들의 경험과 시각으로 여성의 생각을 조성하고 조정하며 때로 여성의 경험을 조합하고 해석해 주었기 때문이다.

그러나 여성들의 자취가 모든 지워진 것은 아니다. 주체적 여성, 당당한 인간으로 존재하기를 열망했던 여성들은 연속적인 역사의 시간과 공간에 가느다란 틈을 내고 그 신비의 틈새로 자신의 꿈과 비전, 들려주고 싶고 남기고 싶은 이야기를 몸의 언어와 문자로, 때로 암호처럼 은유와 상징으로, 그 흔적을 남겼다. 가부장적 권력은 불의한 힘과 신의 명령으로 여성들의 활동을 억압하고 목소리를 배제했지만, 초월과 내재의 사이 공간, 신비의 틈새에서 신과 하나됨을 체험한 여성들은 그 존재됨의 가치와 목적을 신비가의 이름으로 전한다. 그들은 침묵 속에서, 그리고 행간에서, 때로 가늘게 때로 크고 힘차게 우리에게 말 걸어온다. 비전과 환상, 이미지와 문자로, 은유와 상징으로 전달하고자 했던 그 응집된 신비가들의 이야기들을 함께 보고 듣고 느끼며 같은 꿈을 꾸며 과거와 미래로 이어지는 실타래를 풀어내야 한다.

이 논문은 13세기를 배경으로 발생한 베긴 여성운동을 "'최초'의 여성개혁운동", "'최초'의 여성해방운동"으로 정의한다. 19세기 20세기에 이르러서야 여성해방운동이 시작되었다는 주장에 반하여 이미 13세기 전후 여성들 스스로가 예수와 사도들과 같은 삶을 살고자 자발적인 운동을 통해 베긴 여성공동체를 형성해 갔다는 점에서 베긴 여성운동은 "'최초'의 여성개혁운동, 여성해방운동"이다. 베긴 공동체에 속한 대표적인 여성신비가들의 삶의 행적과 저작에 나타난 사상을 페미니스트 시각의 행간 독해를 통해 "자유와 저항을 향한 젠더 신비주의"로 특정화하여 "여성주의적 신비주의(feminist mysticism)", "정치적 신비주의"로 주장하며 베긴 여성신비가들을 '제3의 신학자'로 명명하고자 한다. 차별과 억압이 절정에 이르렀던 중세 시대에 여성들이 자신의 이름으로 저술하고 활동할 수 있었던 유일한 공적 영역이 바로 "신비주의"다. 많은 여성들이 신비가로 활동했으며 저작으로 독특한 신학적 특성을 남겼다. 다양하고 다층적인 여성신비가들 중에서도 13세기 "베긴 여성공동체(beguine community)", 그리고 대표적인 베긴 여성신비가들의 삶과 저작들을 주목한 이유는 신비주의 역사에서뿐만 아니라 "여성해방운동"의 역사에서 베긴 여성운동이 갖는 독특한 가치와 '제3의 여성신학자'로 명명할 수 있는 그들의 신학적 특성 때문이다.

OECD 국가 중 "양성평등 지수"가 여전히 최하위에 가까운 나라, "종교개혁 500주년"을 지나고도 여전히 중세 시대의 가부장적 우월성과 특권성에서 벗어나지 못하는 남근이성중심적인(phallogocentrism) 암흑기의 한국기독교, 그리고 그 견고한 배타적 울타리 안에 갇힌 교회여성들은 하나님 형상으로 지음 받은 주체적 여성으로 대화하고 공감하며 때로 이끌어주고 받쳐주는 여성 선배들을 역사에서도 교회에서도 만나지 못한다. 이 글은 '중세'라는 어려운 시대에 주체적 여성으로서 "해방과 저항"의 삶을 살아냈던 선배들과 시공을 넘어 대화하며 공감하고 과거와 미래를 잇대는 여성들을 위한 연대의 장을 만들고자 한다. 서로를 향해 말하고 듣고 싶었던 여성들이 교류하고 공감하는 가운데 더 높은 곳을 바라보며 더 좋은 세상을 만들도록 후배들을 위해 기꺼이 자신들의 어깨를 내어 주는 선배 거인들을 만날 수 있는 장을 펼치고자 한다.

이 논문의 전개로 첫째, 페미니스트 시각을 통해 신비주의를 조명하기 위한 방법론적 전거로서 "젠더 신비주의", 즉 "여성주의 신비주의"에 대한 최근 학계 연구를 소개할 것이다. 13세기 베긴 여성공동체와 베긴의 이름으로 살았던 신비가의 신비주의에 대한 연구에 여성주의 시각을 통한 젠더 신비주의 연구가 타당하다는 이론적 전거로 소개된다. 둘째, 13세기 전후에 이르는 "베긴 여성운동", 베긴 공동체가 형성된 특성을 '최초의 여성해방운동'으로 명명하며 그 이름의 당위성을 설명할 것이다. 셋째, 베긴 공동체에 속하는 대표적인 3명의 여성신비가의 작품에서 사용되는 언어와 이미지, 상징의 특성을 페미니스트 시각으로 조명하여 "제3의 여성신학자들"로 명명하고 신학적 인간학의 범주로서 '하나님 형상의 신학'으로 베긴 여성신비주의 신학을 규명할 것이다. 단 연구의 한계상, 베긴 여성신비가 각각의 사상을 자세히 다루지 못하고 공통적인 특성을 범주화하여 다룰 수밖에 없다는 한계를 지적한다. 페미니스트 시각을 통한 13세기 베긴 공동체와 여성신비가들의 삶과 저술을 새롭게 읽어내는 작업이 그동안 탈세상적이고 도피적인 영성, 맹목적 순종과 광적인 영성의 담지자로 인식되어 온 여성신비가에 대한 왜곡된 이해를 바로 잡고, 새로운 "여성주의 영성"을 갈구하는 현대의 많은 여성들에게 좋은 길잡이가 될 것이다.

여성주의 신비주의, 젠더 신비주의
그리고 중세여성신비주의

●

"초월적 경험", "신인합일"과 같은 초자연적인 경험으로 인식된 신비주의(my-thicism)에 대한 연구가 그동안 종교인들만의 영역으로 인식된 반면, 최근 다른 학문 분야에서 다양한 방법론적 접근을 통한 신비주의 연구가 활발하다. 일반적으로 알려진 신비주의 이해가 『종교경험의 다양성』[1]을 통해 알려진 윌리엄 제임스(William James)의 "무시간적 신비주의(perennialist mysticism)"[2] 이다. "무시간적 신비주의" 이해는 다양한 종교현상들의 근원이 되는 신비체험을 시공간을 떠나 탈세상적이고 초월적인 영적 체험으로 정의한다. 종교인들 사이에서 보편화되고 전통을 통해 전수되어 현재도 교회를 통해 당위적으로 작동되고 있는 "종교 영성"에 대한 이해는 구체적 역사와 문화와 상관없는 "탈세상적 영성"으로 이해된다. 뿐만 아니라 초월적 신비체험 속에서 경험의 판단과 행위의 주체가 해체되고 상실되어 부당한 현실에 대해서도 무조건 순응하거나 기존 권력의 체제옹호적인 영성으로 왜곡될 수 있는 위험성을 가진 신비주의로 평가된다.

최근 무시간적 신비주의 이해에 대한 비판이 거세게 일며 새로운 신비주의에 대한 연구, 상황적 신비주의(contextualist mysticism), 페미니스트 신비주의(feminist mysticism), 그리고 포스트모던 신비주의(postmodern mysticism) 등 다양한 방면에서 신비주의 연구가 활발하게 진행되고 있다.[3] 신비주의 연구가 더 이상 종교계의 전유물이 아니라는 사실을 분명히 알 수 있다. 스티븐 카츠(Steven T. Katz)의 "상황적 신비주의(contextual mysticism)" 연구는 "무시간적 신비주의"에 대한 비판적 이론에서 비롯되었다. "상황적 신비주의"의 주장에 따르면, 모든 체험은 비록 신비주의 체험이라 할지라도 문화적 매개 없이는 불가능하다고 주장한다. 모든 체험은 경험의 주체가 누군가에 따라 다르게 경험될 수 있기에 경험 자체와 더불어 경험에 대한 각각의 해석도 역사적

---

[1] cf. William James, the Varieties of Religious Experience, Matthew Bradley trans. (Oxford University Press, 2012).
[2] Louise Nelstrop, Kevin Magill & Brdley B. Onishi, Christian Mysticism: An Introduction to Contemporary Theoretical Approaches (Burlington, AshGate Publishing 2009), 2.
[3] Ibid. 신비주의에 대한 현대의 이론적 접근을 잘 정리해서 소개해 주고 있다.

이며 문화적 상황의 매개를 벗어날 수 없다는 것을 말한다. "상황 신비주의"에서 강조하는 것은 신비체험을 포함한 모든 체험을 해석할 때 신비체험의 현상과 그 이후에 대한 관심보다 체험 '이전'의 상황적 배경에 더 많은 주의를 기울여야 한다고 주장한다.[4] 다시 말해 지금까지의 신비주의 연구가 신비체험 자체 그리고 신비체험 이후의 상황에 대해 중점을 둔 반면 상황적 신비주의 연구는 신비체험 이전의 경험의 주체, 신비가의 삶과 역사적 배경에 더 큰 비중을 두고 연구되어야 한다는 것을 의미한다. 이러한 "상황적 신비주의"에 대한 이해는 성(性)으로 인해 다층적이며 다각적으로 차별과 억압을 감당해야만 했던 중세 여성들이 경험했던 신비체험을 페미니스트 시각으로 접근하는 "여성주의 신비주의" 혹은 "젠더 신비주의" 연구와 밀접한 관계가 있다.

신비주의 연구에서 최근 활발하게 연구되는 분야가 "여성신비주의" 혹은 "여성주의 신비주의", 다른 말로 "페미니스트 신비주의" 연구다. 이를 "젠더 신비주의"라고 할 수 있는 이유는 중립적으로 인식되어 오던 초월적 신비주의 경험과 신비체험의 저술 역시, 성(sex)과 젠더(gender)의 생물학적이고 사회적인 범주에서 자유로울 수 없기 때문이다. 여성 차별의 역사와 억압적 상황에서 경험되는 신비체험은 경험의 주체가 되는 여성과 그 사회적 산물인 젠더가 무관하지 않다는 의미다. "젠더 신비주의"는 그동안 학문적 가치를 인정받지 못한 여성신비가들의 저술에 대해 관심과 중요성을 새롭게 부각시키며 영성적인 면뿐만 아니라 역사적, 문헌적 가치와 의미를 새롭게 발굴해 내고 있다. 이와 병행해서 "여성신비주의" 연구는 여성신비가들의 저술에서 남성들의 저작에서와는 다른 젠더적 요소를 찾아내고 연구하며 여성 혐오적이고 차별적인 요소에 대한 전복적 해석을 통해 신비주의 연구에 있어 독립적인 분야로 새로운 학문의 장을 펼치고 있다. '여성주의 신비주의' 연구는 무시간적 신비주의 이해를 반대하며 상황적 신비주의 연구와 그 맥을 같이하고 더불어 포스트모던 신비주의의 비판적 요소, 사회비판적 이론을 방법론으로 하여 페미니스트 시각을 통한 젠더 신비주의 연구에 박차를 가하고 있다.

여성신비주의가 젠더 신비주의이며 페미니스트 신비주의라는 의미는 생물

---

[4] Ibid., 12.

학적 여성들의 신비주의 문헌을 연구한다는 사실에 국한되지 않으며 혹은 신비가의 문헌 속에서 단순히 젠더적 요소를 분별해 내는 것에 제한되지 않는다. 본 논문에서 주장하는 "젠더 신비주의" "페미니스트 신비주의"는 탈세상적이고 도피적인 "무시간적 신비주의"를 통해서는 신비가의 삶과 저술에 담긴 계급화된 가부장적인 교권과 사회 문화 속에서 저항해 온 주체적 여성들의 목소리를 찾아낼 수 없다는 것에서 비롯된다.[5] 다양한 분야에서 중세 여성신비가의 문헌을 연구하는 여성주의 학자들은 페미니스트 시각을 통해 신비체험의 전제가 되는 여성신비가의 구체적 삶의 정황과 역사적 상황을 연계하여 비판적으로 분석하고 재구성하여 문헌에 담긴 억눌리고 숨겨진 여성들의 목소리를 회복하고자 한다. 여성주의 학자들은 여성혐오와 성차별, 여성 억압이 극에 달했던 중세의 정치경제 종교문화의 실존에서 남성들의 사회적 위치와 역할이 여성들과는 달랐던 요소들에 주목한다. 여성주의 연구가들은 가부장적 중세 문화에서 지워지고 감추어진 여성신비가의 사유와 목소리를 회복하여 그동안 자학적이고 광적인 영성으로 왜곡되어 비하된 여성신비가의 신비주의에 대한 올바른 이해를 도모한다.

"젠더 신비주의" 연구는 신비체험 이전의 여성신비가의 역사적 삶에 주목하는 한편 여성신비가의 저술 속에 묘사된 상징들, 몸과 연관된 다양한 언어와 알레고리, 이미지와 환상, 신성에 관한 여성적 언어 등을 분석한다. 또한 가부장 문화권에서 부정적으로 형성된 비이성적이고 열광적이며 극히 감성적이며 육욕적 이미지의 영성을 여성신비주의의 특징으로 규정해 온 이해들을 페미니스트 시각에서 비판적으로 재구성한다. 더 나아가 젠더 신비주의 연구는 여성신비가의 저술에서 사용된 상징과 이미지의 언어적 특성이 당시 관념적이며 스콜라적인 남성들의 언어를 넘어서는 "수행적 언어(performative language)", 그리고 몸으로 체현된 언어로 재구성하여 삶과 몸으로 살아내는 수행적 언어를 통해 여성신비주의의 영성을 자기 긍정적인 여성 영성으로 재구성한다.

위에서 설명한 "젠더 신비주의"의 방법론에 근거하여 다음 장은 12세기 말과 13세기에 발생했던 베긴 여성운동을 최초의 "여성 해방운동", "여성개혁운동"

---

[5] Ibid.

으로 주장할 것이다. 최초의 여성운동으로서의 "베긴 여성운동"의 출현과 발전, 쇠퇴라는 역사적 정황을 베긴 여성신비가의 신비체험의 역사적 배경과 저술의 맥락으로 설명할 것이다.

최초 "여성해방운동"으로서의 13세기 베긴 여성운동

"베긴 여성공동체"는 평신도 여성들의 비공식적인 종교 공동체로서 12-13세기에 걸쳐 전쟁과, 급박하게 세속화되고 도시화하는 사회적 변화에 따라 평신도 여성들의 능동적이고 적극적인 대응으로 생겨난 "최초의 여성개혁운동"이자 "여성해방운동"[6]으로 촉진된 젠더적 특성을 가진 종교공동체로 평가된다. 메리 말론(Mary T. Malone)은 베긴 여성운동을 가리켜 "그리스도교 역사를 바꿀 수도 있었던 약 2세기에 걸친 여성운동"이라고 평가하며 이를 역사에서 "잃어버린 기회"[7], 그리고 "위험한 기억"[8]이라는 강력한 표현으로 베긴회가 가진 역사적 가치와 위상을 묘사한다. 이충범 역시 당시 교회와 교권, 그리고 베긴 여성운동의 관계를 "국가 장치"와 "전쟁 기계"라는 비유적 용어로 묘사함으로 베긴 여성운동이 당시에 가진 특성을 나타낸다. 즉 "전제적 권력과 조직적 입법자"이며 "사회 전체를 통일체로 구성하려는 단일 혹은 소수 권력", 그리고 "초월적 권력을 제도화하고 재생산하는" "국가 장치"로서 당시의 '교권 교회'를 비유적으로 표현하면서, 이러한 "국가 장치"에 균열을 내고 '통일성과 안정성'을 위협하는 "전쟁 기계"라는 비유적 언어를 통해 당시의 베긴 운동이 가진 사회적 영향력을 묘사한다.[9] 더욱이 이충범은 베긴 여성운동과 같은 종교 운동이 당시 교회 교권에 대해 가했던 영향력에 대해 "역사 지층이 흔들리기 시작하는" 혹은 "역사적 균열시점"을 의미하는 "문턱(threshold)"이라는 용어로 묘사함으로 당시 베긴 여성운동 사건의 파급적 영향력을 추측하게 한다. 말로운은

---
6 신창석, "베긴네의 출현과 가톨릭 여성신비주의"『가톨릭철학』, 제19호 (2012년), 5.
7 메리 말로운,『여성과 그리스도교 2: 천년부터 종교개혁 전까지』, 안은경 (바오로 딸, 2009), 169.
8 Ibid., 170.
9 이충범, "베긴(Beguine) 여성들과 그 공동체가 수행한 전쟁지도 작법에 관하여"『韓國敎會史學會』, 제21호 (2007), 268-272. 이충범은 들뢰즈와 가타리로부터 "전쟁기계" "국가장치"의 용어를 차용하여 당시 교권과 교회에 가했던 베긴 여성운동의 위상을 적극적으로 묘사한다.

그동안은 "베긴 여성공동체"에 대한 연구가 소수의 관심 있는 전문가들에만 국한되었으나 최근에는 학자들만이 아니라 대중들도 베긴 여성운동, 베긴 여성공동체에 폭발적인 관심이 일어나고 있다고 지적하며 최초 여성운동으로서의 베긴 여성운동과 베긴 공동체의 중요성이 새롭게 부각되고 있음을 설명한다.[10]

'최초 여성개혁운동' 혹은 '최초의 여성해방운동'으로서 베긴 여성운동이 갖는 특별한 위상과 가치는 막대한 재산이나 권력을 가진 한 사람이나 공동체, 혹은 교권에 의해 시작되고 창설된 것이 아니라는 데 있다. '종교적인 여성들'(mulieres religiosae)이라 불렸던 평신도 여성들이 사도들의 청빈과 헌신의 삶을 실천하고자 당시 탁발 수도사들과 함께 타락한 교회와 성직자들에 대한 비판과 개혁에 대한 의지를 담고 있는 자발적 종교 운동이었다는 점에서 '최초 여성개혁운동'이라고 할 수 있다. 또한 평신도 여성들이 자발적으로 시작한 운동으로서 교회의 감시와 규율에 얽매이지 않으면서 자유로운 가운데 신앙생활을 추구하며 점차 자립적인 젠더 공동체를 형성했으므로 '최초 여성해방운동'의 성격을 갖는다. 물론 현대의 여성해방운동처럼 페미니스트 의식을 가진 여성들이 중심이 되어 명시적으로 정치경제 사회적 평등과 해방을 추구했던 여성해방운동은 아니다. 그러나 다수의 평신도 여성들이 '사도적 삶'을 살기 위해 자발적으로 여성에게 제한된 역할과 영역을 뛰어넘어 주체적인 결단과 선택으로 개별적인 혹은 공동체적인 삶을 자율적으로 추구하고 이루어냈다는 점에서 '여성해방운동의 선구자들'이라 할 수 있다. 중세 종교 운동에 대해 저술한 허버트 그룬트만 역시 베긴 공동체가 자발적 여성 종교 운동의 결과로 생겨난 것이라고 주장한다.[11]

평신도였던 베긴 여성들은 세상과 단절되어 수도원에 살던 수녀들처럼 종신서약을 하거나 속세를 벗어나 은둔자 생활을 하던 은수자(hermit)들과는 달리 보다 자유롭고 독립적이었지만 사도들의 삶을 모범으로 삼아 자발적으로 가난과 정결을 지켰으며, 탁발보다는 오히려 수공업과 같은 작은 비즈니스를 통해 경제적으로도 자립적인 공동체를 이루어갔다. 전쟁으로 인해 남성들이 떠난 빈자리를 채워 여성 자신들의 역량을 새롭게 발견하고 남성 의존적이고 부속

---

10 Ibid., 169.
11 Herbert Grundmann, *Religious Movement in the Middle Ages* (University of Notre Dame Press, 1995), 139.

적이고 종속된 삶으로부터 독립해 나가며 여성들 스스로 자립적인 생활을 영위해 나갔다. 따라서 결혼생활 혹은 수녀원 중 하나를 택해야 했던 제한된 여성들의 삶의 범위를 각자 다양한 배경을 가진 평신도 여성들이 자신들의 삶을 개혁하고 개척하는 운동으로 확장하였고 성과 속을 연결하는 매개적 공간으로서의 여성공동체를 이루었다고 평가된다.[12] 당시 위계적으로 조직화되고 남성 우위적으로 제도화된 교권에서 벗어나 반위계적이며 사도적인 청빈과 평등의 영성을 추구하며 봉사와 헌신의 실천적 삶과 더불어 기도와 명상의 삶을 실천했던, 세속적인 특성과 종교적인 특성을 동시에 지닌 자율적인 여성종교 공동체를 이루었다는 것은 중세 시대에는 말할 것도 없이 현대 사회에서도 매우 급진적인 '여성해방운동'의 현상이 아닐 수 없다.[13]

월터 시몬즈(Walter Simons)는, 베긴 여성운동을 약 1200년경부터 유럽의 남부 저지대(대략 현대의 벨기에 지역을 포함하여 독일 라인강 서쪽 지역에 이르는 지역)에서 평신도 여성들로서 "종교적인 여성들"을 중심으로 세속 가운데서 자율적인 종교생활을 위해 시작된 독특하고 흥미로운 현상의 운동이라고 규정한다. 당시 공식적으로 제도화된 수도회와는 달리 한 남성이나 한 여성이 주축이 되어 시작된 것이 아니며, "새로운 삶의 형태를 추구하고 같은 목적을 가진 여성들의 자발적 움직임이 비교적 짧은 시간에 연계적으로 일어난 매우 새로운 형태의 운동"이라고 시몬즈는 말한다.[14] 엘리자베스 페트로프(Elisabeth Alvilda Petroff)에 따르면, 12세기 말 13세기 초에 발생한 이 여성운동은 매우 독특하면서도 창조적인 현상으로서 1175년부터 1250년에 이르는 기간 동안 빠르게 퍼져 마침내 13세기 말경에는 프랑스 남부에 있는 마르셀부터 발틱 해안에 이르는 북유럽을 비롯해 전역으로 발전되었다고 전한다.[15] "초기 단계에서의 베긴 여성운동의 현상은 제도적 형태가 아닌 비공식적인 느슨한 공동체

---

[12] "1215년 제4차 라테란 공의회에서 교황 인노센트 3세는 영성생활을 지향하는 여성에게 공감하면서도 더욱더 여성의 선택의 폭을 제한하는 쪽으로 움직였다. 결혼을 하든지 엄격한 수도원 안에 갇히든지 여성들한테 이 둘 사이에 엄격한 선택을 하게 한 사람이 교황 인노센트 3세였다." 메리 T. 말로운, 『여성과 그리스도교 2: 천년부터 종교개혁 전까지』, 174-175.

[13] Elisabeth Alvilda Petroff, *Body & Soul: Essays on Medieval Women and Mysticism* (New York, Oxford: Oxford University Press, 1994), 52.

[14] Walter Simons, *Cities of Ladies: Beguine Communities in the Medieval Low Countries, 1200-1565* (Philadelphia: University of Pennsylvania Press, 2001), 36.

[15] Elisabeth Alvilda Petroff, *Body & Soul: Essays on Medieval Women and Mysticism*, 51.

의 모습이었으며," 그 형태도 다양하여 어떤 여성들은 대중들 속에서 은둔자처럼 삶을 살기도 했고, 홀로 자기 집에서 살거나 혹은 여러 여성이 함께 집에서 살기도 했으며, 어떤 여성은 병원이나 나병 요양소에서 봉사하거나 어떤 여성은 수녀원에 들어가기 전 일시적으로 베긴 공동체에 머물며 참회의 삶을 갖기도 했다고 전한다.[16]

초기의 베긴 여성들의 생활에 대해 묘사하기를 "육체적 유혹을 과감히 무시하고 가난과 겸손의 삶을 취한" 여성으로서 "종교적인 경건성의 이상적인 모델"로 제시되기도 했다.[17] 설교가 쟈크 드 비트리는 베긴 여성들의 덕행을 매우 칭송하며 "1216년 7월에 교황 호노리우스 3세(Honorious III)에게 '리에주 주교 통제 하에 순결한 여성들로 하여금 공동생활을 하면서 상호 권면을 하면서 서로 강건한 삶을 살도록' 허락해 달라는 요청의 편지를 보내었다"[18]고 전해진다. 일반적으로 초창기 베긴 여성들에 대한 평판은 경건하고 순결하며 독립적이고 구제와 봉사의 삶, 정결하고 단순한 삶을 살았던 여성들로 주변을 통해 존경과 칭찬을 받는 등 긍정적인 평가를 받았던 사실을 확인할 수 있다. 그러나 긍정적 평가만큼이나 부정적인 평가들도 있었다는 사실을 통해 베긴 여성운동의 도전적인 성격을 짐작할 수 있다.

1123년부터 1215년에 걸쳐 4차례 열렸던 라테란 공의회를 통해 사제들의 결혼금지, 사제들의 배타적인 설교권 강화, 새로운 형태의 종교적 생활 금지 등의 여러 법령이 반포되었고 더불어 교황의 특권과 교회의 위계적 계층의 권위가 강화되어 갔다. 교권과 교회의 권력이 강화될수록 여성들의 삶과 종교적 운동은 억압되고 통제되었지만, 그럼에도 베긴들의 숫자는 늘어만 갔다. 베긴회 연대기 작가 매튜 패리스의 자료를 인용하여 메리 말로운은 "퀼른 부근 지역에 당시 2천여 명의 베긴 회원이 있었으며", "1300년대 말 무렵 베긴회 단체의 수는 169개에 달했다"고 기록한다.[19] 1310년 6월 1일 유랑하며 설교하고

---

16 Ibid., 35.
17 이필은, "중세 여성 종교 운동에 대한 사제와 신학자들의 반응: 13세기 초에서 14세기 파리 베긴에 대한 신학자들의 태도 연구를 중심으로"「西洋中世史硏究」, no. 22, (2008), 135.
18 "이는 Jacques de Vitry의 서신인 Letters de Vitry (1160-1170-1240)에 나타나 있으며 이 편지는 R.B.C Huygens에 의해서 편집된 eveque de Saint-Jean d'Acred (Leiden, 1960), 74쪽에 있다"고 각주 42번을 통해 밝히고 있다. 이필은, "중세 여성 종교 운동에 대한 사제와 신학자들의 반응" 138. 재인용.
19 메리 T. 말로운, 「여성과 그리스도교 2: 천년부터 종교개혁 전까지」, 179.

가르치던 베긴 여성신비가 마그리트 포레테가 교권에 의해 이단으로 정죄되고 그의 저서 『단순한 영혼의 거울』과 함께 공개적으로 화형당하면서 베긴 여성들은 위험에 처하게 되고 마침내 1312년 비엔나 공의회에서 베긴을 이단으로 규정함으로 베긴 공동체는 교회 당국의 감시와 억압 가운데 불안한 상황을 마주하게 된다. 최근 벨기에와 여러 지역을 거쳐 베긴회의 자취를 돌아본 로라 스완(Laura Swan)은 아직도 벨기에에만 111개의 중세와 유사한 유형의 베긴회가 있으며 그중 13개의 베긴회는 유네스코 세계 기념물로 등록되었다고 전한다. 스완은 12-13세기 중세 유럽에서 시작되고 융성했던 베긴운동의 열기는 비록 역사 속으로 사라졌지만, 그 후예들 가운데는 주로 연로한 여성들, 작가 혹은 예술가들이 여성해방운동 선구자들의 산증인으로서 여전히 명맥을 유지하고 있다고 전한다.[20]

여성해방운동의 선구자인 베긴 여성들에 대한 연구에 학계에서 큰 관심을 갖기 시작한 시기는 "1980년대"라고 한다. 베긴 여성운동과 베긴 여성공동체에 학자들이 최근에서야 지대한 관심을 가지게 된 이유는 베긴 여성운동이 공식적인 개혁운동이 아닌 비공식적인 자발적 운동이었기 때문이라고 한다. 공식적으로 형식을 갖춘 명시적이며 선언적인 교회개혁운동에 대한 증언이나 자료는 역사자료로 잘 보관되어 있는 반면, 베긴 운동과 같은 비공식적 자발적 운동에 대한 자료는 대부분 보관되지 않았기 때문이라는 것이다.[21] 학자들이 베긴 여성운동에 특별히 관심을 가지게 된 것은 베긴회의 형성이 매우 독립적이고 자발적인 여성들의 운동 형태로서 매우 독특한 역사적 유형이라는 사실을 알게 되면서부터. 베긴 공동체를 연구하는 학자들은 베긴 운동에 대한 공식적인 자료나 증언이 부족하기에 당시에 남겨진 계약서, 부동산 등기, 유서 등등의 다양한 부수적인 자료들까지 세밀하게 조사하며 여성운동을 통해 실제로 무엇을 하였으며 어떻게 생활했는가를 밝히고자 노력하고 있다.[22]

베긴 여성공동체의 특성 중 하나는 다양한 연령층의 여성과 다양한 출신배경의 여성들이 계층과 연령을 넘어 베긴의 이름으로 개별적으로 혹은 공동체적

---

[20] Laura Swan, the Wisdom of the Beguines: the Forgotten Story of a Medieval Women's Movement (New York: Blue Bridge, 2014), 1-3.
[21] Ibid., 3.
[22] Ibid.

으로 생활하던 젠더적 특성을 가진 종교 공동체라는 점이다. 위계적 계층이 매우 선명하고 출신배경에 따라 신분이 확고하게 나누어진 중세 사회임을 감안할 때 귀족 가문 출신의 여성과 상인 출신의 여성, 도시와 농촌의 빈민층 여성들, 결혼하지 않은 여성들과 과부들이 함께 섞여 공동체를 이루었다는 것은 당시 흔하지 않은 독특한 현상이라고 할 수 있다. 여성들의 연령층 역시 14세부터 80세에 이르기까지 거의 모든 연령대의 여성들이 가내수공업이나 직물 비즈니스 등의 일을 하며 자급적으로 생활을 유지해 왔으며, 공동체 내에서 혹은 공공장소에서 설교하기도 했으며, 때로 신학자들과 성서학자들과 논쟁하기도 했다는 기록이 있다.[23] 베긴 여성들은 공동체 생활을 하다가 결혼을 위해 혹은 개인의 선택에 따라 언제든지 떠날 수 있는 자유로운 생활 가운데 예배와 명상 등 영성생활에 힘썼음을 알 수 있다.

이 여성들은 홀로 본인의 집에서 살면서 베긴 방식의 삶을 살거나 혹은 5명 정도 소수의 여성이 함께 모여 살기도 했으며 때로 1,000명에 이르는 여성들이 큰 부락을 이루며 살기도 했다는 것을 기록에서 볼 수 있다.[24] 구체적으로 1190-1230년에 이르는 초기 단계에는 비공식적이고 비조직적인 형태로 베긴이 지향하는 세속과 종교의 매개적 삶을 살았으며, 1230년경 베긴들이 재산을 형성할 수 있게 되면서 정착 공동체를 형성, 베긴 여성들 가운데서 지도자를 선출하고 주변 교회의 미사에 참여하기 위해 지역 사제들과의 관계를 조정하기도 했다고 전해진다. 1270년경에는 공동체의 필요와 목적에 따른 두 가지 형태의 베긴 공동체를 형성하고 더욱 조직을 갖춘 공동체 삶을 살 수 있었다. 그들은 '작은 수녀원 형태'의 공동체(convent beguinages)적 삶을 살았는가 하면 "코트 베긴회(court beguinages)" 같은 보다 큰 규모를 가진 복합적인 구조로 설계된 마을 공동체를 형성하며 도심지와는 거리를 둔 도시에서 살기도 했다.[25] 베긴들은 주변의 학교에서 가르치기도 했으며, 가내수공업을 경영하기도 하고 가난한 사람과 노인들을 위한 병원도 설립해서 환자들을 돌보기도 했다. 남부 저지대의 베긴 공동체 가운데는 300-400명의 베긴 여성들이 함께 거주하는 곳

[23] Ibid., 11.
[24] Saskia Murk-Jansen, *Brides in the Desert: The Spirituality of the Beguines* (London: Darton, Longman and Todd Ltd, 1998), 27.
[25] Walter Simons, *Cities of Ladies*, 36.

도 있었으며, 메헬렌(Mechelen)에 있는 성 캐더린(Saint Catherine) 베긴 공동체는 문헌 기록상 가장 큰 베긴 공동체로 16세기 초반 1,500명의 베긴 여성들이 거주했다고 한다. 당시 네덜란드 남부에 이르는 지역에만도 300개가 넘는 베긴 공동체가 있었다는 것에서 베긴회의 영향력을 가늠할 수 있다.[26] 그러나 베긴 여성들은 수도회와 같은 제도권에 흡수되거나 베긴들을 위한 종파를 만드는 것에 저항하며 원칙적으로 자율적인 공동체 생활을 지향했다.[27]

새로운 신비주의로서의 베긴 여성신비주의

베긴 여성운동이 시작되고 발전해 가던 13세기 전후의 중세 유럽은 여러 면에서 급격한 변화의 시기였다. 십자군 전쟁과 정치경제 사회 구조의 변화, 인구의 증가와 인구 증가로 인한 도시화와 세속화가 이루어지고 있었다.[28] 성지들을 탈환한다는 명목으로 1095년부터 1270년까지 8차례의 십자군 원정과 무슬림에게 정복당한 스페인 국토를 회복하고자 했던 운동들은 다양한 방면에서 유럽 사회에 막대한 영향을 끼쳤다. 정치·종교적으로는 교황의 세력이 강화되는 한편, 평신도들의 경건 생활에도 크게 영향을 미쳤다. 역사가 후스토 곤잘레스는 이러한 상황을 기술하면서, 성지를 탈환하기 위한 십자군 원정으로 인하여 예루살렘을 비롯한 성지와의 접촉은 서유럽의 신자들에게 성경에 기록된 예수와 사도들의 이야기, 특별히 구체적인 역사적 예수의 인성에 대한 특별한 관심을 불러일으켰다고 말한다.[29] 그동안 제국의 종교로서 기독교는 승리자 그리스도와 천상의 신적 존재로서 예수님의 신성에만 집중하고 가르쳐왔기에 성지와의 접촉을 통해 알려진 성서의 예수 그리스도와 사도들의 생생한 삶의 이야기는 서유럽의 가톨릭교회 평신도들에게 새롭고 신선한 충격으로 다가왔음을 짐작할 수 있다.

---

26 Amy Hollywood & Patricia Z. Beckman eds., *The Cambridge Companion to Christian Mysticism*, 106.
27 Miri Rubin and Water Simons eds. *The Cambridge History of Christianity in Western Europe c. 1100–c. 1500* (Cambridge University Press, 2014), 320-321.
28 Bernard McGinn, *The Flowering Mysticism: Men and Women in the New Mysticism 1200–1350* (New York: A Herder and Herder Book, 1988), 13.
29 후스토 L. 곤잘레스, 『중세교회사』, 엄성옥 (은성출판사, 2012), 142.

예수님과 사도들의 구체적 삶에 관한 이야기를 접한 당시의 사람들은 크게 감동하여 평신도들을 중심으로 "사도적인 삶(vita apostolica)"을 본받고 자발적 가난과 구제와 헌신의 삶을 몸소 실천하려는 종교 운동으로 발전하게 되었다. 예수께서 제자들을 파송하실 때 당부하신 그대로 청빈을 실천하고자 하는 탁발 수도사들의 숫자가 급속도로 많아졌으며, 이러한 사도적인 삶의 실천 운동은 당시 부패하고 부유한 교회 성직자들과 귀족들의 눈에는 위험하고 가시 같은 존재였을 것이다. 더욱이 그레고리 교황의 개혁에서부터 시작된 개혁의 열기가 더해져 부패한 교회와 사회를 개혁하고자 하는 열망은 탁발 수도사들뿐만 아니라 평신도 여성들에게도 새로운 정체성의 자각과 영적인 삶에 대한 실천적 의지로 이어졌다. 사도들의 삶을 회복하려는 탁발 수도사들의 개혁운동이 강력했지만, 베긴 여성운동은 탁발 수도사들의 한 부류가 아닌 독립적인 여성사도운동의 내용으로 발전해 새로운 젠더 공동체를 형성했다.[30]

십자군 정신과 열기는 사도적 삶을 실천하기 위한 운동을 가속화시킨 한편 이단들을 향한 적대적인 억압과 척결의 움직임도 가속화시켰다. 프랑스 남부에 위치한 '알비'(Albi)에서 발생해서 알비파라고도 불렸던 대표적인 이원론자 카타르파(Cathari)는 로마가톨릭교회를 향해 "악한 원리의 산물"이라 비판했고 교황 인노센트 3세는 십자군을 동원해서 탄압함으로 카타르파는 14세기 중반에 그 존재를 감추었다. 한편 피터 왈도(Peter Waldo 또는 Valdes)에 의해 창설된 왈도파(Waldensians)는 사도적 청빈을 실천하며 순회설교를 하면서 교황과 성직자 등의 타락상을 비판하였고, 1184년 가톨릭교회는 제3차 라테란회의를 통해 왈도를 파문하고 무참하게 탄압했다.[31] 개인의 신비체험, 신인합일의 경험을 중시하는 13세기의 자유영의 형제단(Brethren of the Free Spirit)는 "도덕 폐기론자"로 공격받던 이단이었다. 교회의 제도권에 들어오지 않고 종신서약을 하지 않았던 평신도 여성들이 부패한 교회를 비판하며 청빈과 헌신의 삶을 살았던 베긴 여성들이 몹시 거슬렸던 가톨릭교회는 급기야 1312년 비엔나

---

30 Laura Swan, *The Wisdom of the Beguines: The Forgotten Story of a Medieval Women's Movement*, 3. 로라 스완은 1980년대 학자들이 베긴 운동을 독립적인 여성운동으로 보며 이에 대한 많은 역사적 증거를 발견하고 있다고 말한다.
31 정용석, "'휘어진 갈빗대': 세 기독교 사회와 여성에 대한 역사 고찰"「대학과 선교」, 제25집, (2013), 17-18. 왈도파는 가톨릭교회에 의해 무자비한 탄압을 받았으나 종교개혁 이후까지 계속되었다.

공의회에서 베긴 여성들을 자유영의 형제단과 연관시켜 이단이라 정죄했다.[32]

곤잘레스는 당시 십자군 원정에 따른 인구와 경제적 변화의 상관관계를 설명한다. 중세는 토지에 경제의 기반을 둔 봉건 사회였으나 십자군 원정으로 인해 무역과 교역이 발달하게 되고 상업이 새로운 부의 원천으로 자리 잡으면서 도시들이 발달하게 되었다. 토지를 소유할 수 있었던 귀족들이나 고위 성직자들 층에만 부가 집중되었으나, 교역을 통해 부를 축적하게 된 상인들이 도시 내의 새로운 부르주아 권력 계층으로 부상되었다.[33]

교역과 무역이 성행하는 곳으로 인구가 집중되고 도시가 발전되었으며 이런 도시를 중심으로 베긴 여성들이 공동체를 형성했다. 십자군 원정에서 비롯된 도시의 발전은 중세 시대 대학이 생겨나고 발전된 배경이기도 하다. 무슬림과의 접촉으로 인해 아리스토텔레스 철학이 소개되고 이를 신학과 조화시켜 연구한 도미니크 수도원의 학자들에 의해 중세 스콜라 신학이 중세 신학의 절정을 이룬다. 그러나 중세 신학의 절정에 스콜라 신학이 있었던 반면 중세 신학의 또 다른 맥을 면면히 이뤄온 신학이 바로 신비주의 신학이다. 13세기 중세 도미니크 수도회의 스콜라 신학에 토마스 아퀴나스가 있고 플라톤과 아우구스티누스 전통을 이은 프란시스코 수도회에 클레르보의 베르나르드와 보나벤투라가 있다면, 중세 베긴 여성공동체에는 베긴 여성신비가들을 중심으로 한 베긴 여성신비주의가 있다. 그러나 가부장적 중세 교회는 토마스 아퀴나스에게는 교회 박사의 명예로, 중세 베긴 여성신비학자들에게는 이단 정죄와 화형으로 답했다.

버나드 맥긴은 자신의 저서 *Flowering Mysticism*에서 베긴 공동체 여성신비가들의 활발한 활동으로 인한 신비주의를 "새로운 신비주의"로 소개한다. 맥긴이 비록 여성 공동체인 베긴 여성신비가들뿐 아니라 평신도 남성 공동체인 베하드(Behards)를 함께 새로운 신비주의로 명시하지만 역사적으로 베하드는 규모에 있어서나 활동에 있어서나 베긴과 비교할 수 없을 정도로 열세였으며, 얼마 되지 않아 기존에 존재하던 수도원으로 합류했다는 점을 감안한다면 실제 새로운 신비주의의 장을 열었던 핵심적인 주체는 베긴 여성들이라고 할 수 있

---

32 Ibid.
33 후스토 L. 곤잘레스, 『중세교회사』, 146.

다.³⁴ 환자를 돌보고 가난한 이들을 위해 봉사하는 수행적인 삶과 함께 기도와 예배와 명상으로 영적인 삶을 추구하던 베긴 여성들에게 신비주의 연구는 처음부터 주요한 부분이었다.³⁵ 베긴 여성운동이 "최초의 여성해방운동"으로 자리매김되는 것처럼 "베긴 여성공동체"에 속한 베긴 여성신비가들은 직접 자신의 저술을 통하여 독특한 베긴 여성신비주의를 형성함으로 스콜라 신학과 더불어 중세 시대 신학의 맥을 형성했다.

서방 기독교에서 신비주의 역사의 분기점을 1200년으로 보는 버나드 맥긴은 5권에 이르는 자신의 방대한 신비주의 저서 중 "1200-1350년"에 해당하는 3권의 제목을 『신비주의의 절정기』(Flowering Mysticism)로 기술하고 있다. 맥긴이 13세기 전후를 서방 신비주의의 절정기로 본 것처럼 폴 틸리히는 13세기를 중세 스콜라주의 신학의 절정기로 해석한다. 두 학자의 의견을 종합해 볼 때 유럽 기독교 역사에서 13세기를 중심으로 스콜라주의와 신비주의가 중세 신학의 절정을 이루었다고 평가할 수 있다. 특별히 맥긴은 13세기를 중심으로 탁발수도승과 베긴과 같은 새로운 유형의 종교적 삶이 부각되고, 특별히 여성의 강력한 역할이 새롭게 등장한 사실에 주목하며 이러한 경향을 "새로운 신비주의"로 규명하면서 신비주의 전통에서 "새로운"의 의미를 변화의 관점에서 정리한다. 첫째는 "세계와 수도원의 관계에 대한 새로운 태도가 형성"되었다는 점, 즉 소위 성과 속의 단절된 경계가 좀 더 유동적으로 변화되면서 세속화 과정이 진행되었다는 상황을 지적한다. 둘째로 신비주의에 있어 "여성과 남성 사이에 새로운 관계가 형성"되었다는 점과 세 번째로 "신비경험을 재현하는 데 있어 새로운 유형과 언어의 새로운 언어 양상"이 대두되었다는 점을 지적한다. 네 번째로 성직자나 특별한 부류의 사람들에게 제한되었던 신비주의가 평신도와 같은 일반 사람들, 특히 여성들에게까지 확대되었다는 특성까지, 모두 네 가지의 특징을 지적하며 "새로운 신비주의"라고 설명한다.³⁶

13세기를 중심으로 절정에 이른 "새로운 신비주의"의 특별한 양상을 설명하

---

34 Ernest W. McDonnell, *The Beguines and Beghards in Medieval Culture: With Special Emphasis on the Belgian Scene* (New Jersey: Rutgers University Press, 1954), 247. 맥도넬은 베하드 공동체와 베긴 공동체의 공통점을 설명하면서 베긴 여성운동의 성공과 비교할 수 없다고 설명한다.

35 Walter Simons, "Religious Life in Medieval Western Europe" in *The Cambridge Companion to Christian Mysticism*, 107.

36 Bernard McGinn, *The Flowering Mysticism: Men and Women in the New Mysticism 1200-1350*, 12-15.

면서 여성의 활약과 역할이 과소평가할 수 없을 만큼 강하다는 것을 인정하면서도 맥긴은 "여성주의 신비주의", "젠더 신비주의"로의 접근에 대해 우려를 표명한다. 예를 들어 베긴 여성들은 비록 공식적으로 교회에 속하거나 수도원에 속하지 않았다 할지라도 지역 사제들과 수도원의 감독과 관할 아래 있었으며, 프란시스코 수도회, 시스터시안 수도회, 특히 도미니크 수도회와 베긴 공동체 여성들이 많이 관련되어 있었다는 점을 부각시키며, 베긴 여성신비주의 역시 당시 남성들의 깊은 영향력 아래 있었다는 점을 지적한다. 맥긴은 여성신비가들의 저작은 부정적이든 긍정적이든 언제나 대필하거나 조언하거나 검열하고 심문하던 남성들과의 관계에서 나온 산물이기에 여성신비주의를 이야기하기보다는 '남성과 여성의 새로운 신비주의'로 규명되어야 한다고 역설한다.

맥긴의 이러한 주장에 대해 엘리슨 웨버(Alison Weber)는 여성신비가들 사이에서조차 다양한 차이가 있으며 배타적으로 여성들에게만 적용할 수 있는 특정한 신비주의를 주장하기 어렵다는 점을 인정할지라도, 여성신비가들 사이에서만 발견할 수 있는 공통점이 있다고 주장한다. 웨버는 여성신비가들이 남성이라면 겪지 않아도 되는 저자로서의 권위, 작품에 대한 권한의 문제로 어려움을 겪었다는 사실을 지적한다. 즉 여성이라는 성 정체성 자체가 저자로서, 그리고 저술에 대한 권위를 인정받는 데 가장 큰 어려움으로 작용했음을 지적한 것이다. 이에 더하여 웨버는 여성신비가가 자주 사용하는 열렬한 성애적 언어, 특정한 용어와 환상, 참회와 황홀경에 대한 묘사 등의 특성을 통해 비록 배타적이지는 않지만 여성신비가들에게서 독특하게 드러나는 신비주의의 성격이 있음을 부각시킨다.[37]

웨버가 제시하는 여성신비주의의 특성에 대한 주장에 더하여, 그리고 맥긴이 제안한 '남성과 여성의 연합된 새로운 신비주의'라는 주장에 반하여, 여성신비주의에 대한 연구는 페미니스트 시각에서 젠더 신비주의 연구로 더욱 활성화되어야 할 필요를 역설하고자 한다. 왜냐하면 프랑스 페미니스트 정신분석학자이자 언어학자 루스 이리가라이(Luce Irigaray)가 지적한 것처럼, "신비주의는 서양 중세 역사 속에서 여성들이 자신의 언어와 행위를 통해 자신의 생각

---

[37] Amy Hollywood Y. & Patricia Z. Beckman, eds., *The Cambridge Companion to Christian Mysticism*, 317.

과 경험을 표현한 유일한 공적 영역"이었기 때문이다.³⁸ 서구 중세 시대가 가부장적인 위계 체제로 제도화되고 교회의 성직과 공적 임무와 학문의 영역에서 여성의 배제가 공식화되었다는 역사적 사실을 전제한다면, 맥긴이 명명하는 "남성과 여성이 연합된 신비주의"라는 주장은 기존의 남성 우위적이고 남성 중심적인 가부장적 신비주의 속으로 베긴 여성들의 주체적 사유와 역할과 영향력을 흡수해 버리고 희석해 버리는 의도하지 않은 결과를 가져올 것이다.

적어도 여성들에게는 암흑시대였던 중세에 '여성이 무엇을 생각했고 무엇을 경험했고 무엇을 말하고자 했는지' 알아낼 수 있는 유일한 틈새 공간으로서의 공적 영역, 공적 자료가 신비주의라고 한다면 비록 쉽지 않은 작업일지라도 여성주의적 시각과 상상력을 통해 여성신비주의를 연구해야 하는 것은 비록 페미니스트가 아닌 휴머니스트를 주장하는 사람들에게도 주어진 역사적 과제라고 할 수 있다. 왜냐하면 남성의 이름으로 주장해 온 모든 역사적 유산은 남성만이 아닌 여성이 함께한 역사이기 때문이다. 비록 여성을 배제하고 밀어낸 역사의 공간에 여성의 눈물과 땀의 소산을 잉여가치로 삼아 쌓아온 남성들만의 역사일지라도 함께한 여성의 흔적과 자취까지 없애 버릴 수는 없기 때문이다. 베긴 여성신비가에 대한 연구는 남성들에 의해 대체되고 지워진 여성의 목소리와 흔적을 찾아낼 수 있는 틈새 공간이며 인류 역사만큼 오래된 가부장제 역사의 벽에 균열을 낼 수 있는 사이공간이기 때문이다. 여성주의 시각으로 읽는 여성신비주의 연구는 휴머니스트의 이름으로 양성평등을 주장할 수 있는 실천적 첫걸음이 될 것이다.

제3의 신학자, 베긴 여성신비가들의 하나님 형상의 신학

13세기의 유럽 기독교는 중세 신학의 역사에서 최고의 절정기를 이룬 시기로 평가된다. 대학들이 설립되고 도미니코 수도회와 프란체스코 수도회의 양대 수도원을 중심으로 신학연구가 활발했으며 후대에 신학적 업적을 남긴 걸출한

---

38 Luce Irigaray, *Speculum of the Other Woman* (Ithaca, NY: Cornell University Press, 1974), 191. Amy Hollywood & Patricia Z. Beckman eds., *The Cambridge Companion to Christian Mysticism*, (New York: Cambridge University Press, 2012), 317. 재인용.

신학자들이 많이 배출되었다. 그러나 중세의 신학이 라틴어와 대학, 철학과 논리, 추론적이고 합리적인 이성 등으로 구조화된 남성들의 신학 세계만이 전부는 아니었다는 것을 여성신비가들의 신비주의 신학이 증명한다. 가부장적 체제와 남성적 권위 가운데서도 자주적이고 자립적인 평신도 여성들이 모여 공동체를 이루고 청빈과 봉사와 신학연구를 통해 이룬 베긴 평신도 여성신비주의는 스콜라 신학, 수도원 신학과는 다른 독특한 신학적 업적을 이루었다는 것을 알 수 있다. 대학과 수도원에서 모든 특권을 누리며 학문적 업적을 쌓을 수 있었던 박사들과 교수들 같은 남성신학자와는 달리, 교회의 공식적인 보호와 후원 가운데서 혜택을 누리며 신학 작업을 할 수 있었던 수녀들과도 다른, 힘들고 어려운 평신도 여성으로서 신학을 연구하고 저술을 남긴 베긴 여성신비가들의 독특한 위상을 '제3의 신학자'라고 명명하고자 한다. 물론 베긴 여성신비가들을 '제3의 신학자'로 명명하는 것은 위계적 차원에서의 세 번째 서열이라고 의미하는 것이 아니다. 당시 사회의 모든 특권과 혜택에서 배제된 평신도 여성들로서 의도하지는 않았지만 "최초의 여성해방운동"으로 명명할 수 있는 평가를 이끈 '여성사도들'로서의 삶을 추구했던 여성들이 자국의 언어를 사용하여 자신들의 체험과 실천에 근거한 '수행적 신비주의 신학'을 형성한 베긴 신비가라는 의미에서 제3의 신학자라고 명명한다.

버나드 맥긴도 13세기의 베긴 여성들 가운데 마그데부르크의 메흐틸드(Mechthild of Magdebrug), 브라반트의 하데비치(Hadewijch of Brabant), 그리고 마그리트 포르테(Maguerite Porete)를 위대한 3명의 베긴 여성신비가로 호명한다. 맥긴이 명명한 3명의 여성신비가들 외에도 나사렛의 베아트리체(Beatrice of Nazareth), 아시시의 클레어(Clare of Assisi) 등의 많은 신비가가 있으나 작품의 독창성과 신학적 사유의 심오함을 근거로 위대한 신비가로서 3명을 꼽는다.[39] 비록 3명의 베긴 여성신비가가 베긴 공동체에 속한 모든 여성들의 신앙과 신학의 특성을 대변할 수 없지만, 그들이 남긴 훌륭한 작품들이 위대한 베긴 여성신비가로 그리고 제3의 신학자로 그 가치를 증명한다. 제3의 신학자로서 베긴 여성신비가들의 신학저술을 여성주의적인 시각(feminist

---

39 Bernard McGinn, *Flowering Mysticism*, 199.

perspective)으로 조명할 때 공통된 특성을 토대로 '부정신학'(negative theology) 적 방법론을 통한 '하나님 형상의 신학'이라고 정의하고자 한다. 하데비치, 메흐틸드 그리고 포레테는 당시 스콜라 신학자들처럼 이성과 철학의 관념적이고 추론적인 개념에 근거한 신학이 아니라 신비체험과 환시를 근거로 해체와 소멸, 그리고 무(nothingness), 수동성, 유동성, 액체 이미지, 신인합일이라는 알레고리적이고 상징적인 부정신학적 방법을 통해 사랑의 신학을 표현한다. 제3의 신학자로서 베긴 여성신비가들은 자신의 저술에서 여성적으로 이미지화된 사랑이 다양한 방식으로 이성을 비판하고 이성의 한계와 결핍을 지적하게 한다. 한계와 결핍을 지적당한 이성은 당시 남성 성직자들의 특권적 전유물로서, 이는 분석적이고 관념적인 스콜라 철학을 향한 비판이라고 볼 수 있다. 제3의 신학자로서 베긴 여성신비가들의 신비주의 신학은 형이상학적인 스콜라 신학과는 전적으로 차별된 부정신학적 방법론을 통해 자아의 해체와 소멸, 신에게로의 흡수, 신과의 합일을 통한 새로운 주체의 회복, 곧 하나님의 형상 회복이라는 신학적 인간학으로 구성될 수 있다.

당시 대다수의 여성이 글을 읽고 쓸 수 없었으며 특히 라틴어의 경우는 특별한 교육의 혜택을 받을 수 있었던 귀족 계층에 속하는 남성들이나 사제들의 전유물이었다. 출신 배경이 매우 다양했던 베긴 여성들 가운데는 귀족계급 출신으로 추정되는 하데비치와 같이 라틴어에 정통한 사람도 있었던 반면[40], 자국어(vernacular)로 글을 읽고 쓸 수 있는 여성들이 많았다. 일부 베긴 여성들은 "성서를 독일어와 프랑스어로 번역하는 일에 종사"하고 "주해서를 썼으며", "신학 저작의 번역을 읽고 신앙에 관한 문제를 놓고 토론했다고 알려졌다.[41] 또한 일부 베긴 여성들은 자국어로 작품을 남기기도 했으며, 베긴 여성신비가들이 남긴 작품들은 이후 자국어로 된 문학의 주류를 이루는 데 선구적인 역할을 했다. 최근 학계의 평가를 볼 때, 베긴 여성들이 남긴 자국어로 된 시, 산문, 편지, 궁정 서사시 등은 문학적 가치와 신비주의 저작으로서의 학문적 가치도 높이 평가된다. 베긴 여성들은 주로 동료 여성들과 서로 대화를 나누며 상호 가르치기도 했으며 다른 여성들을 위해 글을 쓰기도 했다. 포레테는 당시의 여성들

---

[40] 이명곤, 『역사 속의 여성신비가와 존재의 신비: 생애와 정신 그리고 철학적 비전』(서강대학교 출판부, 2016), 155.
[41] 슐람미스 샤하르, 『중세 여성의 역사: 제4신분』, 최애리 (나남, 2010), 114.

을 교육하기 위해『순박한 영혼의 거울』(The Mirror of Simple Soul)이라는 책을 저술했고 더 많은 여성들을 가르치기 위해 자신의 책을 널리 배포하기도 했다.

자국어로 쓴 베긴 여성신비가들의 작품은 당시 성직자들이나 신학자들과 같은 지식층의 전유물로 여겨졌던 수도원 신비주의를 베긴 여성과 같은 일반 평신도 여성들에게까지 확장시킴으로 신비주의 신학의 지평을 확대하는 결과를 가져왔다. 더욱이 베긴 여성신비가들은 하나님 현존의 체험과 신인합일의 신비적 연합은 사막이나 광야, 수도원과 같은 세속과는 분리된 영역에서만 가능한 것이 아니라, 평범한 일상의 삶 한가운데서도 가능하다는 것을 보여줌으로써 특권적 하나님 현존의 체험을 세속으로까지 그 저변을 확대함으로써 "성스러움의 일상화"에 공헌했다. 베긴 여성들의 작품들 가운데 나타나는 언어적 특징은 풍부한 이미지와 상징을 사용한다는 점이며, 은유적이며 역설적인 표현, 시와 산문, 편지, 그리고 대화체의 언어 등 다양한 방법으로 표현되고 있다. 사제들과 수도사 등 당시 남성 성직자들의 검열과 감독하에 글을 써야 했던 여성신비가들은 쉽게 이단 시비에 휘말릴 수 있는 문자적이고 직설적이며 기술적인 표현보다는 오히려 이미지와 알레고리 등을 사용하여 글쓰기를 했을 것으로 이해된다. 이렇게 베긴 여성신비가들은 독특한 언어와 이미지, 비전 등의 내용을 통해 베긴 여성공동체의 독특한 신비주의 신학의 특성을 나타낸다.

하데비치, 메흐틸드, 마그리트 포레테와 같이 후대에 저술을 남긴 신비가들은 저자로서, 자신의 작품에 대하여 권위를 인정받는 것도 어려웠지만, 작품에 대한 이단성의 논란을 피하는 것 역시 매우 어려운 문제였다. 웨버가 지적한 것처럼 남성들이라면 겪지 않아도 되는 어려움들을 여성이기 때문에 직면하면서 수녀들처럼 공적 지위를 갖지 못한 베긴 여성들이였기에 극복해야 할 더 많은 장애물과 위험과 감시에 늘 노출되었다. 베긴 신비가들은 지역 교회의 주교(bishop)이 추천하여 구성한 남성 조사단들이 늘 이단으로 정죄할 증거나 윤리적으로 비난 받을 만한 증거를 찾으려 했기에 그들의 감시와 검열과 고발의 위협에 시달려야 했다.[42] 여성으로서 자신의 주장을 쉽게 할 수 없었던 여성신비가들은 저술의 목적과 근원이 자기 자신이 아닌 하나님의 직접적인 명령에 의

---

[42] Laura Swan, *The Wisdom of the Beguines: The Forgotten Story of a Medieval Women's Movement*, 6. 조사팀들이 베긴 공동체를 방문한 방문 기록서, 편지, 조사 결과서의 문서가 남겨져 있어 베긴 공동체에 대한 일상의 생활을 알 수 있는 사료가 되고 있다.

해 쓰고 전하게 되었다고 주장하는 특징을 보인다. 베긴 여성으로서 저자들은 대부분 고위계층 권력자들의 권위보다 더 큰 하나님의 명령과 권위를 따른 것이기에 자신들의 저술은 하나님의 신적 권위에서 직접 비롯되었다는 것을 강조한다. 비록 가부장적 사회에서 저자로서의 여성 자신은 약한 존재일지라도 "약한 자를 들어 강한 자를 부끄럽게" 하시는 하나님께서 자신을 도구로 사용하셨다는 사실을 주지시킴으로 오직 하나님의 명령과 권위에만 복종한다는 의미에서 자신의 가르침과 저술의 권위를 주장한다.

하데비치와 메흐틸드, 마그리트 포레테 등 베긴 신비가들은 다양한 전략적 방법을 통해 자신들의 작품들에 대한 권위를 주장한다. 마그데부르크의 메흐틸드는 7권으로 구성된 『하나님에게서 흘러나오는 빛』(The Flowing Light of the Godhead)의 저자[43]로서 책의 기원이 하나님에게서 비롯되었으며 자신은 철저히 신의 도구로만 활용되었음을 주장한다. 메흐틸드는 작품 1권이 시작되는 처음 부분에 책의 저자와 제목에 대해 주님에게 질문하는 장면을 묘사한다. 저자인 메흐틸드는 "오, 주님 누가 이 책을 만들었습니까?" 하고 묻고 "내가 나의 연약함 가운데 그 책을 만들었다"는 주님의 대답을 분명하게 기록한다. "그러면 그 책의 제목을 무엇이라고 해야 합니까"라고 다시 묻자 "그 책의 제목은 위선적이지 않은 모든 사람의 가슴으로 흘러들어가는 나의 신성의 빛이라고 불릴 것이다."[44]라는 주님의 대답이 기술된다. 메흐틸드는 하나님이 책의 저자이시고 『하나님에게서 흘러나오는 빛』이라는 제목도 하나님이 직접 주신 것이라고 주장한다.

메흐틸드는 책의 내용을 통해 "사람들이 경고하기를 만일 조심하지 않으면 책이 불태워질 것이라고 말한다"고 기술하여 당시 여성들의 저술 작업이 얼마나 어려운가를 알린다. 메흐틸드가 기도 중에 근심하며 하나님께 고하자, 영혼에 즉시 모습을 드러내신 하나님의 오른손에 자신의 책이 들려 있었고 하나님이 책을 가리키며 "누구도 진리를 불태울 수는 없다"고 선언한다[45]고 기술하여

---

[43] 마그데부르크의 메흐틸드는 1208년에 출생해서 1282년 혹은 1294년에 사망했을 것으로 추정된다. 메흐틸드는 1230년 마그데부르크로 옮겨가 베긴이 되었으며 노년이 되어 수녀원으로 들어가 그곳에서 생을 마쳤다.

[44] Mechthild, of Magdeburg, *The Flowing Light of the Godhead*, trans. and introduced by Frank Tobin (New York, Mahwah: Paulist Press, 1998), 39.

[45] Ibid., 96.

자신의 책이 진리임을 드러낸다. 메흐틸드는 하나님과의 대화 중에 "오 주님, 만일 내가 학식이 높은 남자 성직자였다면", 그리고 하나님께서 여성인 자신이 아니라 "그들을 사용하여 하나님의 기적적인 일을 행하셨다면, 하나님께서는 그 책으로 영원한 영광을 받으셨을 것"이라며 여성으로서의 비참한 처지를 한탄한다. 그러자 하나님께서는 "사람들이 학식 있는 학자에게서 많은 것을 찾고자 하나 실제 하나님의 눈에 학자들은 어리석은 자"라고 선언한다. "배움이 부족한 입술이 성령의 도움을 입어 학식 있는 사람들을 가르칠 것"이라고 메흐틸드는 하나님의 음성을 대변해 기록하고 있다.[46] 이렇게 메흐틸드는 위계적으로 체계화된 교권 속에서 학식과 권력을 겸한 남성 성직자들을 겨냥해 자신의 정체성과 책의 권위를 방어한다. 이에 대해 맥긴은 중세 어느 저자도 메흐틸드와 같이 대담하게 자신의 책의 권위를 주장한 사람은 없다고 평가한다.[47]

『하나님에게서 흘러나오는 빛』의 주제와 구조는 "죄악과 고통", "지옥과 영원한 벌" 그리고 "기도의 능력", "조건 없는 사랑" 등의 다양한 주제와 복잡한 이미지, 상징으로 구성되어 한두 개의 핵심 주제로 범주화해서 설명하기 어렵다. 그럼에도 메흐틸드의 신학적 인간학을 구성할 수 있는 몇 가지 이미지를 선택한다면 역시 책 제목에도 나오는 "흐르는"(flowing)이라는 유동적 이미지일 것이다. 메흐틸드는 하나님의 본질을 '흐르는' 'flowing'으로 묘사한다. 흘러 넘치는 샘처럼(overflowing spring) 물이 흐르듯 하나님의 본성은 불변하는 영원한 본질이 아니라 끊임없이 움직이고 운동하는 유동적인 이미지라고 삼위일체의 하나님이 묘사한다. 자신은 움직이지 않으면서 만물을 움직이게 하는 제1원인으로서의 '부동의 동자'라는 아리스토텔레스적인 스콜라 신학의 형이상학적 신 존재와는 사뭇 다른 이미지로 묘사한다. 또한 메흐틸드의 '흐르는', '흘러나오는'(flowing)의 이미지는 일자부터 만물이 유출되어 나오는 플로티노스의 유출설과도 차이가 있다. 메흐틸드의 신성은 끊임없이 흐르고 운동하는 신성으로 결코 쉼이 없으며 고통이 수반되는 흐름이다.[48] 사랑의 충만으로 인한 신성의 넘침은 삼위이신 성부 성자 성령 안에만 국한되지 않고 인간의 영혼을

---

[46] Ibid., 97.
[47] Bernard McGinn, *The Flowering of Mysticism*, 225.
[48] Ibid., 232.

포함하여 하나님의 피조물에게 흐른다. 여기서도 플로티노스의 유출설과의 차이가 보이는데 메흐틸드는 삼위일체 하나님과 인간 영혼의 상호교류적인 역동적 흐름의 관계로 묘사한다. 인간 영혼과 삼위일체 하나님의 사랑은 궁정 연애와 같은 에로틱 사랑의 신비주의로 묘사되기도 한다. 여기서도 영혼이 하나님께로 솟아오르는(soars into God), 하나님과 연합함으로 하나가 되는 역동적 사랑의 모습으로 기술된다.

가장 높은 곳까지 솟구쳐 올라 삼위일체 하나님과 연합하여 하나가 된 영혼은 이제 그 충만한 사랑으로 가장 낮은 곳, 연옥까지 내려가 고통받는 영혼을 풀어주고[49] 그리스도의 고통에 동참하며 그리스도의 사역에 참여하는 그리스도의 형상으로 살아간다. 메흐틸드의 신학적 특성은 다른 신비가들과 달리 삼위일체 하나님과의 연합으로 자신이 소멸되고 하나님만 남는 것으로 최종의 목표가 달성되는 것이 아니다. 하나님과 연합한 영혼은 하나님의 삼위일체 사랑의 넘치는 흐름으로 가장 낮은 곳으로 내려와(sink) 그리스도의 고통과 사역에 동참함으로 그리스도의 형상을 이루는 데까지 나간다. 메흐틸드는 참으로 대담한 필치로 세속 가운데 그리스도의 형상으로서 여성의 모습을 묘사하고 있다.

하데비치의 경우 라틴어에 정통했다고 알려졌음에도 불구하고 자신의 작품들을 자국어인 플랑드르 어로 저술했다는 점에서 의지가 강하고 독립적인 베긴 여성이었음을 짐작하게 한다.[50] 하데비치의 작품 *Complete Works*은 1221년에서 1240년경에 쓰인 것으로 31편의 편지와 고대 서사시 형태의 시 45편, 그리고 궁정 연애 시와 같은 29편의 시를 포함, 모두 74편의 시와 환시들을 모은 책이다.[51] 당시 유행하던 문학 장르였던 '궁정 연애 시(Amour courtois, fin'amor)'는 하데비치의 저술에서 매우 주요한 주제이며 형식이다. 하데비치가 쓴 편지 가운데는 젊은 베긴 여성에게 보내는 편지가 있으며, 자전적 성격을 띤 편지도 있다. 하데비치가 저술에서 다루는 주제는 매우 다양하지만, 그 중에서도 "신적 사랑", "사랑의 고통", "사랑의 황홀경", "인내하는 사랑", "사랑

---

49 메리 T. 말로운, 『여성과 그리스도 2』.
50 이명곤, 『역사 속의 여성신비가와 존재의 신비』, 156.
51 Ibid., 158.

의 고통" 등 모든 핵심적인 주제들은 민네(Minne), 사랑으로 집약되어 "사랑의 신비주의", "완전한 사랑의 신학"이라는 평가를 받기도 한다.[52] 하데비치는 사랑을 이미지화된 여성형 명사로 묘사하며 하나님, 그리스도, 신적 사랑, 그리고 하나님과의 사랑의 경험을 의미하는 것으로 사용한다. 궁정 연애 시를 다각적인 양태로 묘사하고 있으며, "작품 전반에 걸쳐 거룩한 사랑을 '사랑의 여인(lady love)'"으로 부르면서 전반적으로 여성적 이미지와 분위기를 조성한다.[53]

하데비치의 작품을 번역하고 소개한 마더 코룸바 하트는 하데비치의 사랑의 신비주의는 크게 삼위일체적이면서 동시에 기독론적 신비주의라고 요약한다.[54] 하데비치가 도그마를 주장하기 위해 신학책을 저술한 것이 아님에도 불구하고 주목할 만한 하데비치의 신학적 인간학의 함의를 찾아볼 수 있다. 삼위일체 하나님과 연합하고 일체가 되기를 열망하는 하데비치는 신과의 합일을 위한 우선적 단계로서 먼저 자기 자신의 본래적 모습, 곧 근원적인 자신에 대한 앎이 먼저 선행되어야 한다는 점을 지적한다.[55] 자신이 누구이며 본래적 자아의 모습은 어떤 것인지에 대한 정확한 이해 없이 신성과의 합일을 위한 여정은 불가능하다는 것이다. 신과의 완전한 합일에 이르기 위해 하데비치는 먼저 자신을 실족하게 하는 모든 것을 점검할 것을 요구한다.[56] 이는 이성적인 분석과 추론을 넘어 자신의 궁극적인 지반으로 내려가야 한다는 것을 말한다. 이명곤은 자신의 깊은 지반으로 내려가기 위해 모든 파상적인 것들을 제거하는 정화의 과정을 거쳐 순수한 자기 모습을 발견하게 되는데 이를 "근원적 자아"라고 부른다.

하데비치는 자신을 비롯한 많은 베긴 여성들이 본래적 참 자아를 억제한 채 가부장적 사회와 교권의 생산물인 왜곡된 여성의 위상과 모습을 돌아보고 점검할 것을 요청하는 것이다. 여성 본래의 자기 모습을 왜곡시키고 남성 우위적인 사회적 산물로서 형성된 여성의 허상을 뿌리 뽑아 제거하는 정화의 과정을

---

52 메리 T. 말리운, 『여성과 그리스도 2』, 202.
53 Ibid.
54 Hadewijch, of Magdebrug, *The Complete Works*, trans. & introduced by Mother Columba Hart, O.S.B. (New York: Paulist Press, 1980), 70.
55 이명곤, 『역사 속의 여성신비가와 존재의 신비』, 162.
56 Hadewijch, of Magdebrug, *The Complete Works*, 79.

거쳐 자신의 본래적인 "존재의 심오함"에 이를 때 "신적 현존"을 만날 수 있다는 것이다. 자신에게 덧입혀진 왜곡된 허상을 해체하는 정화의 과정에서 자신은 무화(nothingness)되어야 한다고 주장한다. 자신이 소멸되고 무화되는 것은 인간의 적극적인 행위와 노력을 통해 이루어지는 것이 아니라 하나님의 일하심을 기다리고 인내하는 수동성 속에서 이루어진다. '기다림', '인내', '수동성' 같은 이미지는 하데비치에게 중요한 의미가 있다. 하데비치에게 '수동성'의 의미는 인간의 적극적인 노력을 배제한다는 부정적 의미가 아닌 자신을 하나님께 온전히 내어드리고 하나님의 역동적인 활동을 기다린다는 의미에서 "능동적인 수동성" 혹은 "절대적 능동성"이라고 할 수 있다.[57]

왜곡된 자아의 모습이 해체되고 무화되는 깊은 심연의 단계에서 비로소 드러나는 본래적 자기 모습은 곧 하나님께서 태초부터 인간에게 부여하신 하나님의 형상이다. 하데비치가 함의하는 하나님 형상으로서의 본래적 자신에 대해, 말리운은 "하데비치는 이 세상에서 우리의 임무는 하느님과의 합일 곧 창조되기 전 우리가 지녔던 순수한 상태를 발견하는 일이라고 가르쳤다"고 전한다.[58]

마그리트 포레테는 이단으로 정죄되어 1310년 6월 1일 화형당한 베긴 여성 신비가로 유일한 작품 『소박한 영혼들의 거울』(The Mirror of Simple Soul)을 남겼다. 『소박한 영혼들의 거울』을 통해 포레테 자신과 같은 소박하고 단순한 영혼도 신과의 합일을 경험할 수 있다는 의미로 영혼의 거울을 이야기한다. 부정신학적(apopathic) 기법의 언어로 저술된 포레테의 작품이 보여주는 심오한 신학적 깊이는 자신이 체험한 사랑의 은혜가 스콜라 신학자들의 이성적 논리를 넘어섬을 보여준다. 베긴으로서 공동체 생활을 하지 않고 홀로 순회하며 설교하던 포레테는 공동체 생활을 하던 메흐틸드나 하데비치보다 더욱 교권의 감시와 비난과 위협을 감당해야 했다고 추정할 수 있다. 포레테는 설교와 가르침, 그리고 책의 유포 등 모든 권리를 박탈당하고 마침내 종교재판을 통해 이단으로 정죄되어 자신의 책과 함께 화형당했지만 『소박한 영혼들의 거울』은 익명으로 살아남아 사람들에게 유포되었고 성직자를 포함한 많은 기독교인에게 영향력을 끼쳤다.

---

[57] 이명곤, 『역사 속의 여성신비가와 존재의 신비』, 167.
[58] 메리 T. 말리운, 『여성과 그리스도교 2』, 204.

포레테는 하나님의 현존을 직접 체험하고 하나님과 연합하여 합일됨으로써 신비가 본인의 자아는 사라진다는 "소멸된 자아(annihilated souls)"[59]를 증언함으로써 오직 하나님만이 존재하시며 자기 존재의 근거가 하나님이심을 증언한다. 따라서 포레테는 사회와 관습에서 규정하는 열등한 존재, 남성의 종속적인 존재로서의 여성, 위압적인 교권의 감시와 비판, 그리고 위협 속에서 위축된 존재로서의 여성 정체성은 소멸되고 신성 안으로 흡수되어 오직 하나님 안에서 신성화(deification)되는 새로운 정체성을 주장한다. 포레테의 "소멸된 자아", "신성화"라는 대담한 "유동적 이미지"의 신학적 묘사는 부정신학적 방법을 통해 가부장적 사회가 형성하고 고착시킨 '본질주의적인 여성적 자아'가 해체되어 신성으로 유입되고 신성화로 회복되는 "하나님 형상의 신학"이라고 할 수 있다.

메흐틸드와 하데비치, 그리고 마그리트 포레테, 위대한 3명의 베긴 여성신비가들의 저작에서 나타난 공통점을 찾아보며 제3의 여성신학자로서 정체성을 공유할 수 있는 신학적 인간학의 특성을 살펴보았다. 가부장적으로 위계화된 사회와 교회의 통제 아래서 여성의 육체를 섹슈얼리티, 죄와 연계시켜 여성의 차별을 당연시한 교회의 가르침에 반하여, 메흐틸드와 하데비치와 같은 여성 신비가는 성육하신 예수 그리스도의 육체와 여성의 몸에 대한 일체감, 그리고 여성들이 겪는 고통을 성육한 예수 그리스도의 고통에 참여하는 밀접한 연관성 가운데 부정적으로 비하된 여성의 정체성을 새롭게 긍정적인 여성의 정체성으로 부각시킨다.[60] 제3의 여성신학자로서 베긴 여성신비가들은 자신의 신비 작품에서 다양한 이미지들, 곧 '절대적인 수동성'이라는 역설의 이미지, '절대 무'의 경험, '자기 소멸'과 신성화의 상징적 언어를 통해 신인합일의 경험을 재해석하며 하나님 형상으로서의 여성 자아를 재구성할 수 있었다.

베긴 여성신비가들의 신비주의를 연구하며 이를 정리한 말리운에 따르면, "베긴회가 이전의 어떤 선례를 따르고 있을지라도 이들의 영적 교리는 공식적인 교회로부터 거의 아무런 도움이나 격려도 없이 스스로의 힘으로 이루어 낸

---

[59] Marguerite Porete, *The Mirror of Simple Souls*, translated and introduced by Ellen L. Babinsky, (New York: Paulist Press, 1993), chapters 58, 102, 136.

[60] Bernard McGinn ed., *Meister Eckhart and the Beguine Mystics: Hadewijch of Brabant, Mechthild of Magdeburg, and Marguerite Porete*, (New York: Continuum Publishing Company, 1994), 94.

것"⁶¹으로 종래의 공식적 전통적 형태와는 사뭇 다른 독특한 그리스도교의 모습이라고 평가한다.

지금까지 13세기를 중심으로 평신도 여성들이 사도적 삶을 실천하기 위해 자발적으로 시작한 베긴 여성운동을 여성주의 시각을 통해 최초의 '여성개혁운동' 혹은 최초의 '여성해방운동'으로 정의하였다. 중세라는 가부장적인 시대에 어떻게 베긴 여성운동이 시작되고 점차 베긴 여성공동체로 정착되어 갔는지, 그 과정도 설명하였다. 또한 베긴 여성공동체에 속한 대표적인 3명의 위대한 여성신비가들의 삶의 행적과 저작에 나타난 독특한 사상을 페미니스트 시각의 행간 독해를 통해 "젠더 신비주의"로 특정화하여 베긴 여성신비가를 제3의 여성신학자, 그리고 그들의 신비신학을 신학적 인간학의 관점에서 하나님 형상의 신학으로 구성해 보고자 시도했다. 특별히 13세기를 중심으로 한 "베긴 여성공동체"와 대표적인 베긴 여성신비가들의 삶과 저작들에 주목한 이유는 신비주의 역사에서뿐만 아니라 "여성해방운동"의 역사에서 "베긴 여성공동체"가 갖는 그 가치와 '제3의 신학자'로 명명할 수 있는 신학적 특성 때문이었다.

여성신비가들의 신비주의를 "여성적"인 것으로 구별해서 남성 신비주의와는 구별된 여성신비주의를 주장할 수 있는가에 대한 논란을 주지한다. 맥긴이 지적한 것처럼, 여성신비가들의 작품에 나타난 여성적 상징이나 언어를 일반화시키거나 여성적인 것으로 본질주의화 시키지 않도록 조심해야 할 것이다. 그러나 우려 섞인 지적의 타당성을 인지하더라도 그런 지적이 삭제당한 여성들의 역사를 복원하고 지워진 삶의 자취를 찾아내야 하는 보다 시급한 과제를 막을만한 걸림돌이나 핑계가 될 수는 없을 것이다.

분명 여성은 남성과 더불어 인류의 문화와 전통을 일구고 역사를 세워나갔던 주체적 행위자였으며 미래를 꿈꾸고 상상하고 창조하던 주체적 사유자다. 비록 가부장제의 권력은 인류가 남긴 역사의 공간으로부터 여성의 업적을 밀어내고 삶의 흔적을 지워버리고 모두 남성의 것으로 채웠지만 그렇다고 해서 여성들의 자취나 그 흔적이 모두 없어진 것은 아니다. 여성들은 여전히 주체로서 역사와 전통을 이어오고 있으며, 지워져 흔적만 남은 여성의 자취를 복원해

---

61 메리 T. 말리운, 「여성과 그리스도교 2」, 207.

가고 있으며, 앞으로 매진된 연구를 통해 잃어버린 역사를 재구성해야만 한다. 그런 면에서 최초의 여성해방운동이었던 베긴 여성운동은 여성의 역사에서 매우 중요한 가치를 갖는다. 더욱이 베긴 여성신비가들의 신비주의 연구는 더욱 중요하다. 이리가라이가 지적한 것처럼 "신비주의는 서양 중세 역사에서 여성들이 자신의 언어와 행위를 통해 자신의 생각과 경험을 표현한 유일한 공적 영역"이었기 때문이다. 13세기 베긴 여성운동은 최초의 여성해방운동이었으며, 위대한 베긴 여성신비가들은 신인합일의 체험을 통해 여성들을 위한 "하나님 형상의 신학"을 주장했던 제3의 여성신학자였다.

이어서 제3의 신학자로서 위대한 3명의 베긴 여성신비가들의 신비신학을 그들 각각의 핵심적 문헌들을 기반으로 고찰하도록 하겠다. 이들은 위에서 언급한 마그데부르크의 메흐틸드(Mechthild of Magdebrug), 브라반트의 하데비치(Hadewijch of Brabant), 그리고 마그리트 포르테(Maguerite Porete)다. 이들 3명의 위대한 베긴 여성신비가들은 직접 자기 작품을 저술한 저자들로서 여성신비주의 연구의 선구자들이며, 후대의 여성들에게 신학자로서 자신의 어깨를 내어준 거인이며 여성주의적 관점에서 여성신비주의 연구의 틈새의 길을 내준 위대한 제3의 신학자들이다.

2

Mechthild of Magdeburg

마그데부르크의 메흐틸드의 신학적 인간학

삼위일체 하나님의 신성에의 자각

제2장

마그데부르크의 메흐틸드의 신학적 인간학
삼위일체 하나님의 신성에의 자각

신성에로의 흐름

『신성에로의 흐름』(The Flowing Light of the Godhead)의 저자 마그데부르크의 메흐틸드는 베긴회 소속의 신비가이자 문학가이며 동시에 철학자며 신학자다. 비록 남성 성직자의 전유물로 알려진 스콜라 신학을 정식으로 공부하지 못했을 뿐만 아니라 수녀원 소속의 수녀도 아니었기에 명시적으로 철학자나 신학자로 분류되지 못했지만, 그녀의 저술을 탐독한 사람들이라면 철학자이자 신학자로 메흐틸드를 소개하는 데 별반 이의가 없을 것이다. 라틴어를 사용하는 것으로 당시 지식인들이 현학적인 위상을 드러내던 시기에 다양한 글쓰기의 유형과 환상과 이미지를 조합해서 자국어로 저술한 메흐틸드는 당시의 기준으로 명시적인 신학자는 아니라 할지라도 베긴회 소속의 여성신비가로서 신학적이고 철학적인 심층적 내용을 궁정문학 형식, 환상과 비전 등의 이미지와 함께 시와 서사와 편지 등의 다양한 유형의 글쓰기를 통해 대중성까지 담보한 특별한 우상의 제3의 신학자로 분류할 수 있다.

『신성에로의 흐름』에서 발견할 수 있는 저자의 철학적·신학적 핵심 사상은 메흐틸드 자신이 새롭게 자각하고 발견한 '하나님 형상'으로서의 자아의식이 고백적이고 묘사적으로 표현되고 있을 뿐만 아니라 예언자적인 울림으로 혹은 교훈적인 경종의 소리로, 한편 명시적으로 한편 암묵적으로 신학적 인간학의 주제가 기술되고 있다. 중세라는 남성 우위적이고 교권 중심적인 가부장 사회와 문화에서 제도적으로 관습적으로 규정된 성과 사회적 계급적 지위를 초월하여 하나님께로부터 와서 하나님과 연합한 삶의 과정에서 다시금 하나님께로 돌아가는 자기 존재에 대한 새로운 자각이 『신성에로의 흐름』에서 다양한 신학적 주제로 심화, 확장되어 표현되고 있음을 발견할 수 있다. 메흐틸드는 자기 존재의 근원과 삶의 이유, 그리고 목적이 지향하는 모든 방향이 오직 하나님께로부터 비롯되고 다시 하나님께로 향하고 있는 존재의 순환적 구조를 저술을 통해 보여준다. 더욱이 영원한 신성 안에 자기 존재의 뿌리가 있다는 메흐틸드의 이러한 자각은 본인 개인의 운명적 차원에만 국한된 것이 아니라 하나님 형상으로 창조된 모든 인간의 본향이자 동시에 최종 목적지가 삼위일체 하나님의 신성이라는 인류의 공동운명에 대한 신학적 인간학의 관점을 발견할 수 있다. 이러한 메흐틸드의 초월적 인간 이해는 그의 삶을 통해 하나님과의 연합과 일치를 향한 열망으로 이어지고 계시를 통해 위탁받은 소명의 삶으로 표출되며 마침내 모든 인류를 구원하시는 하나님의 보편적 사랑에 대한 증언이 선포와 경고와 호소로 진술되고 있다.

 이 글은 먼저 메흐틸드의 삶의 여정과 그의 저서 『신성에로의 흐름』의 구성적 특징을 간략하게 살펴볼 것이다. 그리고 저서에서 전개되는 신학적 주제들을 구체적으로 탐구하고 각 주제에 따른 철학적·신학적 특성들이 어떻게 긍정신학 혹은 부정신학 측면에서 표현되고 묘사되는가를 분석하되 하나님 형상으로서의 신학적 인간학의 관점에서 살펴볼 것이다. 이러한 신학적 인간학의 관점은 구체적으로 메흐틸드가 하나님의 신성 안에 자신의 근원이 있다는 새로운 자기의식의 깨달음, 이에 따라 자신의 생애과정을 통해 하나님과 연합하고 일치되고자 하는 열망을 긍정문학의 형태로 표현한 영혼과 하나님 사랑, 그리고 그 사랑의 원형으로서의 삼위일체의 세 위격간의 사랑, 인간을 사랑하시는 하나님의 사랑을 불의에 대한 예언자적 경고와 저항, 그리고 메흐틸드 개인의 사랑이라는 제한된 예시를 넘어, 온 인류를 사랑하시고 구원하시고자 하는 하나님의 보편적인 사랑과 모두를 향한 보편적 구원, 다시 말해 하나님으로부터 와서 하나님과 더불어 살다가 하나님께로 귀환하는 인간의 신성에의 운명이라는 신학적 인간학으로 전개할 것이다.

메흐틸드의 생애 여정과 작품『신성에로의 흐름』

중세 시대를 살았던 여성 대부분이 그렇듯이 마그데부르크 출신 메흐틸드에 관해 알 수 있는 자료는 그리 많지 않다. 우선 메흐틸드가 남긴 유일한 저서『신성에로의 흐름』(The Flowing Light of the Godhead)에서 몇 가지 정보를 발견할 수 있으며, 자국어로 쓴 원본을 번역한 라틴어 번역본에 익명으로 쓴 서문에서도 메흐틸드의 생애 정보를 얻을 수 있다고 한다.[1] 이렇게 많지 않은 자료를 근거로 메흐틸드의 출생과 가족 배경, 교육 정도와 삶의 여정을 개연적으로 가늠해 볼 수 있다. 메흐틸드가 출생한 연도에 대해서조차 학자마다 차이가 있으나『신성에로의 흐름』을 영어로 번역한 Frank Tobin의 소개를 따르면 메흐틸드는 1208년 독일에서 태어났으며 정확한 사망 연도 역시 불분명하나 필시 1282년 혹은 1294년 헬프타(Helfta)에 있는 시토 수녀원에서 생을 마감했다고 한다.[2] 자신의 가족 배경에 대해 직접적인 증언이 없기에 책 내용과 글의 문체와 표현력 등을 종합적으로 짐작해 볼 때 메흐틸드가 높은 지위를 누리던 귀족 출신은 아니어도 어느 정도의 교육 혜택을 받을 수 있었던 하급 귀족 집안 출신이라는 것을 짐작할 수 있다.

『신성에로의 흐름』 4장 2절에 증언된 메흐틸드의 고백에 따르면, 12살이던 어느 날 자신을 제외하고 아무도 없던 때 성령이 찾아와 자신을 향해 쏟아지는 하나님의 특별한 사랑을 처음 체험했다고 한다. 그날 이후 성령과의 감격스러운 만남은 매일 계속되었고 그녀의 나이 43살에 이르기까지 31년 동안 지속되었으며 이러한 계시 체험이 그 저서의 자료가 되었다고 말한다.[3] 어떤 구체적 동기가 있었는지 확인할 길은 없으나 1230년 그의 나이 23세에 가족과 집을

---

[1] Mechthild of Magdeburg, *The Flowing Light of the Godhead*, translated & introduced by Frank Tobin (New York & Mahwah: Paulist Press, 1998), 4.
[2] Ibid., 1.
[3] Ibid., 139.

떠나 홀로 마그데부르그에 있는 베긴회로 옮겼으며 그곳에서 메흐틸드가 어떻게 생활했는지 구체적으로 알 길은 없으나 다른 베긴 여성들과 함께 공동생활을 했을 것으로 추정된다.[4] 메흐틸드의 책을 라틴어에서 영어로 번역한 프랭크 토빈은 책의 도입부에서 메흐틸드 당시 독일 베긴회의 상황을 설명하며 메흐틸드가 베긴회에 들어간 즈음에 베긴 여성들은 공용의 집에서 공동생활을 하며 스스로 자급자족하는 생활을 했다고 설명한다. 토빈은 당시 이상적인 기독교인의 삶의 방식으로 대두되었던 "사도적 운동(apostolic movement)"의 흐름에 편승했던 베긴 여성들도 가난한 사람들을 돌보고 작물을 짜고 다른 사람들의 집안일을 돌보는 등 예수의 제자들이 청빈과 가난의 삶을 살았던 것처럼 메흐틸드 역시 청빈과 가난의 삶을 가운데 금욕과 자급자족하는 삶을 살았을 것이라고 알려준다.[5]

메흐틸드는 1270년 그의 나이 약 63세 경 베긴회 생활을 청산하고 헬프타(Helfta)에 있는 시토 수녀원으로 거처를 옮긴다. 메흐틸드가 베긴회를 떠나 시토 수녀원으로 들어간 이유에 대해 병이나 혹은 그녀의 책에 대한 비판이나 위협에서 오는 적대감이라는 여러 의견이 있으나 필시 둘 다의 이유로 인해[6] 친척 집으로 옮겼다가 당시 학문적으로, 그리고 신심에서도 명성이 있었던 시토 수녀원으로 옮겨 말년을 그곳에서 보낸다. 메흐틸드가 죽은 해가 언제인지 불분명한 가운데 1282년경이거나 1294년경이라는 웬일인지 상당히 차이가 있는 두 학설이 제시된다. 메흐틸드가 세상을 떠난 해가 1282년이라면 그의 나이 75세에 사망한 것이고 1294년이라면 87세에 생을 마감한 것이 되는데 왜 12년의 차이가 나는지에 대해서도 역시 이유가 전해지지 않는다.

메흐틸드의 유일한 저서 『신성에로의 흐름』은 모두 7권으로 구성된 책을 합본하여 한 권으로 엮어 나온 저서다. 메흐틸드가 베긴회에 있는 동안 1권부터 6권까지의 내용을 썼으며 마지막 7권은 헬프타에 있는 시토 수녀원에 있을 때 완성되었다. 『신성에로의 흐름』의 주요 자료는 메흐틸드가 고백한 것처럼 12

---

4 Andrea Janelle Dickens, *The Female Mystic: Great Women Thinkers of the Middle Ages*, (New York & London: I.B.TAURIS, 2009), 72.
5 Mechthild of Magdeburg, *The Flowing Light of the Godhead*, 1.
6 마리트 룰만 외, 『아무도 말하지 않은 철학의 역사: 여성 철학자』, 이한우, (푸른숲, 2005), 114.

살 때부터 시작되어 43세에 이르기까지 31년 동안 계속된 하나님 계시의 체험에서 비롯되었다. 자신이 계시를 통해 받은 환상과 비전을 세상에 알려야 한다는 소명과 열망은 있었으나 공적인 권위나 지위가 주어지지 않은 베긴회 소속의 평신도 여성으로서는 이단으로 몰릴 위험과 교권에서의 압박과 감시 때문에 버거운 일이었다. 메흐틸드는 자신의 고해 사제였던 도미니크 수도회 소속의 하인리히 할레(Heinrich of Halle)에게 자신이 경험했던 비전과 환상의 계시 체험을 이야기했다. 하인리히 할레는 메흐틸드에게 계시 체험을 글로 써서 책으로 만들 것을 적극적으로 권유하며 지지하였고 그런 가운데 마침내 『신성에로의 흐름』이 세상에 나오게 되었다. 그런 가운데 첫 10년 동안 메흐틸드는 1권에서 5권까지 완성했고 다음 10년간 6권을 끝냈다. 이후 시력이 약화되고 병약해진 메흐틸드가 생애 마지막 기간을 시토의 수녀원에서 보내면서 자기 말을 수녀들에게 받아쓰게 함으로써 마지막 7권을 완성했다.[7]

　메흐틸드의 작품이 처음 발견된 것은 1861년이었고 그때부터 작품에 대한 연구가 시작되었다. 메흐틸드 스스로 라틴어 지식이 거의 없다고 고백했듯이 메흐틸드는 1050년~1450년대에 사용되던 저지대 독일어(Middle Low German)로 작품을 썼다.[8] 메흐틸드의 작품을 연구하는 학자들의 일반적인 견해에 따르면 고해 사제인 하인리히 할레가 메흐틸드를 도와 글의 내용을 편의상 6권으로 나누어 함께 편집 작업을 했으나 책의 내용에 대해서는 거의 영향을 미치지 않았다고 한다.[9] 『신성에로의 흐름』의 원본은 자국어로 쓰인 까닭에 당시 학문적으로 명성이 있었던 헬프타의 시토 수녀원 소속 수녀들이 라틴어로 쓴 책들이 메흐틸드의 책보다 더 많이 읽혔다고 한다.[10]

　메흐틸드가 죽은 후 얼마 지나지 않은 시기, 필시 1298년 이전, 도미니칸 사제들이 메흐틸드의 책 중 6권을 먼저 라틴어로 번역했다. 라틴어로 번역하면서 도미니칸 사제들은 메흐틸드가 쓴 원작품의 내용을 주제에 따라 목차를 재

7　Mechthild of Magdeburg, *The Flowing Light of the Godhead*, 4-5.
8　토빈의 소개에 따르면 현재 이 원본은 분실되었다고 전해진다.
9　Mechthild of Magdeburg, *The Flowing Light of the Godhead*, 6-7.
10　Ibid., 4.
　　당시 헬프타의 시토 수녀원에는 하크본의 메흐틸드(Mechthild of Hackeborn), 제르투르다(Gertrud of Hackeborn)와 같이 지적으로 뛰어난 수녀들이 많았기 때문에 헬프타 수녀원은 학문적으로 명성이 높은 수녀원이었다고 전한다. 수녀들이 라틴어로 쓴 책 가운데는 the Book of Special Grace와 제르투르다가 쓴 The Herald of Divine Love가 전해진다.

배열하고 교회를 향한 날카로운 비판을 조금 유하게 다듬었다.[11] 중세 저지대 독일어 원본이 분실된 가운데 현재 우리에게 전해지는 자국어(vernacular) 번역본은 뇌를링겐의 하인리히라는 바젤의 교구 사제가 메흐틸드의 원본 저작을 손에 넣게 되고 작품에 감동하여 그의 주도하에 고지대 독일어로 다시 번역한 것이다. 메흐틸드의 작품에 감동한 하인리히는 당시 주변의 도미니칸 사제인 요한 타울러(John Tauler)와 헨리 수소(Henry Suso), 그리고 수녀 마가레트 에브너(Margaret Ebner)에게 그의 작품을 소개하였고 이후 중세 고지대 독일어, 독일어를 사용하는 남쪽 지역의 언어로 다시 번역 작업을 하게 된다. 그가 단독으로 번역하였는지 바젤 지역의 학자들에게 위임해서 번역했는지는 명확하지 않으나 적어도 그의 주도 아래 번역된 것은 사실이다. 바로 이 중세 고지대 독일어 번역본이 메흐틸드의 작품을 온전하게 보유한 유일한 작품이며 이 번역본이 1861년 스위스에 있는 아인즈델른(Einsiedeln) 수도원 도서관에서 발견된 저작이다.[12]

안드레아 디킨스(Andrea Janelle Dickens)도 지적한 것처럼 『신성에로의 흐름』은 각각의 서로 다른 장르가 구조적 통일성을 갖추지 않은 채 서술되어 다양한 장르들을 일관성 있게 엮어낼 연결점을 찾는 것이 그리 쉽지 않다. 또한 신비적인 환상과 비전, 시와 서사, 독백과 대화, 편지와 비유들, 성찰들, 비평과 조언들, 궁정문학 등과 같이 전혀 다른 글의 내용과 형식이 혼합되어 철학적 신학적 주제로 범주화해서 정리하는 것도 까다로운 작업에 속한다. 이렇게 다양하고 연결점을 찾기 쉽지 않은 『신성에로의 흐름』을 어떻게 일관성 있는 주제와 내용으로 이해하고 의미 있는 한 권의 책으로 해석할 수 있을 것인가에 대해 여러 학자의 의견을 소개한다.

디킨스에 따르면 전혀 다른 유형의 글들로 구성된 메흐틸드의 책을 해석하고 이해하는 데 있어 미하일 바흐친(Mikhail Bakhtin)이 제시하는 "이종어(異種語, heteroglossia) 이론"을 적용하면 의미 있는 해석을 도출할 수 있다고 말한다. "이종어 이론"이란 바흐친이 대화담론에서 제시하는 이론으로서 그 예로 소설에서는 하나의 주제가 일기나 시, 편지와 이미지 등의 다양한 이차적 양식

---

[11] Ibid., 7.
[12] Mechthild of Magdeburg, *The Flowing Light of the Godhead*, 7–8.

을 통해 재현되고 있다는 것이다. 따라서 『신성에로의 흐름』에 바흐친의 "이종어 이론"을 적용할 때 서로 다른 부차적 형식을 가진 글들로 구성된 메흐틸드의 책을 의미 있는 한 권의 책으로 이해할 수 있다고 설명한다.[13] 그러면서도 디킨스는 메흐틸드의 다양한 형식과 내용에 대해 어떤 주제를 선택해서 글 전체를 아우를지를 결정할지에 대한 문제가 남는다고 말한다. 러(Ruh)와 하스(Haas)가 주장하는 것처럼 메흐틸드의 작품을 아우구스티누스의 『고백론』처럼 고백의 글로 읽어야 한다고 디킨스는 말한다. 그러나 메흐틸드의 회심을 아우구스티누스적인 죄의 고백으로서의 회심이 아니라 『신성에로의 흐름』의 내용 전개를 통해 자신의 삶을 하나님께 전념하여 헌신하는 메흐틸드 자신의 내면적 삶에 대한 탐구를 기술한 것으로 이해해야 한다고 주장한다.[14]

디킨스는 메흐틸드 저작의 일체성은 문학적 유형에서가 아니라 화자가 서술하는 목소리에서 찾아야 한다는 엘리자베스 엔더슨(Elisabeth Andersen)의 주장을 소개한다. 앤더슨에 따르면 화자는 이야기를 서술하며 다양한 역할을 담당하는데 때로 예언자, 신비가, 선생, 비평가로서 다양한 역할을 담당하여 말하는 것처럼 화자가 진술하는 소리의 일체성은 저자가 의도하는 일체성과 같다고 말한다. 따라서 앤더슨은 저자가 의도하는 일체성을 발견하기 위해서는 메흐틸드의 저작을 구체적으로 메흐틸드에게로 소급시켜야 한다고 말한다. 이와 같은 앤더슨의 주장을 소개하면서 디킨스는 앤더슨의 주장의 문제점을 지적하며 앤더스는 『신성에로의 흐름』의 저자는 오직 하나님이시며 메흐틸드 자신은 기껏해야 하나님이 사용하는 하나의 채널일 뿐이라는 메흐틸드의 주장을 간과하고 있다고 주장한다.

디킨스는 이렇게 몇몇 학자들의 이론을 소개하며 메흐틸드의 작품의 특성을 고려한다면 가장 적합하게 비교될 수 있는 작품이 바로 성서라고 말하며 디킨스 자신의 이론을 주장한다. 즉, 성서는 하나님께 영감을 받은 저자가 진술하였거나 혹은 하나님의 직접적인 저자가 되어 기록하였거나 이를 넘어 다양한 저자들이 각각 다른 유형의 글을 통해서 하나님의 말씀을 전한다는 점에 그

---

13 Andrea Janelle Dickens, *The Female Mystic: Great Women Thinkers of the Middle Ages* (New York & London : I.B.TAURIS, 2009), 74.
14 Ibid., 75

특성이 있다는 것이다. 즉 아가서와 시편의 시가서, 역사서와 예언서, 율법서, 지혜서와 서신 등이 하나로 엮어진 성서는 이토록 많은 저자들의 다양한 저술 형태를 포함하고 있지만 하나님 말씀인 성서는 한 권의 책으로서의 일체성을 가지고 있다고 디킨스는 말한다. 따라서 성서의 특성을 잘 알고 있었을 메흐틸드 역시 성서와 같은 방식으로 자기 작품을 저술했을 것이라고 주장한다.[15]

본 글은 메흐틸드의 작품을 이해하고 해석하는 데 있어 저술 동기와 목적, 그리고 그 과정으로서의 전개를 의미 있게 읽어내는 가장 적합한 이론이 루(Ruh)와 하스(Hass)의 고백적 관점이라는 데 동의한다. 루와 하스가 주장하는 고백의 관점과 정확히 일치하는 것은 아니나 다른 이론들에 비해서 본 글을 신학적 인간학의 관점에서 전개할 때 가장 적합한 방법적 도구가 될 수 있기 때문이다. 하나님과의 지속된 만남을 통해 자각한 메흐틸드의 새로운 자기 인식은 자신의 존재가 당시 사회 관습적, 그리고 법과 제도가 부과한 실존의 한계와 규정을 넘어선 존재라는 인식에서 출발한다. 자신의 존재가 하나님의 신성에 원초적으로 뿌리를 둔 존재라는 내적 자각은 그의 생애를 통해 신과의 합일에 대한 열망, 자신뿐만 아니라 모든 인간을 향한 하나님의 사랑과 보편적인 구원의 은총을 전하며 마침내 제한된 이 세계를 넘어 하나님 나라로 귀환할 것이라는 고백적 증언들이 신학적 인간학으로 일체가 된 관점에서 메흐틸드의 작품을 분석하고 종합하여 이해하는 방식으로 탐구할 것이다.

신성에의 자각: "하나님의 가슴과 입으로"

> 그때 우리 주님께서 대답하셨습니다. "너는 이 문제들에 관해서 복종하고 나를 신뢰해야 한다. 너는 한동안 몸이 아플 것이되 나는 너를 돌볼 것이다; 그리고 너의 몸과 영혼이 필요로 하는 모든 것을 내가 너에게 줄 것이다."
>
> 그리고 혼란한 가운데 떨던 비천했던 나는 고해신부에게 가서 모든 이야기를 하며 그의 충고를 구했다. 그(고해신부)가 이르기를, 나는 기쁜 마음으로 담대

---

[15] Andrea Janelle Dickens, *The Female Mystic: Great Women Thinkers of the Middle Ages*, 76.

하게 나아가야 할 것이며 나를 지금까지 인도하신 하나님께서 분명히 나를 보호할 것이라고 했다. 그리고 그의 지시로 인해 나는 내 자신의 부족함이 부끄러워 눈물을 흘릴 수밖에 없었다.; 그의 지시는 '연약한 여인이여 하나님의 가슴과 하나님의 입으로 이 책을 쓰라.'는 것이었다. 그러므로 이 책은 인간의 생각에서 비롯된 책이 아니고 이 책은 근원은 바로 하나님에게 있다.[16]

13세기 중세 사회에서 평신도 여성신비가가 글을 써서 기록을 남긴다는 것은 단순히 노력과 재능에 국한된 문제만은 아니었다. 더욱이 한낱 베긴회 소속의 평신도 여성이 자신이 받은 계시와 환상을 근거로 당시 신학자들이나 말할 법한 삼위일체 하나님을 논하고 연옥과 지옥의 환상을 말하며 더욱이 예언자의 목소리로 교회 성직자들의 부패와 타락을 비판한다는 것은 서슬 퍼런 교회 권력에 의해 이단으로 죽임을 당할 수도 있다는 두려움과 위협에 노출된다는 것을 의미한다. 메흐틸드 역시 교권 중심적이고 남성 우위적인 시대적 상황을 잘 인식하였을 뿐만 아니라 그 가운데서 신비가로서 그 같은 저술을 한다는 것이 어떤 상황을 초래할 수 있음을 충분히 잘 알고 있었다. 메흐틸드는 자신이 저술하고 있는 것에 관해 사람들이 말하기를 '조심하지 않으면 책이 불태워질 것이다'라고 경고했다는 사실을 기록하고 있다.[17]

메흐틸드가 불안과 두려움 가운데서도 "고도의 강렬함"과 "탁월한 언어의 힘"을 사용하여 하나님으로부터 받은 "각별한 신비적" 체험을 다양한 장르로 명료하면서도 지성적으로 고양된 내용을 담대하게 표현할 수 있었던 것은 자신의 존재에 대한 새로운 자각으로 가능한 일이었다.[18] 자신이 처한 사회적 지위나 계급적 신분을 결코 잊지 않았던 메흐틸드가 저술을 통해 위험을 자초하는 대담한 발언들을 이어나갈 수 있었던 배경에는 계급과 성 등의 사회적 제약과 벽을 뛰어넘은 자기 존재에 대한 영적 자각이 있었다고 할 수 있다. 그러나 메흐틸드 자신의 영적 자각이 어느 특정한 순간 단 한 번의 깨달음으로 완전하게 이루어진 것은 아닐 것이다. 물론 사도 바울의 경우에서처럼 어떤 특별하고도

---

16 Mechthild of Magdeburg, *The Flowing Light of the Godhead*, 143-144.
17 Mechthild of Magdeburg, *The Flowing Light of the Godhead*, 96. Book II. 26.
18 마리트 룰만 외, 『아무도 말하지 않은 철학의 역사: 여성 철학자』, 이한우 (푸른숲, 2005), 115.

강렬한 경험의 순간이 한 사람의 정체성과 삶의 여정, 운명을 극적으로 변화시키는 예외적 경우가 있다는 경우를 배제하는 것은 아니다. 그러나 메흐틸드는 12살의 어린 나이에 처음 찾아온 성령과의 감격스러운 만남 이래로 매일 지속해서 이루어진 성령과의 교류를 통해 은혜 체험의 강도가 점점 더해갔으며 이에 따른 하나님과의 교감과 일체감 또한 커진 것을 알 수 있다. 30여 년간 이어져 온 성령과의 교제에서 환상과 비전의 체험은 수시로 기록되고 기억되었고 마침내 43세에 이르러 책을 통해 세상에 알리고자 하는 결단으로 이어지게 된다. 메흐틸드는 자신이 책에 기록한 내용들과 같은 환상과 비전 체험을 원하거나 하나님께 요청한 적이 결코 없었을 뿐만 아니라 그와 같은 일들이 사람에게 일어날 수 있다는 것조차 상상할 수 없었다고 고백한다.[19]

메흐틸드는 자신이 책에 묘사하고 기술한 특별한 영적 체험과 모든 내용은 오로지 불가항력적인 하나님의 의지로 인해 비롯된 결과로서 책 『신성에로의 흐름』의 진정한 저자는 자신이 아닌 자신에게 이 책을 쓰도록 명령하신 하나님이심을 고백한다.[20] 메흐틸드는 영과 육에 필요한 모든 것을 제공해 주겠다고 하신 하나님의 약속은 고해 신부 할레의 충고와 지시로 이어졌다는 사실을 독자에게 알려준다. 이어서 메흐틸드는 『신성에로의 흐름』이 자연인 메흐틸드 자신의 의지와 의도에서 비롯된 것이 아니라 오로지 하나님과 연합되고 일체가 되어 하나님께 사로잡힌 하나님의 사람 메흐틸드가 '하나님의 가슴과 하나님의 입'이 되어 인간을 향한 하나님의 사랑과 구원을 전하고 있다고 한다. 미학적 신학으로 족적을 남긴 한스 우르스 폰 발타사르(Hans Urs von Balthasar)는 "메흐틸드의 교회적 미션"("The Ecclesial Mission of Mechthild")을 통해 세속과 종교의 영역 중간에 있었던 베긴회의 소속 메흐틸드는 오로지 하나님을 위해 모든 것을 버리기로 결정하고 자신을 보호할 어떠한 수단도 간구하지 않은 채 핍박과 조롱을 받으며 하나님의 미션을 수행했다고 말한다.[21] 하나님께로부터 와서 하나님의 가슴과 입이 되어 온 인류를 향한 하나님의 뜻과 사랑을 전하고 마침내 하나님께로 돌아간 메흐틸드는 진정 하나님의 입이 되어 하나님의 가

---

19 Mechthild of Magdeburg, *The Flowing Light of the Godhead*, 139.
20 Mechthild of Magdeburg, *The Flowing Light of the Godhead*, book II, chapter 26, 96.
21 Emilie Zum Brunn & Georgette Epiney-Burgard, *Women Mystics in Medieval Europe*, translated from the French by Sheila Hughes (New York: Paragon House, 1989), 40-42.

슴을 전한 하나님의 사람이었다.

1. 우주론적 신학의 관점에서 조명하는 인간 정체성

『신성에로의 흐름』에서 찾을 수 있는 메흐틸드의 핵심적인 신학을 조직적으로 체계화하는 일은 매우 어려운 일이다. 앞서, 다양한 장르를 여러 양식의 형태들로 표현하고 묘사하는 글의 내용을 일관성 있게 해석하고자 하는 여러 학자의 방법들을 비판적 시각으로 소개하면서 대안적 방법으로 '신학적 인간학의 관점'에서 읽어나가야 할 것을 제안했다. 신성에 근거를 둔 자신의 정체성에 대한 메흐틸드의 자각은 책의 곳곳에서 자신을 비하하는 "무가치한 죄인", "비천한 자", "무지하고 어리숙한 자" 호칭들을 사용함으로 주변적 존재로서의 여성에 대한 사회적 지위나 처지를 용인하는 것처럼 보이기도 한다. 그러나 자신을 낮추는 호칭을 사용하는 것이 당시 권력의 위치에서 메흐틸드를 위협하고 박해하는 사람들을 상대하는 전략임을 전체적 맥락에서 파악할 수 있다. 메흐틸드는 『신성에로의 흐름』 책 1권 도입부 첫 제목 글에서부터 "사람들은 이 책을 간절한 마음으로 받아들여야 한다. 왜냐하면 이 책을 통해 말씀하시는 분은 하나님 자신이기 때문이다."라고 책의 참된 저자가 하나님임을 선포하고 있다. 그리고 재차 "오, 주 하나님, 누가 이 책을 만들었습니까?"라는 질문 뒤 바로 이어진 "이 책의 제목은 무엇이어야 합니까?"라는 물음에 저자인 하나님 자신이 '신성에로의 흐름'이라는 제목 또한 정해주셨다는 것을 명백하고 밝힌다.[22] 베긴 평신도 여성신비가에게 의심과 적대감을 가진 권력자들에 대해 전략적 차원에서 자기 비하적인 호칭을 쓴 것과는 달리 하나님의 사람이라는 정체성에 대한 깊은 자각에서 비롯된 담대한 선포임을 알 수 있다.

> 물고기는 물에서 익사하지 않고
> 새는 공중에서 추락하지 않으며
> 불 속에서 금은 없어지지 않고 오히려 정제되어 황금빛으로 더 찬란해진다.

---

[22] Mechthild of Magdeburg, *The Flowing Light of the Godhead*, 1권, 39.

> 하나님은 모든 피조물을 그들의 본성에 따라 살도록 창조하셨다.
> 그렇다면 내가 어떻게 나의 본성을 거스를 수 있을까.
> 나는 모든 것으로부터 떠나 하나님께로 가야 한다.
> 본성에 의하면 누가 나의 아버지이며 인성에 의해서는 누가 나의 형제며
> 사랑에 의하면 누가 나의 신랑이란 말인가.
> 창세 전부터 나는 그의 신부이다. …
> 다시 돌아갈 때 기필코 나는 당신의 조언이 필요할 것이다;
> 왜냐하면 이 땅에 유혹이 너무 많기 때문이다.[23]

아름다우면서도 풍부한 의미를 지니고 있는 위의 글은 영혼과 감각(senses)과의 대화로 표현된 서정적인 시다. 이 시에서 영혼은, 물고기와 새, 모든 피조물이 본성에 따라 살도록 창조되었기에, 창세 이전부터 하나님의 신부였던 자신도 본성에 따라, 아버지이자 형제이며 신랑인 하나님께 돌아가야 한다고 고백하고 있다. 인간을 비롯한 모든 피조물은 하나님의 피조물로서 존재의 근원인 하나님께로부터 와서 하나님께로 귀환하는 존재라고 말한다.

디킨스는 메흐틸드의 영혼과 감각의 대화에서 찾을 수 있는 중요한 신학적 핵심은 하나님과 메흐틸드의 친밀한 관계라고 말한다.[24] 디킨스에 따르면 하나님과 인간의 관계에 대한 신학적 특성은 신플라톤주의 전통에 있으며 특별히 플로티누스와 디오니시우스의 신비주의, 곧 부정신학적 전통에 있다고 주장한다.[25] 세상이 창조하기 전부터 인간의 영혼은 하나님과 함께 있었으며 창조와 함께 하나님께로부터 나와서 궁극적으로 다시 하나님께로 귀환하는 '유출과 회귀'라는 순환적인 신플라톤주의에 토대를 두고 있다는 것이다. 이어서 디킨스는 인간의 본성 자체가 자신들을 만드신 창조주에게 돌아갈 수밖에 없게 하는 요인으로서 이는 메흐틸드가 하나님과 인간의 관계를 신비적으로 연합하고 일체화되는 신랑과 신부로 묘사한 궁정 사랑의 이미지와 결부되어 "신학적-우주적 구조"로 설명된다고 말한다.[26] 디킨스가 지적한 것처럼 메흐틸드

---

[23] Ibid., 61.
[24] Andrea Janelle Dickens, *The Female Mystic: Great Women Thinkers of the Middle Ages*, 79.
[25] Ibid., 80.
[26] Ibid.

가 플로티누스의 유출설과 디오니시우스의 부정신학에 대해 얼마나 지식적으로 알고 신플라톤적 신학의 틀에서 표현하고자 했는지는 확인할 방법이 없다. 그러나 시간이 시작되기 이전부터, 시간 속에서, 그리고 시간이 끝난 이후에도 인간과 하나님과의 관계는 끊어질 수 없다는 자신의 믿음과 앎을 메흐틸드는 자신만의 자유롭고도 강렬한 표현으로 "신학적이고 우주적인" 인간의 운명으로 그려내고 있다.

무엇보다도 메흐틸드의 저서 제목이자 핵심 주제인 "신성에로의 흐름"이 문자적으로 지시하는 것 역시 신플라톤주의적인 순환구조 속에 기원과 귀환, 발원과 최종을 하나님께 둔 인간존재를 의미하고 있다. 그러나 신플라톤주의 철학을 기독교 신학화한 어거스틴을 비롯한 다른 신학자들과는 달리 전문적으로 신학 교육을 받지 못한 메흐틸드는 "신학적이고 우주적인" 인간존재의 운명을 과감한 필치와 상징, 자신이 계시받은 비전과 환시의 생생한 이미지를 통해 묘사한다. 남성 신학자들의 신학 작업은 사색적, 추상적 개념에 근거한 형이상학적 작업이라고 한다면 메흐틸드의 작업은 자신이 직접 경험한 계시에 근거한 시학적이고 미학적 신학이라는 면에서 "실존주의적" 신학의 특성을 보이며 비전과 환상 등 다양한 이미지를 통해 현실과 초현실을 넘나들며 천상과 지옥과 연옥의 우주적이면서 동시에 초우주적, 현세와 내세를 잇는 초현실주의적인 신비주의 신학이라 할 수 있다.

2. 하나님을 향한 갈망: 신랑 신부의 궁정식 사랑

메흐틸드의 인간 이해에 따르면 모든 생명이 귀소본능을 가지듯 하나님께로부터 나온 인간은 본성에 의해 하나님께로 돌아가고자 하는 마음, 하나님과의 연합을 갈망하는 그리움을 갖는다. 그래서 메흐틸드가 그리는 인간과 하나님의 사랑, 곧 하나님을 향한 인간의 사랑과 인간을 향한 하나님의 사랑은 애틋하기만 하다. 메흐틸드는 작품에서 인간과 하나님의 사랑을 신랑과 신부, 왕자와 공주, 영혼과 주 하나님 등 다양한 상징적 인물을 등장시켜 궁정에서의 생활과 문화, 궁정에서 사용하는 언어 등 중세의 전통적인 궁정식 사랑의 은유를 사용하여 묘사한다. 신으로부터 유출되어 신을 찾아가는 과정을 거쳐 마침내

신에게로 회귀하는 신학적이고 우주적인 영혼의 순환과정은 하나님과 인간이 마치 사랑하는 남녀가 서로를 원하는 에로틱한 사랑으로 표현하고자 한 궁정식의 사랑이라는 방식과 맥을 같이한다.

『신성에로의 흐름』1권 4장에서는 영혼이 하나님을 찾아 궁정으로 가는 여정과 이를 통해 마침내 궁에 도달했을 때 하나님께서 영혼을 사랑으로 맞아주시고 하나님의 가슴 속으로 영혼을 품는 모습을 보여줌으로 하나님을 향한 인간의 여정과 인간을 향한 하나님의 기다림과 환대를 그리고 있다. 메흐틸드는 이러한 하나님과 영혼의 서로를 향한 사랑을 높은 신분의 왕자와 하녀 신분의 작은 소녀가 모든 장애를 극복하고 와인과 물이 하나로 섞이듯 하나가 되는 모습으로 표현한다.[27] 메흐틸드는 하나님을 황제, 주님, 왕, 사랑, 때때로 하늘 궁전의 왕으로 묘사하면서 자신을 여왕 혹은 약혼자, 왕의 연인 등으로 명명하여 자신과 영혼을 대체시키며 하나님과 인간의 사랑을 에로스적인 은유를 사용하여 궁정 사랑의 언어와 이미지로 표현한다. 또한 메흐틸드는 책의 곳곳에서 하나님과 일체가 되고자 하는 갈급한 사랑을 이루지 못해 발생하는 외로움과 소외감 등을 '사막', '황무지' 등의 비유로 묘사하며 이를 위로하고 치유할 수 있는 존재는 오직 하나님 한 분이며 그 어떤 피조물도 위안이 되지 못한다고 고백한다.[28]

3. 삼위일체 하나님께로부터, 삼위일체 하나님께로

신비주의 연구의 권위자인 버나드 맥긴은 자신이 편집하고 소개한『기독교 신비주의』에서 메흐틸드 저작의 특성을 몇 가지 소개한다. 맥긴은 메흐틸드가 그리스도와의 만남을 남녀의 성적인 사랑의 본성(erotic nature)으로 표현하고 있다는 점에서 관심을 받고 있지만 정작『신성에로의 흐름』에서 주목받아야 할 점은 작품 가운데 드러나는 신학적 독창성이며 특별히 '삼위일체 신학'에 대한 메흐틸드의 가르침은 매우 뛰어나다는 사실을 지적한다.[29] 맥긴은 이어서 메흐

---

[27] Emilie Zum Brunn & Georgette Epiney-Burgard, *Women Mystics in Medieval Europe*, 157.
[28] Mechthild of Magdeburg, *The Flowing Light of the Godhead*, I권 4장, IV권 12장 등을 참조하라.
[29] Bernard McGinn, *The Essential Writings of Christian Mysticism*, edited and with an intro. by Bernard McGinn (New York: The Modern Library, 2006), 202.

틸드의 신비주의는 실로 모든 사물을 향해 흐르는 삼위일체 하나님의 활동성에 근거해 있다고 말하며『신성에로의 흐름』에서부터 삼위일체에 관한 메흐틸드의 글들을 발췌해서 예시를 보여준다. 메흐틸드의 작품에서 맥긴이 발췌한 삼위일체에 관한 글[30] 몇 개를 소개하면 다음과 같다.

맥긴이 소개하고 있는 것처럼『신성에로의 흐름』5권 26장에서는 삼위일체 하나님의 각 위격의 정체성을 노래하고 있다. 성부 하나님께서 노래하시기를 "나는 그 누구도 막을 수 없는 흐르는 샘이라." 이어서 성자 하나님의 목소리가 들리기를 "이전부터 늘 그랬던 것처럼 계속해서 변함없이 흘러나오는 하나님의 무한하심 외에는 그 어떤 것도 나를 억제할 수 없을 것이니, 나는 끊임없이 순환하는 풍요로움이라." 이어 성령 하나님께서 "나는 누구도 대적할 수 없는 능력인 진리로라" 하며 찬양하는 소리가 들린다. 이제 성부 성자 성령 삼위일체 하나님께서 한목소리로 "나의 일체감은 너무도 강하기에 그 누구도 나를 영원히 분리하거나 흩을 수 없도다"라며 찬양한다.[31]

메흐틸드가 찬양하는 성삼위 하나님의 관계성에 관한 삼위일체 신학은 그가 정식으로 신학훈련을 받은 신학자가 아님에도 불구하고 그 신학적 의미의 심오함과 풍성함에서 탁월하다는 것을 알 수 있다. 신성의 내재적 관계에서 성부 성자 성령 각 위격의 정체성과 역할을 노래하면서 각 위격의 자유로움과 독립성을 표현하는 것을 볼 수 있다. 메흐틸드는 끊임없이 영원히 흐르는 생명과 사랑의 원천으로서 성부 하나님, 생명과 사랑이 끊임없이 순환하는 풍요로운 성자 하나님, 그리고 진리의 권능이신 성령 하나님을 각각의 독립적인 정체성과 자유로운 관계성을 존중하는 독립성으로 표현하고 있다. 메흐틸드는 성삼위 하나님의 자유롭고도 독립적인 관계성이 결코 분리나 분열이 아니라는 것을 분명하게 강조한다. 성부 성자 성령 세 위격의 하나님은 자유롭고 독립적인 관계의 하나님이시나 분열이 아닌 사랑으로 연합된 관계이며 분리가 아닌

---

30 Bernard McGinn, *The Essential Writings of Christian Mysticism*, 203-207. 맥긴은 메흐틸드의 책 내용에서 삼위일체 신학이 잘 드러났다고 판단되는 3권 9장을 선택하고 원문을 해석이나 주석을 더하지 않은 채 일부분을 그대로 소개하고 있다. 버나드 맥긴의 경우 라틴어 번역본을 다시 영어로 재번역한 것이며 토빈의 경우는 중세 고지대 독일어 번역본을 다시 영어로 재번역한 것이다. (메흐틸드의 원작은 중세 저지대 독일어로 저술했으나 이는 분실됨). 단, 라틴어 번역본과 고지대 번역본은 목차의 순서가 다르다는 것을 알 수 있는데 동일한 내용이 라틴어 번역본에는 1권 5장에 있는 반면 중세 고지대 독일어 번역본에는 3권 9장에 있다. 이 글에서는 토빈의 영어 번역본과 맥긴의 번역본을 함께 보면서 사용한다.

31 Mechthild of Magdeburg, *The Flowing Light of the Godhead*, V권 26, 207-208.

신성으로 영원에서 영원으로 일체가 된 삼위일체의 하나님을 고백하며 찬양한다. 삼위일체되신 하나님의 생명과 사랑이 넘쳐흘러 하나님이 지으신 피조물에게 흐르는 삼위일체의 사랑의 감격과 고백이 메흐틸드 작품의 주제로 표출되었다는 것을 느낄 수 있다.

버나드 맥긴은 메흐틸드가 삼위일체 신학에 대해 가장 잘 표현한 구절들을 발췌해서 성부 성자 성령 삼위의 내적 삶, 그리고 우주의 창조와 창세 전부터 예정된 동정녀 마리아로부터 말씀의 성육화를 진술하는 본문들을 소개하고 있다.[32] 맥긴이 메흐틸드의 가장 특징적인 표현이라고 소개하고 있는 삼위일체 신학을 살펴보며 메흐틸드가 말하고자 했던 하나님의 내적 삶과 사랑, 그리고 인간을 비롯한 세계에 대한 사랑을 알아볼 것이다.

『신성에로의 흐름』 III권 9장의 제목은 "하나님께서 사랑으로 창조하신 삼라만상의 기원에 관하여"로서 맥긴이 지적한 것처럼 메흐틸드 삼위일체 신학의 특성이 잘 드러난다. 9장을 시작하면서 메흐틸드는 한낱 무가치한 존재로 자신을 칭하며 하나님께서 자기 안에 갇혀있던 메흐틸드 자신을 끌어내어 경이로운 하나님 품으로 받아들이셨음을 고백하며 감사를 표한다. 그리고 메흐틸드는 마치 자신이 태초부터 하나님과 함께 있었던 양 삼위일체 하나님께서 삼위가 함께 의견을 나누고 심사숙고하여 천사를 창조하고 세계와 인간을 창조하신 일에 대해 증언한다. 메흐틸드의 증언에 따르면 성 삼위일체의 하나님께서 여러 빛줄기가 하나로 조화된 아름다운 빛을 내보내며 성부 성자 성령이 온전히 일체임에도 각 위격의 성삼위 하나님을 향해 조명하는 모습이 그려진다. 그리고 성부 하나님의 위격은 전능하신 자로서의 모습으로, 성자 하나님은 무한한 지혜 안에서 성부 하나님과 동등한 자의 모습으로, 성령 하나님은 넘치는 긍휼하심에 성부 성자 하나님과 동등한 자의 모습으로 묘사하며 증언한다. 이어서 성령 하나님이 자유로운 가운데 성부 하나님께 제안하기를 왕국과 함께 성령 하나님 자신의 형상을 닮은 천사들을 창조하자고 말씀하자 성부 하나님께서 기꺼이 그 제안을 받아들여 천사가 창조되었다고 메흐틸드는 증언한다.[33]

성령 하나님의 제안과 성부 하나님의 동의로 천사가 창조되자 이제 성자 하

---

[32] Bernard McGinn, *The Essential Writings of Christian Mysticism*, 203.
[33] Mechthild of Magdeburg, *The Flowing Light of the Godhead*, III권 9장, 114.

나님께서 성자 하나님의 형상에 따라 인간을 창조할 것을 제안한다. 인간이 타락할 것을 예지하면서도 인간을 영원히 사랑할 것이라고 말하는 성자의 모습이 메흐틸드에 의해 그려진다. 성자가 인간 창조를 제안하자 성부 하나님께서는 인간이 창조됨으로 성삼위일체 하나님과 인간의 상호교류적인 사랑을 예견하며 성자의 의견에 기꺼이 동의하신다.[34] 이제 삼위일체 하나님께서 만물과 인간을 창조하시되 삼위일체 하나님의 무한하신 사랑으로 인간을 영혼과 육체로 창조하시고 성자 하나님의 본성에 따라 고귀한 본성을 그들에게 부여하셨다. 하나님께서는 하늘의 지혜와 땅의 권세를 아담과 이브에게 주심으로 하나님을 사랑하고 섬기며 만물에 대해서는 존엄성으로 다스리게 하셨다고 목격자의 입장에서 메흐틸드는 증언한다. 아담과 이브의 육체는 천사의 옷으로 덧입혀져 욕정 없는 몸으로 창조되었기에 거룩한 사랑 가운데 자녀를 출생할 수 있었다고 한다. 그러나 아담과 이브가 하나님께서 금하신 열매를 먹고 그들의 육체는 오늘 우리의 육체처럼 죄로 인해 왜곡되었다고 말한다.

이어 하나님으로부터 자유의지를 부여받고 천사의 시중을 받는 등, 창조 때 온갖 축복을 부여받은 인간은 하나님께 불순종함으로 금단의 열매를 먹은 후 치명적인 죄로 인해 비참함과 어둠 속에서 하나님의 구원을 부르짖으며 몸부림치는 모습으로 묘사된다. 삼위일체 하나님께 불순종하여 금단의 열매를 먹은 아담과 하와의 죄악에 성부 하나님께서 자신이 인간을 창조하셨음을 후회하시며 인간의 죄악에 진노하시자 성자 하나님께서 성부 하나님께 무릎을 꿇고 죄인인 인간을 위해 간청하는 모습이 그려진다. 성자는 성부께 자신이 죄악되고 오염된 인간을 포용하기 위해 인간의 모습을 취하겠다고 설명한다. 모든 인간의 상처에 자신의 무죄한 피를 쏟아 감쌀 것이며 죽음에 이르기까지 인간의 아픔을 싸매어 치료할 것이라고 성부께 아뢰며 인간의 죄를 사하기 위해 자신이 인간이 되어 죽음으로써 구원할 것이라 간곡하게 간청한다.[35] 이때 성령께서 성자의 간청을 거들며 자신도 성자와 함께 인간을 구원하는 일을 도울 것

---

34 Ibid. 그러나 버나드 맥긴이 번역하고 발췌한 부분에서 이 구절들이 빠져있다.
35 Mechthild of Magdeburg, *The Flowing Light of the Godhead*, III권 9장, 116.
9장 마지막 부분에서 버나드 맥긴의 번역과 토빈의 번역에는 약간의 차이가 있다. 일단 맥긴이 번역한 라틴어 원본이 토빈이 번역한 중세 고지대독일어본보다 더 길다는 것을 알 수 있다. 그러나 주요 핵심 내용은 두 번역본에서 모두 발견할 수 있다.

이라 말한다. 성자와 성령의 간곡한 청원에 성부 하나님께서 뜻을 돌이켜 성자와 성령에게 그들이 인간의 구원을 위해 수행해야 할 일을 지시하시는 모습이 그려진다. 하나님께서는 성령에게 하나님의 빛을 모든 이들의 마음에 비출 것을 명하시고 성자에게는 하나님께서 예비하신 동정녀 마리아를 어머니로 주실 것을 약속하며 성자께서 인간의 모습으로 성육하여 십자가를 지실 것을 지시하는 모습이 그려진다. 이렇게 하여 성삼위 하나님의 커다란 기쁨 가운데 인간의 구원을 위한 위대한 여정이 시작된다고 메흐틸드는 기록한다.[36]

메흐틸드는 이렇게 삼위일체 신학을 천상의 드라마로 놀랍게 전개한다. 선견자적인 비전과 학자적인 신학의 관점으로 성부 성자 성령 삼위일체 하나님께서 각자의 독립적인 역할을 수행하는 가운데 사랑과 진리 가운데 자유롭게 연합하고 각각 존경과 사랑으로 대화하며 의견을 구하는 모습을 그림처럼 그리고 있다. 메흐틸드는 삼위일체 하나님의 각 위격의 독립성과 구별성뿐만 아니라 통일성과 일체성을 강조하는 가운데 삼위일체 하나님께서 함께 세상을 창조하시고 특별히 인간을 창조하신 이야기를 전개하고 있다. 메흐틸드는 삼위일체 하나님의 특별한 사랑과 정성 가운데 인간이 창조되었으며 세계를 잘 돌볼 수 있는 청지기직을 받았다는 기술을 통해 하나님께서 인간을 창조하신 계기와 목적을 알려주고 있다. 세계를 창조하고 인간을 창조하시는 삼위 하나님의 관계가 군주적인 위계 체제가 아닌 동등한 삼위 하나님의 상호 논의와 결정의 결과임을 알려준다. 더욱이 메흐틸드는 인간의 타락과 죄악이 삼위일체 하나님께도 큰 문제가 되었으며 이를 해결하고 인간을 구원하기 위해 고뇌 어린 희생의 결단과 성자와 성령의 희생과 헌신이 있었음을 보여준다.

메흐틸드는 참으로 아름답고 풍요로운 시학적이고 미학적인 글쓰기를 통해 인간 존재란 삼위일체 하나님의 사랑과 정성으로 하나님께 기원을 둔 하나님의 자녀이며, 삼위일체 하나님의 희생 결단으로 구원받은 자들로서 다시 하나님의 품으로 돌아가야 할 신적 기원을 가진 존재라는 것을 확인시킨다. 그 때문에 비록 때때로 자신을 겸손하게 낮추는 방식으로 스스로를 표현하지만 메흐틸드 역시 자신은 하나님의 신성에 뿌리를 둔 자녀로서 하나님께로부터 왔으며

---

36 Ibid.

하나님께로 다시 돌아갈 존재라는 것을 확인시키고 있다. 메흐틸드는 참으로 대담한 필치로 자신을 천상의 선재적인 존재로서 성 삼위일체 하나님의 창조의 목격자로서 증언하는 수사학적 방식을 택하는 대담함을 보여준다. 13세기 베긴 평신도 신비가로 살았던 메흐틸드의 천상의 신학에 담긴 삼위일체론, 구원론, 인간론 등의 신학적 기술은 그 어떤 신학자와도 견줄 수 없을 만큼 위대한 신학자, 제3의 신학자라는 것을 입증한다. 이어서 다음 장에는 또 한 명의 위대한 제3의 신학자인 앤트워프의 하데비치의 신학적 인간학을 함께 고찰하겠다.

3

Hadewijch of Antwerp
앤트워프의 하데비치의
신학적 인간학

신인합일에서의
인간화 Humanization 와
신화 Deification

제3장

앤트워프의
하데비치의 신학적 인간학
신인합일에서의 인간화와 신화

하데비치 앤트워프의 신학적 인간 이해를 추구하며

자신이 편집하고 도입 부분을 쓴 『기독교 신비주의』에서 버나드 맥긴은 하데비치에 관한 책의 한 장을 시작하며 "앤트워프의 하데비치(Hadewijch of Antwerp)로 알려진 베긴 여성은 지금도 여전히 하나의 신비다"라고 적고 있다.[1] 하데비치에 대해 많은 연구를 해온 맥긴이 하데비치에 대해 포괄적으로 축약해서 결론적으로 내린 한마디가 '신비'라는 것은 많은 것을 함축한다고 볼 수 있다. 신비란 베일에 싸여있어 완전히 드러나지 않아 잘 알 수 없음을 포함하여 단순히 개념적으로 혹은 그 어떤 것으로 환원하거나 범주화할 수 없음을 의미하기도 한다. 구체적인 한 인간으로 한 시대를 살았던 여성, 하데비치를 제대로 알 수 있는 역사적 정보가 없다는 사실에만 근거해서 맥긴이 '미스터리'라고 표현했다면 그리 적합한 표현은 아닐 것이다. 왜냐하면 메흐틸드나 당시의 다른 여성신비가들 대부분이 하데비치의 경우와 크게 다르지 않기 때문이다. 맥긴 자신이 하데비치에 대해 '신비'라고 표현한 이유에 대해 구체적으로 설명하지 않

---

[1] Bernard McGinn ed. *The Essential Writings of Christian Mysticism*, 102.

앗으나 이 글을 통해 맥긴이 하데비치에 대한 총체적 이해를 '신비'라고 정의한 것에 대해 긍정적으로 이해하며 이를 확장하고 심화시켜 하데비치의 신학적 인간학에 대한 이해를 전개하고자 한다.

하데비치의 신비주의를 '사랑의 신비주의'라고 범주화하여 규정할 수 있다. 하데비치의 사랑의 신비주의는 그동안 일반적으로 생각된 탈세상적이거나 무아(無我)적이고 몰아적인 황홀경의 현상으로 알려진 통념적인 신비주의와는 다르다. 오히려 하데비치의 '사랑의 신비주의'에서 발견할 수 있는 신학적 인간학에 대한 이해는 "신비적 존재로서의 인간"이라고 할 수 있다. 하데비치가 자신을 포함하여 모든 인간 존재를 "신비적 존재"로 이해한 것은 하데비치가 일생 열망하고 추구했던 '하나님과의 합일'의 경험, '하나님과 하나'(Union with God)가 되는 사랑의 경험에서 비롯된다. 다양한 형식으로 쓴 시가서와 교훈적인 편지들, 그리고 비전들에서 하데비치가 궁극적으로 노래하고 가르치고 설명하고자 했던 핵심이 바로 '어떠한 차이도 없이 하나로 일체화된 하나님과 인간의 관계', 곧 사랑의 관계다. 하데비치에게서 발견할 수 있는 '신비적 존재로서의 인간 이해'는 '하데비치 자신과 하나님과의 만남', 더 나아가 '모든 인간과 하나님의 만남'은 두 존재의 만남에서 발생할 수 있는 관계 발전의 점진적인 단계처럼 상호관계의 친밀감, 상대에게 향하는 몰입감, 그리고 마침내 두 주체가 하나가 되는 일체감 등으로 발전하는 관계의 단계를 갖는다.

"사랑의 신비주의"에서 하데비치가 제시하는 '하나님과 인간의 일체감', '하나님과 인간이 하나가 되는 사랑의 관계, 곧 '신인합일'의 단계는 두 존재의 만남을 통해 관계가 발전해 가는 최종단계이자 궁극적 단계로서 인간이 창조된 본래적인 참된 인간화(Humanization), 그리고 마침내 되어져야 할 신화(Deification)가 이루어지는 사랑의 절정 단계를 가리킨다. 하데비치는 바로 '신인합일'의 단계에서 이루어지는 '인간화'와 '신화'가 바로 본래적으로 참된 인간이란 어떤 존재인지, 그래서 어떤 존재가 되어야 하는지를 지시함으로 참된 인간 존재의 원형과 목적을 보여주는 하데비치의 신학적 인간학이라고 할 수 있다. 하데비치에게 하나님과 인간이 하나가 되는 신인합일의 사랑의 단계는 인간이 신 안에서 축소되어 소멸되는 것이 아니라 더욱더 진정한 인간이 되는 것으로 이는 오직 하나님 안에서만 가능한 인간화이자 신화의 과정이다. 이와 같은 하데비치의 신학적 인간 이해는 인간이란 비록 제한되고 유한한 존재이지만 만남의 과정에서 인간화를 이뤄가는 개방된 존재임을 의미하며, 특별히 하나님과의 관계를 통해 비로소 참된 인간으로서의 신화를 이룰 수 있는 초월적 존재, 곧 신비적 존재임을 의미한다. 따라서 이러한 신인합일의 사랑의 단계에서 이루어지는 참된 인간의 모습은 모든 인간이 본받아야 할 원형이며 목적이 된다.

하데비치의 사랑의 신비주의는 사랑하는 두 관계가 절정에 이르는 신인합일의 단계에서 실현되는 참된 인간의 모습을 정점으로 하여 어떻게 하나님과 인간의 관계가 발전되고 성숙해지며 합일에 이르는지에 대한 경험적이고 현상적인 모습들을 시와 편지와 비전들을 통해서 재현하고 있다. 사랑하는 두 남녀가 서로에게 친밀감이 생기고 서로를 향한 열정적 사랑으로 서로에게 몰입되고 마침내 일체감에서 나오는 사랑의 희열과 기쁨과 행복감의 표출, 그리고 사랑의 또 다른 면으로서의 고뇌와 외로움과 아픔 등의 표현들이 '궁정풍의 사랑'이라는 상징적 은유를 통해 재현되는 민네(minne) 신비주의를 묘사한다. 이제 하데비치의 '사랑의 신비주의', 곧 민네 신비주의를 이러한 두 존재의 사랑이 시작되고 발전하고 성숙하고 마침내 일체화되는 신인합일의 단계에 이르기까지의 각각의 단계를 신학적 인간학의 관점에서 분석하고 조명하도록 하겠다.

베긴 여성신비가 하데비치의 생애와 작품 세계

하데비치가 어떤 인물이었는지 어떤 배경에서 자라고 살았는지 알기 위해 많은 학자들이 노력을 기울였음에도 불구하고 그에 대한 정확한 정보는 알 수 없다. 마그데부르크의 메흐틸드와 마그리트의 포레테만 해도 출생과 사망의 연대를 추정할 수 있지만, 하데비치는 그저 13세기에 초중반에 살았던 인물로만 알려진다. 하데비치가 활동했던 13세기 초 저지대 국가에 살았던 하데비치라는 이름을 가진 종교적 여성들만 111명에 달하며 대부분은 12세기 말에 살았다고 한다.[2]

---

[2] Andrea Janelle Dickens, *The Female Mystic: Great Women Thinkers of the Middle Ages* (London & New York:

1220년에서 1240년 사이에 가장 왕성하게 작품 활동을 했던 하데비치는 필시 12세기 후반 지금의 벨기에 지역에 속하는 플랑드르(Flanders)에서 태어났을 것으로 추측한다. 비록 언제 무슨 이유로 베긴회의 일원이 되었는지는 정확히 알 수 없으나 하데비치는 베긴회를 설립한 멤버이거나 설립 이후 소속된 베긴 여성으로서 다른 젊은 베긴 여성들의 영성을 지도하는 교사로 알려져 있다.[3] 그러나 하데비치가 베긴회 소속 젊은 여성들의 영성을 지도하는 동안에, 정확히 알려지지 않은 이유로 베긴 공동체 내부뿐만 아니라 외부에서도 하데비치의 지도자로서의 권위를 문제 삼는 일이 벌어져 고통당했다고 한다.[4] 당시 사태는 심각했으며 공동체 내외부의 사람들은 베긴 공동체에서 하데비치를 추방할 것과 심지어 투옥시키라는 위협을 가했으며 결국 하데비치는 그동안 사랑했던 베긴들과 이별하며 공동체를 떠나야 했다고 전해진다.[5] 공동체를 떠난 하데비치가 어디서 어떻게 살았는지는 알 길이 없으며 필시 자신이 살던 도시를 떠나 타지에서 생을 마감했을 것으로 추측되고 있다.

역사적 인물 가운데, 살아서는 제대로 된 평가를 받지 못하고 오히려 오해와 비난을 받다가 사후에야 그의 명성과 작품의 진가가 알려지는 경우가 많다. 중세 시대를 살았던 여성신비가들이 그러하며 특히나 하데비치처럼 성직자로서의 직위가 없던 베긴회 소속 평신도 여성신비가들의 경우는 더욱 그렇다. 하데비치의 작품이 처음 세상에 알려진 것은 14세기 중세 스콜라 신학자인 존 루스브로크(John Ruysbroeck)와 그의 제자 존 리우엔(John of Leeuwen)이 하데비치의 작품에 대해 높이 평가하며 인용한 것이 계기가 되었고 이후로는 다시 세상에 잊히게 되었다고 한다. 이후 19세기 중세 전문가들에 의해 재발견되고 1920년경에는 제이 반 미에로(J. Van Mierlo)가 심혈을 기울여 하데비치의 원문에 대한 비평연구판을 출판함으로 학계의 관심을 끌게 되었다.[6] 하데비치의 중요성은 현대에 이르러 그 중요성이 더해가고 있다.

I.B. Tauris, 2009), 55-56.
3   하데비치의 책 내용을 근거로 추정한 사항으로 학자들 사이에서 일반적으로 인정되는 내용이다.
4   Hadewijch, *Hadewijch: The Complete Works*, 편지 5, 13. 편지 23, 11.
5   Emilie Zum Brunn & Georgette Epiney-Burgard, *Women Mystics in Medieval Europe*, translated from the French by Sheila Hughes (Minnesota, St. Paul: Paragon House, 1989), 98.
6   Emilie Zum Brunn & Georgette Epiney-Burgard, *Women Mystics in Medieval Europe* (New York: Paragon House), 97.

하데비치 작품을 연구한 전문가들의 의견에 따르면 하데비치는 다양한 글의 유형으로 뛰어난 문학적 창조성과 수려한 필력을 드러낸다고 한다. 비록 하데비치가 어떤 출신배경에서 어떤 교육을 받았는지에 대한 역사적 자료는 없지만, 하데비치의 작품에 드러난 작품성, 예술성, 학문성 등을 근거로 그가 상당히 높은 수준의 교육을 받을 수 있었던 환경에서 성장했으며 당시 그러한 환경을 누릴 수 있던 귀족 집안 출신이었을 것으로 짐작한다. 더욱이 하데비치가 당시 중세 기사(knight)와 귀부인의 사랑을 중심으로 전개되었던 궁정 사랑(courtly love)을 주제로 한 궁정문학에 익숙했으며, 더 나아가 궁정문학의 형식과 신학적 주제와 내용을 연결시켜 지적이고 교양 있는 문체의 글로 저술했다는 것을 감안할 때 하데비치가 상류층 출신으로 신학적 훈련도 받았을 것으로 추정한다. 에밀리 줌 브런(Emilie Zum Brunn)과 조르제트 에피니 부르가르트(Georgette Epiney-Burgard)가 하데비치의 글을 신학적 관점으로 분석한 것에 따르면, 하데비치는 성서에 대한 폭넓은 이해와 함께 예전과 신학에 대한 풍부한 지식을 가지고 있었으며 비록 학자들의 이름을 명시적으로 거론하지는 않았으나 생 빅토르의 리처드(Richard of ST. Victor), 생 티에리의 윌리엄(William of St. Thierry), 라바르댕의 힐데베르트(Hildebert de Lavardin)의 신학적 내용과 의미를 자신의 글에 녹여내고 있다고 기술한다.[7] 더욱이 하데비치는 당시 남성 학자들의 지적 전유물로 인식된 라틴어뿐만 아니라 프랑스어와 수사학, 음악, 심지어 수비학(數祕學, numerology)에 이르기까지 다양한 어학 실력과 폭넓은 지적 수준을 갖춘 지성인의 면모를 보여주고 있다고 소개한다.[8]

하데비치의 저술을 글의 형식에 따라 분석하면 두 가지 장르로 된 시 모음집과 두 개의 서로 다른 유형으로 쓴 산문집으로 분류할 수 있다. 먼저 두 가지 유형의 장르로 쓰인 시는 북 프랑스의 음유시인의 노래를 모델로 한 스탠자(Stanza) 형식으로 된 45개의 시와 함께 다소 교훈적인 성격을 가진 커플렛(Couplet)[9] 형식으로 된 16개의 시로 구성되었다. 그리고 두 가지 유형으

---

[7] Ibid., 98.
라바르댕의 힐데베르트(Hildebert de Lavardin)는 "프랑스 Tours의 대주교, 시인, 교회법 학자"이며 생티에리의 윌리엄(기욤, 1085~1148)은 "신학자, 신비신학자"이고 생 빅토르의 리차드(Richard of ST. Victor)는 파리의 생 빅토르 수도원에 소속된 스코틀랜드의 스콜라 학자.

[8] Elisabeth A. Dreyer, Passionate Spirituality (New York & Mahwah: Paulist Press, 2005), 105.

[9] 스탠자(Stanza)는 4행 이상의 각운이 있는 시구를 말하며, 커플렛(Couplet)은 2행 연구 시를 뜻한다. 네이버 영한사전

로 쓰인 산문집으로는 우선 하데비치가 다른 베긴 여성들을 위해 영적인 조언을 해주는 31편의 편지들과 함께, 자신이 경험한 412개의 환상을 이야기 식으로 서술한 초기의 산문이 있다.[10] 하데비치의 저술 작품[11] *Hadewijch: The Complete Works*의 목차는 제1장에는 편지들, 2장에는 스탠자 형식의 시, 이후 3장에는 비전들과 마지막 4장에는 케플렛 형식의 시 순서로 구성되었다. 엘리자베스 드레이예(Elisabeth A. Dreyer)가 소개하는 바에 따르면, 하데비치 연구의 선두주자인 폴 모메어스(Paul Mommaers)는 하데비치를 "'사랑의 신비주의'에 있어 가장 중요한 대표자이며 서구 신비주의 전통에서 최고의 인물 가운데 하나"라고 소개하고 있으며, 바바라 뉴먼(Barbara Newman) 역시 하데비치를 "13세기 가장 위대한 신비주의 시인"으로 극찬하는 글을 소개하며 하데비치의 위상을 설명한다.[12]

하데비치의 사랑의 신비주의(Minne Mysticism)

하데비치의 저술 가운데 가장 중요하게 언급되는 주제는 역시 '사랑'이다. "하나님은 사랑이시라." 요한1서 4:16에서 말씀하시는 것처럼 하데비치에게 하나님은 사랑이시며 곧 사랑은 하나님이시다. 하데비치의 작품을 연구한 학자들이라면 대다수가 동의하듯이 그의 시와 비전을 담은 편지 등 상당한 부분이 세상을 향한 하나님의 사랑을 표현한 아우구스티누스의 신학 전통에서 많은 영향을 받았으며 하데비치의 작품에서는 명시적으로 성 아우구스티누스와의 대화를 기록하고 있다.[13] 하데비치가 이렇게 사랑을 중심 주제로 자신의 신학을 전개했기에 학자들은 하데비치의 신비주의를, 역시 사랑을 강조하는 3가지 유형의 신비주의 전통과 관련하여 설명한다. 사랑을 중심으로 한 3가지 유형의 신비주의 전통은 본질 신비주의(Wesenmystik, essence mysticism), 혼

의 용어정의 https://en.dict.naver.com.
10　Bernard McGinn ed. *The Essential Writings of Christian Mysticism*, 102.
11　Hadewijch, *Hadewijch: The Complete Works*, translation and introduction by Mother Columba Hart, O.S.B. (London & New York: SPCK & Paulist Press, 1980)
12　Elisabeth A. Dreyer, *Passionate Spirituality*, 105.
13　Hadewijch, *Hadewijch: The Complete Works*, Vision 13 참고.

인 신비주의(Brautmystik, bridal mysticism), 사랑 신비주의(Minnemystik, love mysticism)다.[14]

디킨스는 사랑을 중심으로 전개되는 3가지 유형의 신비주의를 다음과 같이 상세하게 설명한다. "본질 신비주의는 사색적인 전통의 부정신학에 뿌리를 둔 신비주의 유형"으로 불가지론에 근거한 하나님 경험이다. 고백자 막시무스, 위 디오니시우스, 요한 스코투스 에우리게나의 신플라톤주의 신학, 그리고 에크하르트 등이 바로 부정신학 전통에 속한다. 대부분의 중세 여성신비가들 역시 이 전통에 속하며 하데비치 역시 부정신학 전통과 관련한 신비주의 전통에 속한다고 할 수 있다.

"혼인 신비주의"는 영혼과 그리스도와의 신비적인 결혼을 종교적인 은유로 상징화한 신비주의다. 일반적으로 혼인 신비주의의 정당성에 대한 성서적 근거를 구약성서의 아가서(the Song of Songs)에서 찾는다. 결혼으로 맺어진 신랑과 신부의 관계가 가장 친밀하고도 가까운 관계라는 데 근거해 하나님과 인간의 관계를 사랑의 관계를 상징화한 신비주의가 바로 혼인 신비주의다. 하데비치의 저술에 자주 등장하는 신랑과 신부의 결혼 이미지는 주로 궁정풍의 사랑 이미지를 재해석하면서 사용되고 있다.[15]

신비주의 전통의 세 번째 유형이 사랑 신비주의로 민네 신비주의(Minne-mystik)다. 디킨스의 설명에 의하면 민네 신비주의는 하나님과 인간의 역할을 설명하기 위해 아가서를 사용하는데, 86개의 설교문을 작성한 중세 클레르보의 베르나르드에게서 유래했다고 한다. 이 유형의 신비주의는 민네(사랑)를 하나의 경험으로 표현하며 민네를 인격화한다. 디킨스는 하데비치가 이러한 전통과의 관계에서 민네를 하나님 경험의 주요 요소로 포함시킨다고 설명한다. 디킨스는 결론적으로 하데비치는 사랑을 강조하는 이 세 가지 유형의 전통에 모두 속해있다고 할 수 있으나 그중에서도 자신의 신학을 전개할 때 이 민네 신비주의 전통을 빈번하게 사용하기에 가장 밀접하다고 주장한다.[16]

하데비치가 스탠자 형식으로 쓴 45개의 시를 통괄하는 공통적인 주제는 일

---

14 Andrea Janelle Dickens, *The Female Mystic: Great Women Thinkers of the Middle Ages*, 59.
15 Ibid., 59-60.
16 Ibid., 60.

반적으로 민네 'Minne' 곧 사랑(Love)이라고 할 수 있다. 민네를 표현하는 서정적인 섬세함과 아름다움으로 인해 하데비치는 네덜란드 서정 시가의 창시자로 평가된다.[17] 하데비치 작품에서 '민네'는 주로 '신적 연인'인데, 하나님을 민네로 표현하며 문맥에 따라 그리스도, 성령님 등 주로 사랑하는 상대를 지칭해서 유동성 있게 민네를 사용하는 것을 볼 수 있다. 신비가인 하데비치는 하나님을 사랑하는 자신을 민네의 '연인', '신부' 등으로 칭하면서 자신의 특별한 신비주의 신학을 '사랑의 신비주의', 곧 민네 신비주의(minnemytiek)로 형성한다.

『하데비치: 완본』을 번역하고 도입 부분을 쓴 마더 콜룸바 하트(Mother Columa Hart)는 책을 소개하는 도입 부분의 글에서, 하데비치는 예술적 감각을 나타내는 산문에서도 뛰어난 재능을 보이지만 스탠자로 이루어진 서정시는 하데비치의 천재성을 나타내고 있으며 이미 음유시인의 기교를 마스터한 실력을 증명하고 있다고 평가한다.[18] 하데비치의 시들은 모두, 다른 시인이나 작가들의 작품과는 달리 전적으로 하나님께 초점을 맞춘 종교적인 시로서 신비적 사랑의 서정시(mystical love lyrics)라는 새로운 장르에 적임자라고 하트는 언급한다. 하데비치는 하나님을 향한 그리움과 사랑, 그리고 열망을 당시 유행하던 궁정문학 형식을 빌려오고 내용은 기독교 신학 전통에서 다루어져 왔던 아가서의 사랑을 엮어, 구체적으로 사랑의 신비주의 다른 말로 민네 신비주의라는 하데비치의 특징적인 신비주의를 구성했다고 할 수 있다.

구약성서의 아가서(the Song of Songs)에 대한 신학자들의 해석의 역사는 상당히 오랜 세월을 거슬러 올라간다. 본래 유대교의 결혼식 축하 노래로 불렸다는 아가서가 경전 안에 들어오면서 하나님과 인간, 하나님과 이스라엘 백성의 사랑 등 다양한 상징을 사용하여 해석해 왔다. 2세기 후반에서 3세기 중반까지 살았던 신학자 오리게네스가 신랑과 신부의 사랑을 하나님과 교회의 사랑으로 해석한 것을 기점으로 해서 중세 신비주의 신학자 클레르보의 베르나르드에 이르기까지 아가서에 대한 신학적 해석은 주로 남성 신학자들에 의해 이루어졌지만, 여성신비가들 역시 아가서 해석의 주요 인물로 새롭게 부각되고 있다. 특별히 메흐틸드의 경우 아가서에서의 남녀의 사랑을 영혼과 하나님의 사랑으

---

[17] Emilie Zum Brunn & Georgette Epiney-Burgard, *Women Mystics in Medieval Europe*, 99.
[18] Hadewijch, *Hadewijch: The Complete Works*, 19.

로 묘사하는가 하면, 하데비치는 아가서에 등장하는 신랑과 신부의 사랑을 신비주의적 궁정풍의 사랑과 결합시키는 새로운 민네 신비주의 해석을 시도했다는 데서 특별한 위치를 차지한다.

궁정문학은 베긴 운동이 시작되고 정착되는 시기와 맞물려 11-13세기 유럽 전역에서 유행하던 문학의 유형으로 주로 궁정을 중심으로 이루어진 문학 작품들을 일컫는다. 궁정문학의 특징들 가운데서 당시 대중적으로 관심을 끌었던 것은 궁정풍의 연애를 묘사한 서정시나 서사적 글들이었다. 이런 궁정풍의 로맨스를 다룬 궁정문학은 주로 "11세기 남부 프랑스 음유시인들 사이에서 시작해서" 유럽의 여러 나라들에도 퍼져나간 궁정 연애를 다룬 문학전통이다. 당시 십자군 원정을 통한 동방문화와의 접촉과 유입, 그리고 무역과 화폐 경제의 발전 등의 변화를 통해 중세 서구 유럽의 삶의 양식이 바뀌고 더욱이 십자군 원정에 따른 기사들을 중심으로 새로운 삶에 대한 예절과 윤리의식 등을 중심으로 기사도(Chivalry)가 형성되었다.[19] 궁정에서의 교제와 축제를 통해 궁정 여성들을 중심으로 형성된 궁정문화와 기사도의 새로운 방식이 조합을 이룬 궁정풍의 연애를 소재와 장르로 삼은 궁정문학을 하데비치 역시 잘 알고 있었다고 추측된다.

하데비치가 민네 신비주의에서 유용한 도구적 틀로 사용한 궁정풍 사랑은 주로 젊은 기사와 궁정의 귀부인 사이의 사랑을 다루고 있다. 궁정에서 용인되는 궁정풍의 사랑은 궁정문화와의 관련 속에서 형성되며 소위 기사도라고 하는 세련된 기품을 지닌 예의범절, 용감함과 너그러움, 그리고 무엇보다도 사랑하는 귀부인에게 바치는 충절과 존경심이 기사도에서 갖춰야 할 덕목들이다.[20] 신소희는 궁정풍 사랑의 세계를 몇 가지 특성으로 나누어 다음처럼 요약 설명한다. 한 젊은 기사가 자신보다 신분이 높은 주군의 부인인 미모와 덕망을 갖춘 귀부인을 흠모한다. 그 젊은 기사는 귀부인을 사랑하지만, 상관의 아내이기에 귀부인에게 향한 자신의 욕망을 억누르고 오직 귀부인의 명예를 위해 그저 헌신하고 충성할 뿐이다. 귀부인을 보호하고 지키기 위해 기사는 전사다운 용맹함을 지녀야 한다. 흠모하는 여인 앞에서 자신의 용맹을 인정받고 칭송받

19　신소희, "하데위히의 신비문학: 궁정풍 문학과의 관련성"「문화와 종교」제21권 3호 (2016), 104-105.
20　Ibid., 106.

기 위해 마상의 창 시합과 무술을 연마하며 죽음을 무릅쓰고서라도 싸워 이길 수 있도록 용감성을 키운다. 기사는 자신의 주군에게 군사적 봉사를 하고 충성하듯이 자신이 흠모하는 귀부인을 위해서도 봉사와 충성을 증명해야 한다. 금지된 사랑의 마음을 품은 기사가 귀부인에게 얻을 수 있는 보답은 오로지 미소와 자신의 말에 경청해 주는 친절이다. 그리고 마지막으로 귀부인을 향한 젊은 기사의 사랑은 이루어질 수 없는 사랑으로 그저 먼 거리에서 바라볼 수밖에 없는 사랑이다. 귀부인을 향한 기사의 사랑은 사랑하는 사람을 향한 갈망과 열정을 절제해야만 하는 사랑이기에 훈련을 통해 승화시켜야 하는 애달픈 사랑의 특성을 갖는다.[21]

하데비치가 자신의 민네 신비주의를 통해 표현하는 사랑은 바로 하나님을 사모하고 사랑하는 인간의 사랑, 곧 민네를 향한 하데비치의 갈망과 열정이 마치 젊은 기사가 귀부인을 흠모하고 열망하는 순수하고도 지고한 사랑으로 표현하는 유비적 방식으로 나타난다. 궁정시에서 귀부인을 민네로 표현하는 것과 같은 평행구로 하나님을 민네로 표현하며 하나님을 갈망하며 하나님과 연합하고자 하는 영혼의 모습을 시에서 구사하고 있다. 엘리자베스 드레이어가 하데비치의 시를 연구하여 5개의 주제로 분류한 형식에 따라 시에 담긴 신학적 인간학을 탐구해 보기로 하겠다.

1. 하데비치의 스탠자 형식의 시에 대한 조명

드레이어는 하데비치가 스탠자 형식으로 쓴 시 45개를 5개의 주제, 곧 욕망, 사랑과 이성, 예수의 인성, 사랑의 상처, 그리고 자연의 이미지 등으로 분류한다. 드레이어가 분류한 주제를 차례로 살펴보도록 하겠다. 하데비치는 하나님을 만나고 느끼고 함께 하고자 하는 강력한 열망을 여러 편의 시를 통해서 표현해 왔다. 드레이어가 발췌해서 소개하고 있는 시들에서만 해도 그 간절한 심정을 느낄 수 있다. "하나님을 향한 굶주림과 목마름"(11.5; 4.13)[22]으로 표현

---

[21] Ibid., 108-112.
[22] Elisabeth A. Breyer, *Passionate Spirituality: Hildegard of Bingen and Hadewijch of Brabant* (New York: Paulist Press, 2005), 110.

하는가 하면 "사랑의 광기"(28.2)라는 제목도 있으며 12번 "멍에를 견디는 것"이라는 시에서는 하나님에 대한 사랑의 갈망을 다음과 같이 표현하고 있다.

    이렇게 가벼운 사랑의 짐은 무엇이며
    이토록 달콤한 맛의 멍에는 무엇인가?
    사랑하는 영혼을 접촉하는 사랑은 영혼의 고귀한 짐이며
    하나의 뜻으로 사랑과 연합하고
    반전하지 않고 하나로 존재하며
    욕망의 심연이 계속해서 쏟아져 나오면
    사랑은 쏟아지는 모든 것을 마신다.
    하나님(Love)이 사랑에게 갚으라고 명한 빚은
    어떠한 마음도 통제할 수 없을 정도로 크다. (12.3)

  이 시에서 사랑이 하데비치의 욕망을 모두 마셔버린다는 은유를 쓰고 있다는 점을 드레이어는 지적한다. 하데비치는 자신의 시 17.3을 통해 사랑과 연합하고자 하는 사람은 먼저 사랑의 달콤함보다 씁쓸한 맛을 느끼게 된다고 한다. 또한 시 38.7을 통해 다음과 같이 사랑에 대한 갈망을 표현한다.

    사랑에 빠져서 아무것도 아닌 것으로 전락하는 것,
    그것이 내가 아는 가장 바람직한 것이다.
    만일 어떤 사람이 갈망함으로 인해 사랑과 싸고자 한다면
    온전히 마음과 생각을 가지지 않고
    사랑은 사랑에 대한 그리움을 가지고 그리움과 조우한다.

  사랑에 대한 갈망은 사랑으로 인한 만족감과 행복감보다 먼저 좌절과 고통과 실망을 경험하게 한다고 하데비치는 시를 통해 말하고 있다.[23] 하데비치의 시를 통해 그가 어떤 값비싼 대가를 치르고라도 사랑을 얻고자 하는 열망을 간

---

23 Elisabeth A. Breyer, *Passionate Spirituality: Hildegard of Bingen and Hadewijch of Brabant*, 112.

파할 수 있다.

하데비치의 사랑의 시는 궁정풍의 로맨스를 유용하게 사용하여 열정적이고 에로틱한 표현을 많이 쓰는 것으로 알려져 있다. 그러나 하데비치의 열정적이고 에로틱한 사랑은 감상적이고 감정적인 사랑이라는 일반적인 이해와는 달리 감성적이면서도 이성적인 것과 밀접한 관계에 있다. 다시 말해 황홀경과 관련되고 감성적인 신비주의적 경험을 한 사람은 결과적으로 새로운 차원으로 성숙해지고 깊은 깨달음을 얻게 된다는 것이 하데비치의 입장이다.[24] 신비주의 전통에서 일반적으로 사색적이고 이성적이며 형이상학적인 신비주의와 정서적이고 열정적이며 황홀경적인 신비주의를 이분화하여, 전자를 지성적인 남성 신비주의의 특징으로 규정하고 후자를 여성적 신비주의로 규정하여 이해해 왔다. 이러한 신비주의 전통의 흐름에서 하데비치의 사랑의 신비주의는 이성적 요소와 감성적 요소가 상충하지 않으면서 상호 보완적으로 이해되고 있다는 점이 중요하다. 이성이 없는 열정은 공허하고 사랑이 없는 이성은 메마른 것처럼 이성으로 감성적이고 열정적인 사랑을 조명하고 사랑의 방향과 목적을 이끌어가는 사랑은 이성에 생명력으로 채운다. 하데비치의 시들 가운에는 이렇게 사랑과 이성이 조화롭게 어울린 시가 많다. (9.9, 19.5, 30.9, 30.11 등)[25]

> 사랑하는 영혼은 지체 없이 온전하게 사랑하기를 원한다.
> 영혼은 달콤함 속에서 기쁨을 누릴 시간을 전적으로 기다린다.
> 욕망의 풍성함 가운데 이성이 영혼을 향해
> 모든 것이 준비될 때까지 기다리라고 명한다.
> 그러나 자유로움은 즉각적으로 사랑이 이루어지기를 원하고
> 하나님과 하나가 되는 곳에서 폭풍은 잠잠해지리라 전한다. (15.5)

하데비치는 자신의 시에서 하나님과 영혼의 격정적인 구체적 사랑을 묘사한다. 마치 젊은 기사가 흠모하는 귀부인을 사랑하고 갈망하는 것처럼 영혼은 하나님과 하나가 되는 사랑을 욕망한다. 그러나 하데비치는 그러한 달콤하고 행

---

[24] Ibid., 112-113.
[25] Ibid., 121.

복한 사랑의 경험에는 대가가 있음을 알고 있다. 고통과 외로움, 마치 광야와 같은 적막감, 그리고 사랑의 상처를 통해 절망하는 영혼의 모습을 하데비치는 시로 표현하고 있다.

> 사랑의 화살이 영혼을 꿰뚫을 때
> 모든 삶은 흔들린다.
> 사랑의 화살이 영혼에 꽂혔을 때
> 상처는 커지고 고통이 다가온다.
> 사랑하는 사람은 이 사실을 다 잘 알고 있다.
> 사랑의 얼굴 정면에 달콤함 아니면 고통
> 아니면 달콤함과 고통 두 개가 모두 격정적으로 몰아친다. (14.2-3)

하데비치가 쓴 사랑의 시에는 고통과 기쁨, 달콤함과 씁쓸함, 행복감과 외로움, 상처와 위로가 함께 복합적으로 쓰인다.(3.6, 2.4) 그래서 하데비치는 모순적이고 역설적으로 보이는 표현들, 예를 들어 달콤한 고통, 즐겁고도 슬픈 가슴, 달콤한 감옥 등의 용어를 사용한다. 그러나 하데비치에게 하나님의 사랑은 결국은 신실하고 충실하다. 하데비치에게 사랑의 고통은 성숙한 사랑으로 심화시키고 영혼을 새롭게 하며 성장시키는 것이다. 하데비치의 시 7.7에서 사랑의 고통을 통과한 사랑의 성숙함과 영혼의 성장이 묘사된다.[26]

> 새로움을 선포하는 것은 얼마나 행복한 것인가.
> 비록 새로운 우여곡절이 발생하고
> 많은 고통이 새롭게 생길지라도
> 이것 또한 새로운 안전이 된다.
> 사랑은 진실로 새롭고 큰 명예로 우리에게 보상하고
> 사랑은 위를 향하여 사랑의 가장 높은 신비로 오르게 한다.
> 새로운 무한함이 영광 가운데 열매 맺히는 곳에

---

[26] Elisabeth A. Breyer, *Passionate Spirituality: Hildegard of Bingen and Hadewijch of Brabant*, 128.

우리는 말하게 될 것이다. 새로운 사랑은 온전히 내 것이라고…
알게 될지니, 이러한 새로움은 너무도 드물게 발생한다는 것을. (7.7)

2. 편지들

하데비치가 쓴 편지글은 모두 31개가 된다. 하데비치의 완본 책에 나오는 편지의 순서는 연대적으로 편집한 것은 아니라는 것이 일반적인 의견이다. 편지는 주로 자신이 영적 지도를 하는 젊은 베긴 여성들을 수신자로 하고 있으며 그 외에 편지라기보다는 논문형식의 글이 몇 개 포함되어 있다. 하데비치는 편지를 읽는 수신자인 젊은 베긴 여성들에게 매우 친밀하고 애정 어린 명칭이나 표현을 사용하고 있으며 편지의 내용은 주로 그들을 위한 영적인 가이드와 교훈 등을 담고 있다. 맘머스(Mommaers)는 하데비치가, 자신이 지도하는 여성들에게 보낸 편지의 형식과 내용을 전달하면서 그들에 대한 사랑과 존경을 표현했으며 이를 마르틴 부버(Martin Buber)의 나와 당신(I and Thou)의 관계를 이루었다고 평가한다.[27] 여기서 하데비치의 현존 편지들을 분석하고 그의 신학적 인간학의 이해를 살펴보겠다.

"하나님의 광채 안에서"라는 제목이 붙은 편지 1에서 하데비치는 친구이자 자매이기도 한 수신자들에게 인사하며 우리 모두 마음의 눈을 열어 하나님 안에 있는 우리 자신이 먼저 솔선해서 수고해야 할 것을 권면한다. 하데비치는 하나님이 누구이신지, 하나님께서 어떻게 스스로 진리가 되시며, 모든 풍성함으로 넘치는 선(Goodness)이 되시며, 모든 덕으로 가득한 전체이신지를 숙고해야 한다고 촉구한다. 하나님께서 자신의 부성애를 통해 어떻게 우리를 보호하시며 우리를 위해 무엇을 공급하셨으며 약속하셨는지를 생각해야 한다고 권면한다. 성부 성자 성령 삼위의 하나님이 각각 삼위의 위격을 향한 서로의 사랑이 얼마나 숭고한지 주목하면서 우리가 바로 삼위일체 하나님의 그 사랑을 따라 하나님께 감사를 드려야 한다고 권고한다.

편지 6은 "그리스도로 사는 것"이라는 주제로 상당한 길이의 편지 내용이 기

---

27 Paul Mommaers & Elisabeth Dutton, *Hadewijch: Writer-Beguine-Love Mystic*, 52.
마르틴 부버는 유대인 철학자로 인간의 만남과 대화에 중점을 두고 그의 철학을 전개했으며 『나와 너』가 그의 대표적인 저서다. 여기에서 부버는 관계의 유형을 3가지 유형으로 나누어 I-Thou, I-you, I-it의 관계로 설명한다.

술되어 있다. 이 편지의 핵심적인 구절을 발췌한 것을 소개하자면, 먼저 추방당해 유배자로 살면서 겪어야 하는 수고와 고통이 본래적인 인간의 실존이라는 것을 깨달아야 한다고 하데비치는 말한다. 더욱이 예수 그리스도께서도 이 땅에서 생을 사시는 동안 고통과 수고를 경험하셨다는 것을 상기시킨다. 하데비치에 따르면, 우리는 성서 어디에서도 그리스도께서 자신의 안위와 쉼을 위해 성부 하나님께 의뢰하거나 자신의 기쁨과 안식을 위해 자신의 권능을 사용하셨다는 것을 찾아볼 수 없다는 것을 확인시킨다. 그리스도께서는 이 땅에서 사시는 동안 그리스도이신 자신에게는 편안한 충족감을 결코 허용하지 않으셨으며 그리스도의 생애 처음부터 끝까지 고된 수고를 담당하셨다는 사실을 상기시킨다. 바로 이러한 삶이 그리스도로서 사는 삶이며 또한 그리스도를 따라 살고자 하는 삶이며 정의로운 사랑의 삶이라고 하데비치는 말한다. 사랑이 있는 곳에는 항상 수고가 있으며 힘든 수고와 고통이 수반된다는 것을 말하고 있다.

"내 안에 있는 하나님 그리고 하나님 안에 있는 나"를 주제로 하는 편지 9에서 하데비치는 자기 제자들인 젊은 베긴 여성들에게 하나님과 누리는 사랑이 과연 어떤 것인지에 대해 아름답고도 심오한 깊이의 언어를 사용하여 표현하고 있다. 하데비치 자신이 누리고 경험하는 하나님과의 한량없는 그 깊은 사랑을 그저 딱딱한 이론이나 교훈이 아닌, 더할 나위 없는 생생한 감격과 기쁨을 누리는 감동을 시적 언어와 깊이를 담은 내용으로 편지를 읽는 제자들의 가슴에 스며들 듯 전하고 있다. 인간과 하나님은 서로가 서로 안에 거하며 분열시킬 수 없을 정도로 깊이 교류하고 있다는 것을 알려준다. 인간과 하나님의 사랑은 서로를 위한 결실 가운데 거하며 하나님과 인간이 서로를 통하여 행복한 신성이 흐르며 동시에 각자의 자유로운 자신으로서 존재한다고 말한다.[28]

하데비치는 여기서 매우 중요한 신학적 인간학의 관점을 조명하고 있다. 하데비치에 따르면 하나님과 인간의 사랑은 서로를 위해 풍성한 결실을 맺는 존재로서 상호 분열이 아닌 조화이며 분리할 수 없이 서로가 서로 안에 거하는 일체로서 존재하는 사랑이라는 것이다. 그러나 신인합일의 일체된 사랑 속에서 하나님은 인간 존재를 하나님의 신성 안에서 소비하거나 소멸시키는 것이 아

---

[28] Hadewijch, *Hadewijch: The Complete Works*, 66.

니라 더욱더 참된 인간이 되는 인간화가 이루어지는 인격적인 사랑이며 그로 인해 하나님 안에서 인간의 참된 신화(deification)가 이루어진다는 것을 하데비치는 자신의 고백적인 언어로 노래하고 있다.

편지 17은 "삼위일체의 리듬 안에서 살아가는 것"이라는 주제로 하데비치의 글이 전개되고 있다. 하데비치가 삼위일체의 리듬이라고 기술한 이면에는 삼위일체의 삶이 고정되거나 정적이라기보다는 역동적이라는 의미를 가지고 있으며, 역동적이라는 의미는 활동적이나 지나치게 격렬하다기보다는 오히려 조화를 이루는 잔잔한 움직임을 전제하고 있다. 편지 17은 제목처럼 리듬에 맞춘 시구로 시작하고 있다. 이 시는 덕을 따라 사는 삶과 사랑의 본성 안에 사는 삶을 분리를 하지는 않았으나 대비적으로 기술하고 있다. 그리스도인으로서 더욱더 더 하나님을 사랑하는 삶을 살기 위해 윤리적 강령을 지키고자 노력하는 가운데 자칫 본질을 잊어버리고 덕 자체를 위한 덕의 실행 혹은 행위자 자신을 위한 덕의 실행이 될 수 있음을 지적한다고 볼 수 있다. 모든 덕목을 열정적이고 포괄적으로 지키되 특정한 덕목에 치우치지 말 것이며 오직 진실한 사랑 속으로 다양한 덕목 형식과 내용이 녹아져야 한다는 의미를 담고 있다. 하데비치는 너 자신의 유익이나 필요를 위해 덕을 행치 않도록 해야 할 것이며 마음에 위선이나 거짓이 없이 모든 이들의 필요를 위해 행하되 이 모든 것은 오직 하나님의 사랑 안에서만 이루어질 수 있다고 말한다.

편지 30 "하나님의 삼위일체와 일체의 요구에 대한 응답"은 편지글들 가운데 포함된 논문 형식으로 쓰인 글이다. 삼위일체를 다루는 내용으로 편지 17과 함께 다뤄지기도 한다. 삼위일체 용어에서 '삼위'의 상징은 성부 성자 성령 각각의 다양성과 독립성, 그리고 자율성을 의미하며 일체는 연합성과 통일성의 하나를 의미한다. 그러나 삼위일체에서 중요한 것은 이렇게 다양성, 독립성, 자율성을 가진 삼위의 존재가 서로 연합하고 통일을 이루고 일체감을 이루는 데 있다고 말한다. 이렇게 각각의 독립적인 정체성을 가진 다양성이 일체성을 분열시키거나 분리시키지 않으며 반대로 하나 됨의 이름으로 각각의 정체성을 무화시키거나 소멸시키지 않는다는 것이 강조된다. 각자의 위격에 자율성과 거리를 내어주면서도 각 위격들이 사랑으로 연합하는 일체성이 바로 삼위와 일체성에 대한 요구에 응답하는 것이라고 한다. 바로 이러한 신성에서의 삼위일체의 삶은 우리 영혼의 삶에도 적용되며 우리 영혼의 영적 삶의 구조가 이렇게 삼위일체적인 삶을 살도록 한다는 것을 하데비치는 제시하고 있다. 하데비치는 우리 인간의 외적 삶에서 각종 덕을 행하는 활동적 삶이 내적으로 하나님과 일치되는 삶을 살아야 한다는 것을 독자에게 보여준다.[29]

3. 하데비치의 비전들

하데비치가 자신이 경험한 계시를 기록한 비전들은 모두 14개로 구성되었다. 하데비치가 개인적인 영적 체험을 비전으로 기록한 목적은 세상에 널리 알리려 하거나 혹은 교회에서 예배나 교육을 위한 공적 목적을 위함은 아니었다. 다른 장르에 비해서 비전들을 기록한 글들은 하데비치가 하나님께로부터 직접 받은 계시의 체험을 주변의 친구들, 젊은 베긴들을 위한 영적 가이드라인으로 쓴 글이라고 알려진다.[30] 폴 맘머스(Paul Mommaers)는 하데비치의 비전들을 분석하면서 하데비치는 베긴 여성들을 가르치는 지도자로서 학생들을 배려하면서 비전들을 체계화해서 설명하려 했음을 알 수 있다고 한다. 그의 설명에 따르면 하데비치는 자신이 경험한 계시의 비전 사건을 연관시키기 전에 먼저 철저하게 사랑의 경험에 관해 그 의미를 요약해서 설명하고 있다고 말한다. 그 이유는 자신의 친구나 학생들이 아무런 준비 없이 그저 비전의 이미지에만 집중하므로 하데비치가 정작 말하고자 하는 핵심을 이해하지 못할까 하는 염려에서 나온 배려라고 설명한다. 하데비치는 하나님께서 직접 주신 계시를 통해 자신이 직접 보고 듣고 느낀 것을 교훈적인 자료로 삼아 동료와 젊은 베긴 여성들이 이해할 수 있도록 기획함으로 하나님이 자신에게 명령한 것을 다른 사람에게 전달하는 책임을 감당하고자 했다고 설명한다.[31] 하데비치가 기술한 비전들 가운데 신학적으로 중요한 의미를 가지고 있는 제1비전을 자세히 분석하며 살펴보겠다.

"완전한 덕목들의 정원"이라는 제목이 붙은 제1비전은 다른 비전과 비교해

---

29 Hadewijch, *Hadewijch: The Complete Works*, 116-119.
30 Paul Mommaers & Elisabeth Dutton, *Hadewijch:Writer-Beguine-Love Mystic* (Belgium: Peteers, 2004), 45.
31 Paul Mommaers with Elisabeth Dutton, *Hadewijch: Writer-Beguine-Love Mystic*, 46.

서 상당한 길이를 할애해서 기록하고 있다. 제1비전은 크게 3부분으로 나누어진다. 먼저 첫째 부분은 하데비치가 구체적인 비전을 설명하기 전에 먼저 사랑의 경험에 관한 의미를 알리기 위해 계획적으로 삽입한 장면이 아닌가 생각된다. 제1비전은 성령강림절 주일에 주님께서 하데비치를 찾아오시는 것으로부터 시작한다. 그리스도께서 자신에게 오셨을 때 자신의 내적 심령이 너무도 떨렸으며 그 때문에 사람들 사이로 나갈 수 없을 정도로 자신의 외적인 면을 통제할 수 없었다고 고백한다. 자신이 내적으로 가졌던 욕망은 자신과 하나님이 일체가 되는 것이었으나 그러기에는 자신은 너무도 철이 없었고 너무도 성장하지 못했을 뿐만 아니라 이에 필요한 고통을 겪어보지도, 그럴 만큼의 가치 있는 삶도 살지 못했다고 고백한다.[32] 하데비치는 과거에 느꼈던 그때의 경험이 지금도 여전히 생생하다고 토로한다. 이어서 하데비치는 자신이 그리스도를 받아들였을 때 그리스도께서도 자신을 받아들여 주셨다고 전한다. 그리스도께서는 모든 낯선 기억으로부터 자신을 이끌어 주셨으며, 그로 인해 자신은 그리스도와 함께 그리스도 안에서 기쁨이 충만할 수 있었다고 고백하며 마치 푸른 초장으로 이끌리듯 완전한 덕목의 공간으로 불리는 넓은 곳으로 인도되었다고 하데비치는 자신의 감동을 전한다.[33]

하데비치는 제1비전에서 주님과의 만남을 이야기하며 사랑하는 사람들의 일반적인 관계의 시작처럼 설렘과 떨림의 내적인 흥분과 외적인 이끌림이 드러나고 있음을 묘사한다. 그리고 마침내 자신도 그리스도를 받아들이고 그리스도께서도 자신을 받아들임으로 두 존재가 함께하여 행복하고 기뻐하는 장면을 그리고 있다. 인간의 만남이 서먹함과 흥분, 친밀감, 그리고 서로를 받아들이고 연합하는 단계를 거치는 것처럼 인간과 그리스도와의 만남도 단계를 거쳐 친밀감과 일체감으로 발전하고 변화하는 모습으로 그리고 있다.

제1비전의 두 번째 부분은 하데비치가 천사의 인도로 완전한 덕목들의 공간이라고 불리는 곳으로 가게 되고 그곳에서 덕을 상징하는 7그루의 나무를 보게 되는데 나무의 이름이 각각 다르다는 것을 알려준다. 천사는 "인간에 관한 지식의 나무"(the tree of the knowledge of ourselves)를 보여준 후 하데비치를 향

[32] Hadewijch, *Hadewijch: The Complete Works*, 263.
[33] Ibid., 263.

해 "큰 염원을 가진 선택받은 영혼이여, 너는 비천에서 고양된 곳으로, 어둡고 무지한 곳에서 환한 빛 가운데로, 가난에서 부요로 이끌림을 받았노라"라고 말한다. 하데비치는 천사의 이와 같은 말이 비천하고 무지하고 가난한 자기 자신의 무가치함을 가리키는 말이며, 고양되고 환한 빛과 부요는 하나님의 위대하심을 가리키는 의미로서 하나님과 인간은 좁힐 수 없는 질적 차이가 있음을 깨닫는다. 이러한 깨달음이 그동안 하데비치 자신이 자랑하던 모든 덕을 소멸시켰고 하나님이 원하시는 결실을 맺기에는 부족했으며 이 부족함을 치유할 방도를 알 수 없었다고 하데비치는 말한다.[34] 이후 천사는 계속해서 완전한 의지, 분별력, 지혜, 사랑, 하나님에 관한 지식의 나무 등을 보여준다. 그런 후 세 번째 부분에서는 하데비치를 인도하던 천사가 떠나고 황홀경 가운데 하데비치는 그리스도를 다시 만난다. 그리스도는 하데비치를 향해 그리스도의 인성에 따라 덕을 실천하며 살아야 한다고 말하며 더 나아가 그리스도의 신성을 따라 살기 위해서는 그리스도 자신께서 이 땅에 살면서 고통을 당하신 것처럼 하데비치 역시 고통을 받아들여야 할 것이라고 말씀한다.[35] 여기서 하데비치는 엄청난 기독론의 신학을 함축하고 있는 것을 알 수 있다.

하데비치는 비전1을 통해, 천사에게 이끌려 '완전한 덕목'의 정원에서 본 '인간에 관한 지식의 나무', 각각의 덕목에 대한 나무들, 그리고 '하나님의 지식에 관한 나무' 등 자신이 하나님께로부터 받은 계시를 마치 영상을 찍듯 계속되는 이미지로 묘사했다. 하데비치는 자신이 체험한 계시를 통해 베긴 동료와 젊은 후배들에게 교훈하고자 했으며, 천사에 이끌려 본 덕목의 나무를 통해 윤리적이고 덕을 실천하는 삶, 더 나아가 금욕적인 삶에 대해 설명하고 싶어 했다. 반면 천사가 떠나가고 그리스도가 등장하여 하데비치에게 말씀하시는 것에서, 윤리적이고 덕을 실천하며 금욕적인 삶을 넘어서는 사랑의 삶, 사랑을 위해 고통도 감수하는 삶, 자신을 넘어 하나님을 향한 삶, 곧 신비적 삶을 살도록 교훈하고 있음을 알 수 있다. 이 세상에서 사는 동안 '그리스도의 인성'을 따라 참된 가치를 추구하고 덕을 실천하며 살아가는 삶을 말하는 한편, 하나님과의 일체가 된 존재로서 '그리스도의 신성'에 따라 살아가는 삶은 사랑의 삶으로 그 자

---

[34] Ibid., 264..
[35] Ibid., 267.

체가 말로 다 표현할 수 없는 하나님의 존재를 실현하는 신비적 삶이라고 말하고 있다. 그리스도의 인성을 따라 실천하는 삶을 그리스도를 통한 참된 인간화(humanization)라고 명명할 수 있다면 그리스도의 신성에 따라 그리스도와 함께 존재하는 삶은 신화 혹은 신성화(deification)라고 명명할 수 있을 것이다.

이어, 그리스도께서 하데비치에게 많은 것을 말씀하는 장면이 나온다. 그리스도께서는 하데비치를 향해 많은 고통이 닥칠 것에 대해 준비하라고 하시며 어떤 이유나 논리로도 보복하거나 원수 갚지 말라고 말씀하시면서 만일 악을 악으로 대할 경우 그리스도 자신의 위대함을 손상시킬 것이라고 설명한다.[36] 그리스도께서는 계속해서 하데비치를 향해 새로운 계명을 명하신다. 만일 그리스도의 인성(Humanity) 안에서 그리스도처럼 살고 싶다면 너는 가난하고 겸손하며 모든 사람에게 조롱당하기를 소원해야 할 것이며 그러면 하데비치가 당하는 모든 고통이 세상의 그 어떤 기쁨보다 더 향기롭게 느껴질 것이라고 말씀한다. 이어서 하데비치에게 진정으로 사랑을 따라 살고자 한다면 사람들 사이에서 사는 것이 참으로 낯설게 느껴지고 불행하게 느껴질 것이며 어디에도 속할 곳도 없으며 머무를 곳도 없이 사람들에게 버림을 받을 것이라고 말씀한다. 그리고 하데비치를 향해 아직은 너의 때가 이르지 않아 고통당하는 삶을 살 것이나 그리스도께서는 그런 삶에서 참된 기쁨을 발견할 것이라고 말씀한다.[37] 하데비치는 그리스도의 말씀을 통해 그리스도의 인성에 따라 살아가는 삶, 곧 그리스도 안에서 이루지는 인간화란 어떤 것인지를 우리에게 알려준다.

이후 그리스도로부터 책망을 받는 하데비치의 모습이 나온다. 그리스도께서는 하데비치가 하나님께로부터 7가지의 선물을 받았으며 늘 하나님께서 함께 하심에도 불구하고 그리스도께서 지상에서 겪으신 고통을 기억하지 않고 오직 자신이 겪는 고통과 자신이 행한 덕행들을 알아달라고 불평했던 일들을 지적하신다. 또한 그리스도는 성육하신 하나님으로 인성만이 아니라 신성을 지니셨기에 인간으로 이 땅에서 사시는 동안 받은 그리스도가 겪은 고통은 그리 크지 않았을 것이라는 하데비치의 생각은 잘못되었다는 것도 역시 지적하신다. 그리고 마지막으로 하데비치가 자신의 처지가 비참하며 자신의 원하는 것을

---

[36] Hadewijch, *Hadewijch: The Complete Works*, 268.
[37] Ibid.

얻지 못한 것에 대해 불평한 것에 대해 그리스도께서 이 세계에서 인간으로 사시는 동안 인간에게 속한 모든 고통을 직접 경험하셨다는 사실을 상기시키며 하나님께서 하데비치에게 주신 7가지의 선물과 하나님께서 늘 동행하고 계시다는 사실을 일깨우며 위로하신다. 그리스도께서는 하데비치를 향해 직접 사랑의 지식을 말씀하시며 이제 다시 세상으로 돌아가 그리스도께서 명하신 사랑을 행하라고 말씀하신다.[38]

하데비치는 자신이 체험한 제1비전을 통해 자신의 이야기를 듣고 배우는 젊은 베긴 여성들을 향해 그리스도의 인성을 따라 사는 삶이 어떤 것이며 더 나아가 신성에 따르는 삶이 어떤 것인지를 깨우친다. 분리할 수도, 혼합될 수도 없이 하나로 연합된 그리스도의 인성과 신성에 따라 살아가는 삶은 그리스도 안에서 참된 인간화와 참된 신화를 이루며 살아가는 삶을 될 것이라고 교훈하면서, 진실로 그리스도 안에서 그리스도를 따라 이루어가는 인간화와 신화는 결국 '사랑'이라고 하는 하나의 열매로 맺힐 것이라고 하데비치는 고백한다.

---

[38] Ibid., 270.

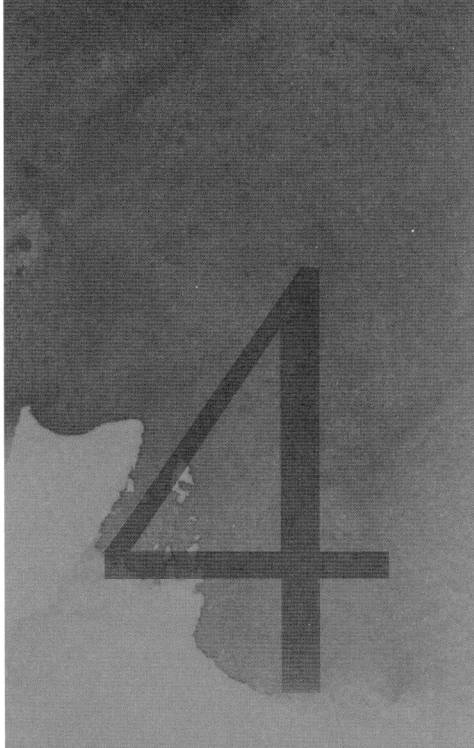

4

Marguerite Porete

마그리트 포레테의
부정신학적
하나님 형상의 신학

『소박한
영혼의 거울』의
신학적 인간학을
위한 변증

제4장

마그리트 포레테의 부정신학적 하나님 형상의 신학
『소박한 영혼의 거울』의 신학적 인간학을 위한 변증

1310년 6월 1일, 파리의 그레브 광장에서는 이단으로 정죄된 한 여성을 장작더미에 올려 불태우는 화형식이 거행됐다. 안타까움과 눈물로 지켜보는 군중들에 둘러싸여 화염의 공포와 고통 가운데 죽어가면서도 위엄을 잃지 않았던 그 여성의 이름은 베긴 신비가로 알려진 마그리트 포레테(Marguerite Porete)였다. 신비가들 가운데 처음 마그리트 포레테가 이단으로 정죄되어 화형에 처해진 이유는 그가 저술한 책인『소박한 영혼의 거울』(Mirror of Simple Soul) 때문이었다.『소박한 영혼의 거울』은 이전에도 두 번이나 파문되고 금서로 지정되었으며 1310년 마침내 저자와 함께 화형당하고 소각되었다. 그렇게 마그리트 포레테는 자신의 책과 함께 한 줌의 재가 되어 역사에서 사라졌지만 그럼에도 그 저서는 살아남았고 익명으로 사람들의 손에 손을 거쳐 배포되고 번역되어 현재에 이르기까지 영성가들과 신학자들에게 귀중한 영적 가이드로 그 가치를 인정받고 있다. '오류가 많고 잘못된 가르침'이 가득하다는 비난과 함께 신학자들에게 정죄되고 교회 권력자들에 의해 금지되고 불태워진『소박한 영혼의 거울』의 오류와 이단성의 근거는 무엇이었을까?

이 논문은 이단자로 정죄되어 화형에 처해진 첫 여성신비가 마그리트 포레테 신학의 이단성이 무엇이었는지 분석하고 포레테의 신학적 정통성을 찾아 입증하고 변증하고자 하는 목적을 갖는다. 종교재판을 통해 이단자로 낙인찍혀 공식적인 변호인의 변론도 자신을 위한 변증도 없이 침묵으로 화염 속에서 죽임을 당한 힘없는 한 베긴 여성의 정통성을 변증함으로 위대한 여성신비가요 뛰어난 신학자 마그리트 포레테, 그 이름의 명예와 신학적 정통성을 회복시키려는 목적을 갖는다. 가부장적 위계로 제도화된 중세 교회와 정치권력의 지배 아래서 공적인 보호망이 전혀 없었던 한 여성을 이단으로 정죄하고 화형에 처한 것은 표면화된 종교적 이유라기보다는 오히려 정치적 이유로 처형당한 희생양이었다는 사실을 밝히고자 한다. 마그리트 포레테의 『소박한 영혼의 거울』에서 이단적 요소를 찾아 "도덕률 폐기론자", "범신론자", "정적주의자"로 낙인찍고 "자유영의 형제단"(Brethren of Free Spirit) 이단과 연관시켜 마그리트 포레테를 처형시킨 배경에는 황제와 교황의 권력 싸움과 당시 왕성했던 이단들에게 본보기로 삼으려던 정치적 희생양이었다는 배경을 설명할 것이다.

이러한 목적을 위하여 이 글은 『소박한 영혼의 거울』에서 마그리트 포레테가 사용한 이미지와 상징, 그리고 "소멸(annihilation)"과 "신화(deification)" 등과 같은 부정신학적 개념과 이미지에 대한 분석을 통해 서방기독교에서 최초로 부정신학(apophatic theology)을 발전시킨 독창적인 신비신학자라는 것을 설명하고자 한다. 따라서 이 논문은 먼저, 마그리트 포레테의 생애와 재판, 그리고 그의 저작 『소박한 영혼의 거울』의 구조를 분석할 것이다. 둘째, 책의 본문에서 사용된 부정신학적 이미지와 개념을 설명할 것이다. 셋째, 베긴 여성신비가로서 포레테의 신학 사상을 신학적 인간학의 관점에서 재해석하고 재구성하여 포레테의 독창적인 부정신학적 인간학, 하나님 형상의 신학이라는 것을 주장하고자 한다. 이로써 불의하고 부당한 종교재판의 결과로 인해 이단자로 정죄당해 화형으로 생을 마쳐야만 했던 마그리트 포레테가 기독교 교회의 역사와 신학의 역사, 그리고 여성들의 역사 속에 위대한 여성신비주의 사상가이자 여성 영성가요 신학자로 다시 자리매김하기를 원한다.

베긴 여성공동체와 마그리트 포레테의 이단 심문과 재판

마그리트 포레테는 마그데부르크의 메흐틸드(Mechthild of Magdebrug)와 브라반트의 하데비치(Hadewijch of Brabant)와 함께 신비주의 학자 버나드 맥긴이 위대한 세 명의 베긴 여성신비가[1]로 명명한 여성신비가의 한 사람이다. 이단자로 정죄되어 처형된 여성이기에 종교재판의 기록 외에 마그리트 포르테에 대해 알 수 있는 사료는 거의 없다. 포르테의 출생연도를 1248년 내지 1250년으로 추정하고 있으나 명확하지 않으며, 단지 현재의 벨기에 남서부 지역에 위치한 에노(Hainaut)에서 태어났다고 알려졌다. 포레테는 모국어인 불어를 읽고 쓸 수 있었으며 사색적인 저술 작업을 할 수 있을 만큼 지성적이었다는 사실로 보아 필시 부유한 집안의 출신이며 교육의 혜택을 받았던 학식이 풍부한 여성으로 추측한다. 포레테가 베긴회에 속한 여성이었다는 사실 여부에 대해서는 논란의 여지가 있음에도 불구하고 다양한 자료적 근거로 베긴 여성이었다고 규명된다. 일부에서는 포레테가 당시 이단으로 알려진 자유영의 형제단(Breathen of Free Spirit)[2]의 중요 인물이었다는 이야기가 있으나,[3] 포레테를 심문했던 재판 문서에는 베긴이라 진술된다. 한편 포레테의 저술 가운데 베긴 여성들이 자신을 비난한다고 기술한 부분을 근거로 포레테가 베긴 소속이 아니라고 주장하는 사람들도 있으나 이는 공동체 생활을 하던 베긴 여성들이 당시 포레테처럼 홀로 떠돌며 설교하던 당시의 베긴 여성들을 겨냥한 비난과 질시였을 것이라 추정한다.[4] 그러나 포레테가 이단으로 정죄되어 마침내 처형되기까지 자유영의 형제단의 이단과 연루되었다고 하는 의심에서 벗어나지 못했다는 사실을 알 수 있다.

---

1 Bernard McGinn, *the Flowering of Mysticism: Men and Women in the New Mysticism 1200-1350* (New York: A Herder and Herder Book, 1998), 199. 맥긴은 chapter 5에서 위대한 3명의 여성신비가라는 제목으로 하데비치, 메흐틸드, 그리고 포레테를 다루고 있다. 이 3명에 폴리뇨의 안젤라를 더해 13세기 신비주의에서 4명의 복음주의자라 칭한다.

2 Brethren of the Free Spirit에 대한 번역이 자유신령파, 자유로운 영의 사람들, 자유로운 영의 형제 등 여러 가지 번역이 있으나 여기서는 '자유영의 형제단'으로 사용한다.

3 거다 러너, 『역사 속의 페미니스트: 중세에서 1870년까지』, 김인성 (평민사, 1988), 115. 거다 러너는 여기서 포레테가 '자유로운 영혼들'을 믿었다고 주장하고 있다. 러너는 "'자유로운 영혼들'은 신의 사랑으로 합일된 자유로운 영혼의 보이지 않는 공동체를 의미했다"고 설명하며 포레테가 신인합일에 대해 조금 개혁적인 주장이 있으나 그럼에도 "여전히 기존의 신비 사상 내에 있다"고 말하며 포레테의 이단성에 대해서는 부인하고 있다.

4 Bernard McGinn, *the Flowering of Mysticism: Men and Women in the New Mysticism 1200-1350*, 244; Marguerite Porete, *The Mirror of Simple Souls* (New York: Paulist Press, 1993), 25.

마그리트 포레테가 속한 베긴(Beguine) 공동체에 붙여진 베긴이라는 이름은 "신심이 깊고 열성적인 여성들이 등장"하자 그들을 호칭하기 위해 "독일어로 붙여진 이름"[5]이라고 한다. 그러나 베긴이라는 이름이 언제 누가 어떤 의미로 처음 명명했는지에 대해서는 다양한 주장이 있으며 어떤 이론이 더 명확한지에 대해서는 논란이 많다. 월터 시몬즈는, 베긴이란 이름이 일부가 추정하는 것처럼 13세기의 이단 카타리파(Albigensis)에서 유래된 것은 아니라는 사실과, 일부의 사람들이 베긴의 창설자라고 오해하고 있는 리에즈의 사제 램버트 베그 (Lambert Ii Begue of Liégeois)의 이름에서 유래된 것 또한 사실이 아니라고 주장한다. 오히려 좀 더 신빙성 있는 주장은 "'중얼거리다', '웅얼거리다'의 뜻을 가진 단어 mumble 혹은 mutter의 어근인 begg-에서 비롯되어 '웅얼거리며 기도한다'"는 의미에서 나온 이름이라고 추정한다.[6] 다시 말해 "베긴은 '위선적인 신자'라는 의미를 담고 있으며, 이는 헌신한다고는 하지만 그들이 발언하는 말은 분명하지 않아 신뢰할 수 없다"는 냉소적인 의미라는 것이다.[7] 이는 특히 설교하고 가르치는 일에 여성들의 권위가 인정받지 못하던 때 대중들을 대상으로 가르치고 교훈하면서 설교하던 베긴 여성들에게 부정적으로 적용되고 호명하는 데 사용되었음을 알 수 있다.[8]

베긴회는 12세기 말에 유럽 남부 저지대 국가를 중심으로 평신도 여성들의 움직임으로 시작되어 13세기 무렵 벨기에, 프랑스, 독일, 이탈리아 북부와 유럽 전역으로 비교적 짧은 시간에 산발적으로 퍼지면서 발전되었던 "최초의 여성운동"이라고 할 수 있다.[9] 베긴 여성운동의 시작은 분명한 원인이 알려지지 않은 가운데 예수 그리스도의 제자들이 살았던 청빈과 헌신의 삶을 실천하려는 평신도 여성들이 자발적으로 시작하고 발전시켰으며, 여성들로 구성된 독

---

5 신창석, "베긴네의 출현과 가톨릭 여성신비주의" 「가톨릭 철학」 제19호, 6. 신창석은 여기서 베긴 이름의 의미를 "원래 시토회 수녀들을 부르는 이름으로 나타났다"는 문헌적 정보와 함께, "칼 왕조의 조상이자 브라방 지방의 공작부인이던 성녀 베가(Begga)에서 기원"했다는 이론, 혹은 청하다는 의미를 가진 단어 베겐(beggen, bitten)에서 유래하거나, 혹은 "베긴네들이 입던 물들이지 않은 모직의 베이지(beige, bigio, bege) 색에서 유래"되었다는 다양한 이론을 소개한다.
6 Miri Rubin & Walter Simons, *The Cambridge History of Christianity in Western Europe c.1100–c.1500*, (Cambridge University Press2009), 322.
7 Ibid.
8 Ibid., 322.
9 신창석, "베긴네의 출현과 가톨릭 여성신비주의" 「가톨릭 철학」 제19호, 6.

립적인 종교공동체로 정착시켰다.¹⁰ 베긴회 여성들은 보통 소수가 한집에 함께 살거나 많게는 몇백 명이 함께 공동체 생활을 했지만 이와는 달리 홀로 순례하면서 복음을 전하던 베긴 여성도 있었다. 베긴회는 당시 교회가 공식적으로 승인한 수도회나 수녀원이 아니었기에 교회와 세속 권력자들에게 의심과 경계의 대상이었다. 그러나 교회와 세속의 권력자들에게 더욱 경계와 감시의 대상이 되었던 사람은 같은 베긴 여성이라고 할지라도 역시 공동체 생활을 하던 베긴 여성들보다는 홀로 '떠돌이'로 순례하며 대중들을 상대로 설교하고 가르치던 포레테와 같은 베긴 여성들이었다.

마그리트 포레테는 1290년경 그의 유일한 작품『소박한 영혼의 거울』을 저술했다. 책이 출판되자 많은 사람이 책에 주목하고 큰 관심을 끌었다고 전해진다. 책이 인기를 끌어서인지 1306년 이전에 이미 캉브리(Cambrai)의 주교인 기 II세(Bishop Guy II)는 책 내용의 오류를 빌미로 포레테를 정죄하였고 책의 유포를 금지했으며 발랑시엔(Valenciennes) 광장에서 포레테가 지켜보는 앞에서 책을 불태웠다.¹¹ 그러나 본인 저술의 정통성에 대한 확고한 믿음을 가지고 있었던 포레테는 재판관의 정죄와 명령에도 불구하고 책을 계속해서 유포했으며, 더 나아가 자신의 저서를 당시 신학자와 성직자를 포함해서 3명의 교계 지도자들에게 보내 책의 내용에 대한 정통성을 확인받고자 했다. 그러나 포레테는 그들로부터 정통과 이단에 대한 명확한 판단을 듣는 대신 책이 지닌 가치는 인정하지만 소박한 영혼들에게는 조심스러울 수 있다는 애매하지만 포레테 책의 가치에 대해서는 호의적인 답변을 들을 수 있었다.¹² 그러나 1308년 포레테는 계속해서 책을 유포시킨 혐의로 체포되었으며, 곧이어 파리로 보내져 도미니크 교단의 종교재판관 윌리엄 훔베르트(Wimliam Humbert)에게 심문을 받게 되었다.¹³ 포레테는 1년 6개월 동안 투옥되어 재판받는 동안 심문관의 질문에 전혀 대답하지 않았을 뿐만 아니라 자신에 대한 변호도 일절 하지 않았으며 오직 침묵으로 일관했다고 전해진다.

1310년 포레테의 책『소박한 영혼의 거울』에서 이단적 요소를 찾아내기 위

---

10 O 충범, 『중세여성과 현대영성』, (의정부: 문화가족, 2012), 44. & 『중세 신비주의와 여성』 (서울: 동연, 2011), 222.
11 Emilie Zum Brunn & Georgette Epiney-Burgard, *Women Mystics in Medieval Europe*, 143.
12 Ibid.
13 Bernard McGinn, *The Flowering of Mysticism*, 245.

해 21명의 신학자들로 구성된 조사위원회가 구성되었고 이들은 포레테의 책에서 15개의 명제를 뽑아낸 후 이 중에서 3개를 이단적인 요소로 규정했다고 전해진다. 버나드 맥긴은 21명의 신학자들로 구성된 조사관들이 모여 한 여성을 이단으로 정죄하는 근거로서 제시한 3가지 요소를 다음과 같이 정리한다. 즉, 도덕법 혹은 선행과 같은 도덕적 행위를 간과하는 "도덕폐기론자"의 위험성이 있다는 것이며, 인간 내면의 신을 주장하는 "정적주의"적인 모습이 있다는 것과 구원의 수단으로서 필수적인 "교회의 중재자적 역할"을 불필요하게 여기는 '반교회적' 요소들이 있다는 것을 지적한다.[14] 이 점에서 마그리트 포레테를 연구하는 학자들이 이구동성으로 제기하는 질문이 있다. "도대체 왜 한 명의 떠돌이 설교가요 신비가인 힘없는 여성을 조사하는데 당대의 권위 있는 신학자들을 21명이나 파견해야 했는가 하는 의구심이다." 포레테는 공식적인 변호인[15]의 변호조차 받지 못했으며 본인 스스로의 정당성을 방어하기 위한 변론도 없었으며 사면요청도 하지 않은 채 1310년 5월 31일 침묵 가운데 세속 당국에 넘겨져 바로 다음 날인 6월 1일 고위 지도자들과 많은 시민이 모인 광장에서 화형당했다.

포레테의 마지막 재판에서 특이한 점으로 주목받는 현상은 이 재판을 프랑스 왕국의 대심판관과 파리 도미니크 수도회의 실력자 윌리엄이 주도했다는 사실이다. 특히 윌리엄이라는 인물은 당시 프랑스 왕 필립 4세의 고백성사를 들어주는 영향력 있는 사제로서 1307년도 성전 수도사들을 이단 심문한 강력한 인물이었다. 권력자의 시선에서 평가할 때 출신 배경도 권력자들의 후광도 없이 떠돌며 설교하던 하찮은 베긴 여성에 불과했던 포레테의 재판을 당시 최고의 권력자들이 적극적으로 주도했던 것이다. 이 사실은 포레테에 대한 이단 정죄와 처형 과정이 순수하게 종교적인 이유만이 아니었을 것임을 짐작하게 한다.[16] 여성 한 명을 이단으로 정죄하기 위해 21명의 신학자들이 위원회를 구성하고 마지막 재판에서는 왕국의 최고층 권력자와 교회 최고 실력자가 참석하여 정

---

14 Ibid.
15 메리 T. 말로운, 『여성과 그리스도교 2』, 안은경 (서울, 바오로 딸, 2009), 252. 필라델피아 천사로 알려진 귀아르 드 크레소네사르가 자진해서 포레테를 변호하겠다고 나섰다가 그도 함께 수감되었고 화형의 위협 속에서 변호를 철회했다고 알려진다.
16 Emilie Zum Brunn & Georgette Epiney-Burgard, *Women Mystics in Medieval Europe*, 144.

식 변론의 기회도 없이 신속하게 이단으로 처형한 것은 단순히 종교적 이유가 아닌 정치적 사유가 혼합된 복합적 배경이 의심되는 부분이다.

기독교 역사에서 종교와 정치는 적대적이건 호의적이건 늘 파트너 관계를 형성해 왔다는 사실이 주지되는 것처럼 포레테의 이단 정죄와 처형의 배경에도 정치적 이유가 있었다는 것이 학자들의 공통된 주장이다. 마그리트 포레테를 이단자로 화형대에 올려야만 했던 복합적인 이유 가운데는 당시 프랑스 왕 필립 IV세(Philip IV)와 교황 클레멘스 5세(Pope Clement V)가 서로의 권력을 견제하던 긴장 관계가 큰 작용을 했다는 사실이 지적된다. 맥긴과 말리운을 포함한 대다수의 학자에 의하면, 프랑스 왕 필립 IV세는 교권을 견제하고 자신의 왕권을 강화하기 위해서, 1307년 부패한 이단을 척결하여 정통을 수호한다는 표면적 명목으로 교황 산하의 성전 수도회라고 알려진 탬플 기사단(Templar Order) 300명을 처형했다. 이로 인해 관계가 불편해진 교황과 황제의 의도를 불신하는 대중들에게 "가장 그리스도적인 신실한 왕"으로 자신을 포장해야만 했으며 그럴만한 구실을 찾던 필립 IV세는 정통을 수호하는 왕으로서 이단을 척결하는 열정을 교황과 대중에게 보이기 위해 포레테를 처형하는 데 앞장섰다는 점들이 지적된다.[17]

맥긴은 그러나 정치적 이유가 결코 모든 이유를 대변하는 것은 아니라는 점을 강조한다. 당시 교회와 사회에서 급증하는 이단들, 그 가운데서도 신비주의 이단들에 대한 염려와 두려움이 컸다는 사실 또한 중요한 이유라는 사실을 상기시킨다. 포레테와 연관되어 주목되는 자유영의 형제단(Brethren of the Free Spirit)[18]은 13세기 초부터 이단으로 비난받았고,[19] 1311년 비엔나 공의회는 이들을 이단으로 규정짓는다. 이단이라고 제시하는 근거 중에는 신화(deification), 도덕률 폐기론(antinomianism), 반교회주의(anti-ecclesiasticism) 등이 지목되었으며 이는 한해 전 마그리트 포레테를 이단으로 정죄하기 위해

---

17 Bernard McGuinn, *Flowering Mysticism*, 245. 메리 T. 말로운, 『여성과 그리스도교 2』, 252.
18 자유 심령 형제단 혹은 자유로운 영의 형제단으로 번역되는 "Brethren of the Free Spirit"은 "유럽 중세의 이단 집단으로서 13세기 초부터 15세기 중반에 이르기까지 프랑스, 독일, 이탈리아 등에서 빈발한 이단설을 받아들였다"고 한다. 집단 조직으로 베긴회가 주목되지만 "다양한 집단에 의거했다고 보는 것이 옳을 것이며" "집단 간의 연합관계는 보이지 않았으며, 연구자에 따라서는 〈자유 심령파〉라는 것은 실질을 가진 집단이 아니라 타칭으로서의 일반명칭이라고 주장하는 학자도 있다." 네이버 종교학 대사전. http://terms.naver.com/entry.nhn?docId=630773&cid=50766&categoryId=50794
19 Bernard McGuinn, *Flowering Mysticism*, 246.

그의 책에서 발췌한 항목 중에서 일부를 가져와 그들에게 적용한 것이다.[20]

에밀리 브룬은, 그러나 21명의 신학자들이 포레테를 이단으로 정죄한 기록만이 타당한 자료는 아니라는 사실에 주목해야 한다고 우리를 상기시킨다. 포레테가 체포되어 투옥되기 전 자신의 책에 대한 정통성을 입증받기 위해 신학자들만큼이나 당시 전문성을 가진 3명의 대표적인 성직자들에게 책을 보냈을 때 그 세 사람이 포레테에게 보내준 증명서 형식의 문서도 포레테의 이단성을 조사하는 유효한 근거로 제시되었어야 한다는 것을 지적한다. 포레테가 책을 보낸 세 명의 성직자는 프란시스코 수사인 요한(Friar Minor named John), 브라반트의 빌러스 수도원의 시스터시안 프랭크(Cistercian called Frank of the Abbey of Villiers in Brabant), 당시 전 파리대학 교수였던 저명한 신학자 가드프리(Godfrey of Fontaines)였으며 이들이 보낸 3장의 증명서는 매우 진지하고 신실한 어조로 쓰였으며 포레테에게 호의를 표한 매우 중요한 문서로서 포레테의 정통성을 증명하는 재판 자료로 사용되었어야 한다고 주장한다. 이에 더하여 당시 유력한 대표 성직자들이 포레테에게 보낸 증명서는 당시의 학자들 사이에서도 신비주의에 대한 이해가 서로 일치하지 않았음을 보여주는 증거라고 주장한다.[21] 3개의 증명서에 따르면, 시스터시안 사제 프랭크는 포레테 책의 정통성에 대해 주저 없이 승인했던 반면 가드프리와 요한은 책에 대해 깊은 존경과 경탄을 표현하면서도 영적으로 준비되지 않은 사람에게는 위험한 착각을 줄 수 있기에 내용을 이해할 수 있는 소수의 사람에게만 보여주어야 한다고 평했다.[22] 그러나 이 세 사람의 증명서는 재판에서 포레테의 정통과 이단을 조사하고 규명하는 증빙 자료로 사용되지 않았다.

포레테를 향한 교회와 세속 재판관들의 태도는 공정한 재판을 위해 필요한 정확한 정보를 얻는 데 별 관심이 없었던 것으로 보인다. 더욱이 위에서 말한 것처럼 포레테의 변호를 자청한 변호인을 감금하고 철회하지 않으면 처형하겠다고 위협했는가 하면, 단지 포레테를 돕고 옹호했다는 이유로 베가드[23] 소속

---

20 Ibid.
21 Emilie Zum Brunn & Georgette Epiney-Burgard, *Women Mystics in Medieval Europe*, 145.
22 Ibid.
23 베가드(Beghards)는 "남자 베긴회 수도사"를 말하며 수도회는 12세기 플랑드르에 생긴 반속 반성직(半俗半聖職)의 수도회로 여자의 Beguine회의 방식에 따라 생활하였음 http://endic.naver.com/search.nhn?sLn=kr&dicQuery=beghard&query=beghard&target=endic&ie=utf8&query_utf=&isOnlyViewEE=N&x=15&y=22

인 기아드(the Beghard Guiard de Cressonessart)는 포레테와 함께 체포되어 이단으로 정죄되었다. 그는 포레테처럼 18개월 투옥 생활을 했으며 세속 법정에 넘겨졌을 때 자신의 신념을 철회함으로 포레테와 함께 화형당하지는 않았지만, 대신 평생 감금 상태에서 살아야 하는 무기징역 형에 처했다고 기록된다.[24] 『검증하는 여인』(Proving Woman)의 저자 다이안 엘리엇(Dyan Elliott)은 자신의 책에서, 중세 시대를 통해 무엇이 이단과 정통을 나누는 주요 요건이었는지 이야기한다. 중세 시대를 거쳐 교회는 여성들의 영성에 대해 의심의 눈초리와 경계의 끈을 놓지 않았으며 점차 여성들의 영성을 범죄시하면서 그 과정에서 여성에 대한 이단 심문 규정을 강화했음을 밝힌다. 엘리엇은 감시 아래 있던 여성들이 고해성사와 같은 여러 방식으로 스스로가 정통에 속한다는 것을 증명해 보여야 했다는 점들을 지적한다. 여성비하와 열등성과 죄악성을 당연히 여기던 중세 시대에 스스로 극단의 금식이나 과도한 금욕적 생활과 엄격한 종교생활을 통해 자신의 신실함을 직간접적으로 증명해 보여야 했다는 사실 또한 지적한다. 엘리엇의 주장에 의하면 이단과 정통은 정확한 기준에 의해 이분법적으로 나누어져 있는 것이 아니라 이단과 정통을 가려내는 권력을 가진 자에게 자신이 이단이 아니고 정통임을 증명하는 데 실패하느냐 성공하느냐에 달려있었다는 것이다.[25] 이미지와 비전, 알레고리와 모순적 표현의 언어방식을 사용해 한 가지로 해석할 수 없는 다층적이며 다면적인 의미의 저작에 대해 정통과 이단으로 나누는 것은 여성인 신비가와 남성인 감시관의 친분 관계, 상황적이고 정치적인 역학 관계가 다분히 작용할 수 있음을 알 수 있다. 평소에는 무시했을 것 같은 여성신비가를 이단으로 정죄하고 화형에 처하면서, 교황과 황제의 불온한 정치적 역학관계 속에서 이를 황제가 시행했다는 사실 역시 같은 맥락에서 볼 수 있다.

포레테는 형장에서 화형당해 사라졌지만, 그의 책은 익명으로 수 세기 동안 기독교 영성가들 사이에서 유포되고 읽혔다. 원래 중세 프랑스어로 쓰인 포레테의 책은 저자가 누군지도 모르는 채 라틴어, 이탈리아어, 영어 등 4개의 지

---

[24] Emilie Zum Brunn & Georgette Epiney-Burgard, *Women Mystics in Medieval Europe*, 146.
[25] Dyan Elliott, *Proving Woman: Female Spirituality and Inquisitional Culture in the Later Middle Ages* (Princeton and Oxford: Princeton University press, 2004), 1-8.

역 언어로 번역되어 대중들에게 퍼져나갔다. 한때 익명의 저자가 여성일 것이라는 추측이 퍼지면서 이단 논란이 다시 일어났지만 1946년 이탈리아 학자 로마나 과르니에리(Romana Guarnieri)가 익명으로 알려진 그 명상집의 제목이 『소박한 영혼의 거울』이며 원 저자가 마그리트 포레테라는 사실을 밝혀냈다.[26] 책의 이름과 저자가 알려지자 학계의 관심이 포레테와 그의 책에 집중되었고 도미니크 수도회의 수도사였던 신비주의자 에크하르트가 마그리트 포레테의 영향을 많이 받았다는 학설이 정론으로 받아들여진다. 최근 신비주의에 대한 연구가 활발해지면서 이단자 마그리트 포레테의 저술에 대한 연구가 왕성하게 진행되면서 이제 정통성에 대한 다양한 논란도 제기되고 있다. 다양한 논란 가운데서도 학자들의 공유된 의견에 따르면, 마그리트 포레테는 교회 역사상 가장 부당했던 시기에 탁월한 신비적 삶을 살았던 뛰어난 신비주의 사상가라는 평가다. 자신을 지지하고 보호해 줄 제도나 교권, 그 어떤 장치도 없이 홀로 순회하며 설교했던 포레테는 뛰어난 여성신비가요 신학자였으며 그가 공공장소에서 행하는 설교와 가르침에 주목하는 대중들의 관심과 인기, 그리고 여성의 뛰어난 능력을 용납할 수 없었던 당시 가부장적 교회 권력과 정치권력에 의해 희생양이 된 베긴 여성신비가는 이단이 아닌 후대에도 큰 영향을 주고 있는 위대한 여성신학자였다는 사실에 학계에서 주목받고 있다.

마그리트 포레테의 신비주의 저술 『소박한 영혼의 거울』

『소박한 영혼의 거울』은 베긴회 소속 다른 신비가들의 작품들과 형식이나 내용에서 공통점과 차이점을 갖는다. 내용은 하나님과 인간의 사랑이 주를 이루고 있으며, 사랑의 절정으로서 신인합일(union with God)과 궁정풍의 연애라 할 수 있는 기사도적 유형의 사랑(courtly love)을 다룬다는 면에서 베긴의 대표적인 여성신비가 마그데부르크의 메흐틸드, 브라반트의 하데비치와 공통점을 갖는다. 또한 대표적인 베긴 여성신비가들의 저술 형식에서 사용되는 이미지와

---

[26] 메리 T. 말리운, 『여성과 그리스도 2』, 250.

알레고리, 의인화, 시적이고 서사적인 표현, 대화체의 표현 등 다양한 형식을 사용한다는 점에서 공통점을 갖는다. 하데비치는 편지와 시와 서사, 비전 혹은 환상 등을 혼합적으로 사용했고 메흐틸드 역시 다양한 유형을 같이 사용하는 반면, 포레테는 주로 대화체와 시적인 서사체를 사용하여 저술했다. 다른 여성 신비가들의 것과 구별되는 포레테 작품의 특이점은 책과 저자의 권위에 관한 점에서도 드러난다. 메흐틸드와 하데비치의 경우 자신의 책이 신의 직접적인 명령에 의해 저술되었다는 것을 명시함으로써 책의 기원과 목적이 신적 근원을 갖는다고 주장한다. 가톨릭교회의 공식적인 기관에 소속되지 못한 베긴 여성으로서 저술 작업을 한다는 것은 늘 감시의 위협과 정죄의 위험에 노출되었기에 저자 자신은 하나님의 명령에 따른 도구일 뿐이라는 것을 책을 통해 밝히는 것이다. 심지어 메흐틸드의 경우, 자신의 책 『하나님에게서 흘러나오는 빛』(Flowing Light of the Godhead)의 제목도 하나님이 직접 메흐틸드에게 정해주셨다는 사실을 본문에서 기술하고 있다.[27]

포레트의 책 『소박한 영혼의 거울』에는 다른 베긴 신비가들과는 달리 저술의 신적 기원과 권위가 분명하게 나타나지 않는다. 대화체로 서술된 포레테의 책에는 누가 왜 책을 썼는지에 대해서 분명하게 기술되지 않는다. 포레테의 책 서문에 책의 저자와 기원에 대해 언급되지만, 책의 주인공으로 등장하는 영혼이 자신이 썼다고 표현하는 한편, 다른 문장에서는 역시 주인공인 하나님을 암시하는 왕이 책을 직접 수여했다고 표현함으로써 누가 저자인지에 대한 표현이 모호하다.[28] 포레테는 다른 베긴 여성신비가들과는 다르게 환상과 비전, 그리고 과도한 금욕이나 고행에 대한 표현이 없으며 오히려 불필요한 것으로 표현한다. 다른 신비가의 경우 전략적 방식으로 여성을 힘없는 약자로 표현하는 반면에 포레테의 저서에는 여성을 연약한 이미지로 표현한 글들은 발견되지 않는다.[29] 포레테는 작품의 주인공인 하나님을 숙녀인 사랑(Lady Love)으로, 영혼과 이성을 모두 여성적 이미지로 표현함으로 여성으로 특징화된 젠더적인 신

---

[27] Mechthild, of Magdeburg, *The Flowing Light of the Godhead*, trans. and introduced by Frank Tobin (New York, Mahwah: Paulist Press, 1998), 39.

[28] Marguerite Porete, *The Mirror of Simple Souls*, trans and introduced by Ellen L. Babinsky (New York: Paulist Press, 1993), 80.

[29] Bernard McGinn, *Flowering Mysticism*, 247.

비주의 특성을 나타낸다. 특별히 삼위일체의 경우만 예외적으로 멀리-가까이(Far-Nigh)라는 공간적 이미지를 가진 개념을 통해 인격화하여 창조적인 언어로 삼위일체를 묘사함으로 포레테만의 신학적 특성을 나타낸다.

『소박한 영혼의 거울』은 도입부에 해당하는 프롤로그를 포함해서 140개의 짧은 장들로 구성되었다. 포레테는 프롤로그에서 하나님과 영혼의 사랑을 설명하기 위해 먼 나라의 공주와 왕의 사랑을 비유로 이야기한다. 옛날 머나먼 나라에 공주가 살았는데 어느 날 모든 것을 겸비한 훌륭한 왕 알렉산더에 대한 이야기를 듣고 그만 사랑에 빠지게 된다. 공주는 사랑하는 왕을 가장 가까운 가슴에 품을 수 있었지만, 실제 왕은 너무도 멀리 있어 만날 수도, 소유할 수도 없는 현실에 가슴 아파한다. 공주는 자기 마음을 사로잡은 왕의 모습을 상상하며 그림으로 만들어 항상 그리고 꿈에서도 사랑하는 왕을 만날 수 있다는 이야기다.[30] 이렇게 멀리 있는 왕을, 이미지를 통해 사랑할 수 있었던 공주처럼, 영혼도 사랑하는 하나님이 비록 멀리 있지만 하나님을 기억하도록 하나님께서『소박한 영혼의 거울』이라는 책을 주셨다고 말한다. 이렇게 거울의 이미지를 통해 간접적으로 하나님을 경험할 수 있지만 여전히 하나님께서는 멀리 계신다고 프롤로그에서 말함으로 포레테는 자신의 책에 대한 대략과 제목의 의미를 알리고 있다.

마그리트 포레테의 책은 하나님과의 연합을 갈망하는 사람들을 위한 영적 안내서로서, 주요 등장인물은 영혼과 사랑(Lady Love)과 이성(Reason)이며 주로 이 세 주인공의 대화로 구성된다. 책의 전체적인 내용은 죄와 짐을 짊어진 영혼이 하나님과 연합하여 합일하기 위해 상승해 가는 여정에서 영혼이 변화되어 가는 과정을 140개의 장으로 나누어 시와 산문의 형태로 묘사하고 있다. 그중 118장은 영혼이 완전(perfect)을 향하여 하나님과 일치해 가는 단계적 과정에서 일어나는 영적 여정의 일곱 단계를 간략하게 소개한다. 118장에 있는 일곱 단계를 요약해서 설명하면 다음과 같다.[31] 첫 단계에서는 하나님의 은총에 감동된 영혼이 죄의 짐에서 벗어난다. 그 후 영혼은 두려움 가운데 하나님의 모든 명령을 수행한다. 하나님이 명령한 대로 온 마음을 다해 하나님을 사

---

[30] Marguerite Porete, *The Mirror of Simple Souls*, 80.
[31] Bernard McGinn, ed. *The Essential Writings of Christian Mysticism*, 173-179.

랑하고 이웃을 자신처럼 최선을 다해 사랑한다. 두 번째 단계에서 영혼은 금욕적인 훈련 가운데 예수님을 따른다. 사랑하는 자를 위해 모든 것을 감수할 수 있는 참된 사랑으로 자신을 부인하고 고행을 감수하기에 이른다. 세 번째 단계는 영혼이 사랑을 향해 더욱 노력하는 단계로서 영혼은 완전을 향한 갈망으로 노력에 박차를 가한다. 세 번째 단계는 처음 두 단계보다 훨씬 더 어려운 단계로서 사랑을 위해 영혼이 자신의 모든 의지를 버리는 단계다. 네 번째 단계에서 영혼은 명상 가운데 사랑에 이끌려 상승하고 관상을 통해 고양되어 모든 고행과 노력이 멈춘다.

말로운의 설명에 따르면, 포레테가 열거하는 영혼과 하나님의 합일에 과정에서 네 번째 단계까지는 여느 신비주의에서 표현하는 여정과 별다른 차이가 없다는 것이다.[32] 즉, 죄에 빠졌던 영혼이 하나님의 은총으로 죄의 중한 짐을 벗은 후 하나님을 사랑하는 열망으로 그분의 마음에 합한 자가 되기 위해 노력과 고행을 거쳐 마침내 하나님과 하나 되는 최고의 경지에 이르게 된다는 전통적 신비주의의 설명과 대체로 일치를 이룬다는 것이다. 포레테의 신비주의와 전통적인 신비주의에서 주장하는 신인합일의 여정에서의 차이는 바로 포레테가 주장하는 5단계와 6단계에 있다고 한다. 포레테의 영적 여정 가운데 네 번째 단계에서 이루어지는 신인합일의 경지, 곧 사랑의 깊이에 푹 잠긴 영혼이 사랑과 하나 되어 황홀경에 빠지는 그 단계가 바로 전통 신비주의가 목표로 삼는 "사랑하는 이와 사랑받는 이의 두 의지가 한데 모여 사랑의 합일이라는 최고의 경지"에 도달함으로 영적 여정이 완성되는 것이다.[33] 전통적인 신비주의의 영적 여정은 이렇게 신인합일의 무아경의 이름으로 완성이 되지만 포레테의 여정은 넷째 단계에서 멈추지 않고 일곱째 단계까지 계속 이어나간다. 따라서 21명의 교회 신학자들이 포레테의 책에서 오류와 잘못된 가르침이라고 지적하여 이단으로 정죄한 요소들은 바로 네 번째 단계를 넘어서 있는 그 이후의 단계, 곧 전통적 신비주의의 범주를 넘어선 단계에서 발견되었다는 사실을 알 수 있다. 이어서 다섯째 단계에서부터 마지막 7단계까지 이르는 포레테의 영적 여정으로부터 교회 재판위원회 신학자들이 이단적 요소로 뽑아 정죄한 요

32　메리 T. 말로운, 『여성과 그리스도교 2』, 257.
33　Ibid.

소는 "도덕폐기론", "정적주의", 그리고 "범신론"이었다. 이 부분에 대해 더 자세히 고찰해 보도록 하겠다.

마그리트 포레테의 혐의:
도덕률폐기론자, 정적주의자, 범신론자

21명의 파리대학 신학자들이 포레테의 『소박한 영혼의 거울』에서 찾아낸 이단적 요소는 도덕폐기론(antinomianism), 범신론(pantheism), 신화(deification) 등이었다. 이러한 이단적 요소를 지적한 항목들이 15개의 리스트 가운데 첫째 항목과 열다섯째 항목의 두 개의 명제가 공식적인 기록으로 남아있다. 첫 명제에 따르면, 소멸된 영혼은 모든 덕행에서 벗어나게 되며, 더 이상 덕행을 지켜야 할 의무가 있는 것이 아니라 오히려 덕행이 영혼을 섬겨야 하기에 영혼이 도덕적 행위에 매여있을 필요가 없다. 열다섯째 항목에는 영혼은 더 이상 하나님의 위로나 선물을 갈망하지 않는다. 영혼은 전적으로 하나님께 몰입되어 있기에 하나님께 위로와 은총의 선물을 요구할 수 없다.[34]

말리운은 재판 조사관들이 이단적인 요소로 지적하는 도덕폐기론, 정적주의, 범신론적 요소들이 모두 포레테의 영적 여정 다섯째 단계와 여섯째 단계에서 발견된다고 지적한다. 포레테의 영적 여정 다섯째와 여섯째, 그리고 일곱째 단계의 핵심적 내용을 담은 118장을 정리하면 다음과 같다: 다섯째 단계에서 영혼은 영혼 자신을 포함한 모든 존재의 근원이 되시며 스스로 존재하는 하나님이심을 깨달으며 영혼 자신의 비참함도 알게 된다. 하나님께서 자신의 선하심으로부터 신성의 빛을 영혼에 부어주심으로 영혼은 자신의 의지가 근원적으로 하나님으로부터 비롯되었음을 알게 되고 또한 자신의 의지가 근원으로부터 멀어졌음을 보게 된다.[35] 이제 영혼의 의지는 본래의 자신이 비롯된 하나님의 완전한 의지로 순복하고 용해된다(dissolves). 이제 영혼은 하나님의 풍성한

---

[34] Winfried Corduan, "The Gospel According to Margaret" *Journal of The Evangelical Theological Society*, 35/4, (December 1992), 519.

[35] Marguerite Porete, *The Mirror of Simple Souls*, 191.

이해 가운데 자신이 "시작도 끝도 없는 무한한 심연"의 무(nothingness)의 가운데 있음을 보게 된다. 영혼은 자기 존재의 끝없는 죄의 심연, 비참함의 무한한 깊이 속에서 "진실로 태양과 같이 가장 높은 분의 선함"을 보게 된다.[36] 곧 죄의 심연의 깊이에서 하나님의 최고 선함을 보게 된다는 것을 말한다. 하나님의 선하심은 영혼을 이끄시고 변화시키며 하나님의 선하심으로 연합시키신다. 이제 영혼은 하나님의 선하심으로 변형되어 모든 것(All)이 되고 그래서 무(Nothing)가 된다. 무는 모든 것의 무다.[37] 영혼은 자신의 의지와 욕망이 없어지고 덕행으로부터 자유롭다. 이제 영혼은 모든 것에 뛰어난 새로움을 통해 자유로운 존재가 된다.

여섯째 단계에서 영혼은 더 이상 비참함 때문에 자신을 돌아보거나 하나님의 선하심 때문에 하나님을 보지 않는다. 하나님은 영혼 안에서 하나님 자신을 보게 되며 영혼은 자신 안에서 자신이 아닌 영혼의 근원이며 모든 것의 근원이신 하나님을 보게 된다. 이 단계에서 영혼은 자유로우며 순수하고 정화된 영혼이 되어 영혼은 사라지고 오직 하나님만이 존재한다. 하나님은 선함이며 선함은 곧 하나님이다. 이제 하나님의 빛과 선함으로 정화된 피조물 속에서 하나님은 하나님 자신을 본다. 이 모든 것이 아직 영화(glory)의 단계는 아니다. 사랑이 우리에게 주는 영원한 영화(eternal glory)가 일곱째 단계에서 이뤄진다. 그러나 우리의 영혼이 육신을 떠날 때까지는 이해하지 못한다.[38]

이단적 요소로서 '도덕폐기론'에 대한 주장은 다섯째 단계에서 영혼이 소멸되어 무의 경지에 이르며 영혼 자신의 의지를 창조주 하나님의 의지에 순복함으로 하나님의 의지만이 남는다는 주장을 문제 삼은 것에서 기인한다. 비록 영혼은 넷째 단계에서 이성과 함께 모든 노력과 고행을 통해 도덕률과 덕행을 수행하여 완전에 이르도록 매진하지만 이제 다섯째 단계에 이른 영혼은 자신의 의지가 소멸되어 하나님의 의지에 승복되고 무화되자 이성은 사랑에 승복하여 떠나가고, 영혼은 더 이상 인간의 인식에 근거한 도덕률과 덕행에 매이지 않고 자유롭다는 주장이다. 포레테가 여섯째 단계에서 주장하는 부분에 대해 재판

36　Marguerite Porete, *The Mirror of Simple Souls*, 192.
37　Ibid., 193.
38　Ibid., 194.

관들은 오류가 가득한 잘못된 가르침이며 이단적이라고 지적한다.[39] 특히 85장에서 포레테는 영혼에게 사랑이 선포하는 말씀, 곧 하나님의 말씀을 선포한다. "영혼은 더 이상 하나님을 고행을 통해서도, 거룩한 교회의 성례전을 통해서도 찾지 않으며; 사유와 언어와 업적을 통해서도 하나님을 찾지 않으며; 이곳 땅의 피조물이나 상공의 피조물을 통해서도 찾지 않으며; 정의나 자비나 영광 중의 영광을 통해서도 하나님을 찾지 않으며; 신적 이해나 신적 사랑이나 신적인 찬양을 통해서도 하나님을 찾지 않는다." 마치 교회의 모든 성례전이나 선행을 통한 업적, 모든 신적 중재자를 무용화시키는 것 같은 책의 내용에 대해 교회 재판관들은 포레테를 "도덕률폐기론자"로 정죄했다는 것이다.

이성과 사랑의 이분법적 대립 가운데 포레테는 87장에서 처음도 끝도 한계도 없는 사랑을 선포하는 한편 또한 이성의 죽음을 선포한다. 사랑이 지배하는 위대한 교회로서의 거룩한 교회(Holy Church the Great)와 이성이 지배하는 유아적 교회로서의 거룩한 교회(Holy Church the Little)의 대조[40], 그리고 행위의 업적에 의한 구원과 오직 믿음으로 얻는 자유 구원(free-salvation)의 대조 등[41] 포레테는 다양한 주제를 이러한 이분법적 대조의 형식을 통해 가톨릭교회의 위계적인 지배적 구조를 마치 전복하는 듯 묘사한다. 또한 이성과 신앙을 조화하려는 스콜라 신학을 직접적으로 반대하는 듯, 오직 사랑에 의해서만 하나님에 대해 알 수 있다는 직관적 인식을 주장함으로써 이성의 결핍과 한계를 지적한다. 가시적 교회와 그 교회를 지지하는 성례전, 그리고 그 체제를 옹호하는 이성 중심의 스콜라 철학에 대해 반박하는 듯한 포레테의 주장은 당시 교회 체제의 실권자들이었던 종교재판관들과 21명 신학자들의 감정을 자극하였을 것이며 이로 인해 포레테가 이단으로 정죄됐을 것이라는 사실도 짐작할 수 있다.

자신의 의지가 하나님의 의지로 흡수되고 사랑이신 하나님 안에서 무가 될 때 삼위일체의 하나님이 영혼의 빈자리를 채우고 충만한 신성으로 채워진 영혼은 이제 신적인 존재로 고양된다. 순박한 영혼은 오직 하나님만을 비추는 거

---

[39] Ibid, 156-167. 포레테의 책이 첫 단계에서 일곱 단계에 이르는 과정을 순서대로 집필한 것은 아니다. 다섯째 단계에서 이루어지는 영혼과 이성의 변화, 의지의 순복, 영혼의 무화 등 포레테의 상세한 내용이 58장, 81장에서부터 85장에 잘 설명되어 있으나 이 부분에만 한정된 것은 아니다.
[40] Marguerite Porete, *The Mirror of Simple Souls*, 122-123. (43장)
[41] Ibid., 186-188. (117장)

울이 되며 하나님은 영혼에게서 오직 하나님만을 보며 하나님 안에서 영혼은 오직 하나님 자신만을 보게 된다. 영혼은 이제 창조되기 이전, 영혼의 본래 모습 곧 삼위일체 하나님의 모습으로 돌아가는 것이다. 따라서 본래적 영혼의 모습인 신성에로 돌아간 영혼은 깊은 평화의 상태 이른다. 포레테의 책 67-68장에서 설명하는 포레테의 신성화 혹은 신화(deification) 묘사는 정적주의에서 주장하는 영혼의 내적 신의 모습이 가톨릭교회에서 가르치는 그 하나님과는 다르다는 이유로 포레테를 정적주의자라 규정했다는 사실 또한 알 수 있다. 또한 포레테의 내적 신과 영혼의 일치에 대한 주장은 가톨릭 스콜라주의 신학, 서방 전통신학에서 강조하는 신과 인간의 질적 차이, 곧 신과 인간의 건널 수 없는 경계를 지워버린 주장으로 종교재판에서 이단으로 의심하는 요소가 된다.

자유영의 형제단이라는 이단과 연결하여 교회 재판관들이 포레테를 정죄하는 다양한 요소들 가운데 도덕률폐기론자, 정적주의자에 더하여 범신론자라는 신학적 문제가 제기된다. 신인합일의 신비체험을 표현하는 신비가들의 언어적 특성상 신학적으로 오해받고 혹은 정치적으로 이용당할 가능성이 있는 요소들이 있다. 완전을 향한 신인합일의 여정 가운데 다섯째 단계와 여섯째 단계에서 영혼이 소멸되고 무화되어 하나님께 흡수되어 신성으로 고양되는 과정을 묘사하는 표현에서 포레테가 모든 피조물을 신과 동일시하는 범신론적 요소를 주장하고 있다고 지적하며 이단으로 정죄한다.

다양한 해석이 가능한 신학적 용어와 이미지들을 오류가 가득한 잘못된 가르침으로 몰고 위험한 사상으로 판단해 이단으로 정죄하는 표면적 이유들의 이면에는 복잡한 종교적 정치적 이유가 있다는 것을 위에서 살펴보았다. 권력을 가운데 두고 교황과 황제의 예민한 긴장 관계에서 정치적 희생이 되어 이단의 이름으로 척결되는가 하면, 교권과 세속권력에 도전이 되는 사상이나 인물 역시 종교적 이유로 포장되어 정죄된다는 것도 익히 알려진 친숙한 이유다. 그럼에도 불구하고 포레테의 신비사상이 전통적인 신비사상과 구별되는 독특한 점들을 엮어 도덕폐기론자, 정적주의자, 혹은 범신론자로 정죄하는 명목상의 이유는 바로 포레테가 제시하는 신인합일의 여정에서 다섯째 단계와 여섯째 단계에 대한 기술 때문이다. 앞서 지적한 것처럼 전통주의의 신비적인 여정이 신인합일의 무아경에서 종결되는 반면 포레테에게는 그 단계가 단지 네 번째 단계에서 일어나는 사건일 뿐이라는 점이다. 전통신비주의 이해에서는 도저히 현 세계에서 일어날 수 없는 현상, 곧 천상에서나 일어날 수 있는 신비체험인 신화, 영화 등의 체험을 포레테는 바로 지상에서 일어나는 경험으로 기술하고 있기 때문이다.

마그리트 포레테를 위한 신학적 변증:
"자기소멸(Annihilation)" "신화(Deification)"의
부정신학적 인간학

마그리트 포레테의 이름을 그림자처럼 따라다니는 명예롭지 않은 이름은 지적한 바대로 이단으로 알려진 신비주의 종파의 하나인 자유영의 형제단(Brethren of the Free Spirit)[42]이다. 도덕적 규범, 종교적 율법을 초월한 종교적 자유와 개인주의적 신앙을 강조하는 이단 종파로 알려진 자유영의 형제단은 12세기와 13세기의 북부 유럽을 강타한 막강한 이단으로, 당시 교회 권력은 물론이고 세속권력에도 상당한 도전이 되었다고 알려진다. 마그리트 포레테가, 가톨릭 종교재판이 정죄한 것처럼, 자유영의 형제단의 주요 인물로서 그 교리를 적극적으로 선교한 이단이었는지 아니면, 베긴 여성신비가로서 베긴 공동체의 독특한 신비신학을 이어받고 발전시킨 신학자인지에 대해서는 논란이 분분하다. 마그리트 포레테의 책을 번역하고 도입 부분을 쓴 엘렌 바빈스키(Ellen L. Babinsky)는 최근 등장한 포레테의 연구를 소개하면서 마그리트 포레테가 "자유영의 형제단이라는 이단의 중요한 인물 중 한 사람이었다는" 연구 결과를 소개한다.[43] 그러나 바빈스키와는 다른 입장에 서 있는 학자들은 바빈스키의 주

---

[42] 인터넷 종교학 대사전에는 "자유심령 형제단"(Brethren of the Free Spirit)으로 번역되었으며 포레테가 속한 베긴과의 관계를 포함하여 다음과 같이 간단히 설명하고 있다. "유럽 중세의 이단 집단. 영어로는 Brethren of the Free Spirit라고 한다. 13세기 초부터 15세기 중반에 이르기까지 프랑스, 독일, 이탈리아 등에 빈발한 이단설을 받들었다. 〈자유심령〉이라는 것은 신과의 신비적인 합일을 수행한 종교적 달인이 모든 외재적 구속에서 자유분방하게 행위할 수 있다고 주장한 것에 의거한 것이지만 이 말은 대부분의 경우 동시대에 있어서는 비난을 위한 타칭으로서 이용되며, 도덕적 일탈이 지표로서 이야기되고 있다. 집단조직으로는 베긴회를 당초 주된 모체로 한다는 설이 있는데, 보다 다양한 집단에 의거했다고 보는 것이 정확할 것이다. 신비적 합일이나 신교적 결사의 예는 13세기에도 있는데, 교회 당국에 의해서 이단으로서 두려워하게 된 것은 14세기 초, 비앤누 공의회(1311~12) 전후의 일로, 이 세기가 최성기였다. 그러나 집단간에 연합관계는 보이지 않으며, 연구자에 따라서는 〈자유심령파〉라는 것은 실질을 가진 집단이 아니라 타칭으로서의 일반 명칭이라고 주장하는 자도 있다." http://terms.naver.com/entry.nhn?docId=630773&cid=50766&categoryId=50794

[43] Marguerite Porete, *The Mirror of Simple Souls*, 5.

장을 반박하면서 그와는 다른 자신들의 다양한 입장을 주장한다.

후안 마린(Juan Marin)은 『소박한 영혼의 거울』에서 마그리트 포레테가 중요한 신학적 개념으로 사용하는 "자기소멸(Annihilation)" "신화(Deification)"의 개념과 상징적 이미지들을 분석하면서 포레테의 신비사상은 이단 자유영의 형제단의 도그마에서 개념을 차용한 것이 아니라 베긴 여성공동체의 신비가들이 독특하게 사용한 신학적 개념이라고 주장한다. 후안 마린은 자기소멸과 신화의 개념은 베긴 신비가 공동체의 풍요로운 상상력의 산물이며 이를 기초로 마그리트 포레테가 독창적으로 발전시킨 신학임을 주장한다. 포레테의 신학에 대한 다양한 논쟁 중 후안 마린의 주장에 동의하면서 마그리트 포레테가 자유영의 형제단이 아닌, 베긴 공동체의 독특한 부정신학을 발전시킨 신비주의 신학자임을 주장한다.

무한한 하나님의 신비, 그 어떤 언어와 상징, 개념과 이미지로도 다 표현할 수 없는 하나님의 신비와 신비 자체이신 하나님과의 신비적 일치를 설명할 수 있는 언어적 표현이 없다는 깊은 인식에서 나온 신학적 방법이 바로 부정을 통한 신학, 곧 부정신학(apopathic theology)이다. 다시 말해 부정신학이란 모든 언어적 표현이나 묘사는 언어 자체적인 한계로 인해 신비이신 하나님을 범주화시키고 한정시켜 더 이상 하나님이 아닌 하나의 존재자로 환원시킨다는 우려에서 나온 신학적 이해다. 곧 "신비는 명쾌한 이미지나 개념들로는 결코 신비 자체를 표현할 수 없다"[44]는 의미를 담지한다는 의미에서의 부정신학인 것이다. 긍정신학의 한계를 부정하고 넘어서는 부정신학이 동방에서는 익숙한 반면, 서방에서 부정의 방법을 매개한 부정신학을 구성한 신비가는 마그리트 포레테라는 것이다. 말할 수 없는 하나님에 대해 말해야 하는 운명을 지닌 학문이 신학이라고 한다면, 언어적으로 표현할 수 없는 하나님을 언어로 표현할 때 그 표현을 다시 부정함으로써 하나님을 긍정하는 신학적 방법으로 신비신학을 구성한 인물이 바로 마그리트 포레테이며 그가 『순박한 영혼의 거울』에서 사용하는 신학적 방법이다. 따라서 포레테의 책에는 본질주의적 실체, 본질, 범주화를 부정하는 용어들, 곧 소멸, 무, 심연, 유동성이라는 언어와 표현이 매

---

[44] 윌리엄 존스턴, 『신비신학: 사랑학』 이봉우 (서울, 분도출판사, 2007), 39.

우 많이 사용되는 핵심적인 신학적 개념이다.

마그리트 포레테를 비롯한 마그데부르크의 메흐틸드와 같은 베긴 여성신비가들의 신비신학의 특성은 전통적인 신비신학과는 다른 베긴 여성신비신학의 특성을 갖는다. 위에서 설명한 것처럼 전통신비신학에서의 신인합일 체험은 비록 하나님과 하나로 연합하는 신비체험이라고 할지라도 그 가운데서도 신과 인간의 구별이 없어지지 않고 여전히 신과 인간의 질적 차이가 있다는 것이다. 그러나 전통 신비신학과는 달리 베긴 여성신비가들의 독특한 신인합일 체험은 신비체험 가운데 신인의 질적 차이나 구별이 없이 완전히 인간의 영혼이 신성 안에서 변형되고 변환된다는 특성을 갖는다는 사실이 지적된다.[45] 후안 마린은 메흐틸드와 베긴 신비가들이 신인합일을 표현하기 위한 이미지들 가운데 "심연(the abyss)" "대양(the ocean)" 같은 상징은 교부들이 먼저 사용한 이미지이지만 베긴 여성신비가들이 자신들의 심오하면서도 전형적인 이미지로 특성화시켰다고 말한다. 마그리트 포레테 역시 다른 베긴 신비가들이 사용하는 이미지와 상징을 함께 공유하지만 "자기소멸(annihilation)"과 같은 개념은 베긴 신비가들도 사용하지 않는 독특한 포레테의 독창적인 신비주의 신학적 개념이라고 말한다.[46] 후안은 포레테 신학의 연구자인 조앤 맥과이어 로빈슨의 표현을 소개한다. "마그리트 포레테의 '영혼의 소멸'의 교리는 포레테 이전에는 주류 신학적 가르침에서는 결코 사용되지 않았던 가르침으로서 하나님과 영혼 사이의 가능한 관계에 대한 매우 심오한 통찰을 드러낸다"고 말한다.[47] 포레테가 독창적으로 사용하는 '영혼의 자기 소멸'이라는 표현은 실체화를 부정하는 부정신학적 표현이라고 할 수 있다.

마그리트 포레테는 자신의 독특한 영혼의 '자기소멸 개념'을 특별한 이미지와 은유를 통해 심화시킨다. 이 논문의 위의 장에서 설명한 것처럼 신인합일의 여정 중 다섯째 단계와 여섯째 단계에서 집중적으로 사용되는 이미지로서 "심연"과 "강물"과 "바다", 그리고 "녹는" "흐르는" "용해되는" 등으로 표현되는 "유동적인 액체 이미지"를 통해 표현함으로써 영혼의 '자기소멸'에 대한 통찰

---

[45] Juan Marin, "Annihilation and Deification in Beguine Theology and *Marguerite Porete's Mirror of Simple Souls*", *Harvard Theological Review*, 103:1 (2010), 91.
[46] Ibid., 91.
[47] Ibid.

이 깊어진다. 후안 마린은 이와 같은 유동적인 액체 이미지가 베긴 여성 영성에서 공유되는 이미지였을 것이라고 주장하며 비록 기록된 자료가 많지 않을지라도 적어도 구두로 상용되던 전통적인 이미지였을 것이라고 지적한다.[48] 포레테는 영혼의 자기소멸을 심화시켜 설명하기 위해 유동적인 이미지, 액체의 이미지를 사용하여 신인합일의 상태를 섬세하게 묘사하고 있다. 영혼의 의지가 하나님의 의지에 순복하고 용해되어 시작도 끝도 없는 무한한 심연으로 침잠하듯이, 마치 샘물이 강으로 흘러가고 강물이 다시 바다로 흘러가 용해되어 바닷물이 되듯, 그렇게 영혼은 사랑이신 하나님 안에서 용해되고 흡수되어 소멸한다는 것이다. 이에 상응하는 교부들의 신학적 개념이 없다는 것이 아니라, 교부들이 사용하는 전통적인 철학적이고 신학적인 개념들이 베긴 여성신비가들에게 이르러 자국어를 통한 베긴들의 독특한 유동적인 액체 이미지로 특성화되었다는 것을 의미한다.

다시 말해, 전통 신학에서 신학자들이 신인합일을 표현하기 위해 은유와 액체 이미지를 사용할지라도 포레테를 비롯한 베긴 여성들이 유동적 액체 이미지를 사용하여 표현하는 것과는 차이가 있다. 예를 들면, 하나님과 영혼의 합일에서도 서로 다른 "두 개의 본질이 혼합되는 것은 아니라는 것"이다. 마치 그리스도에게서 신성과 인성이 혼합되지 않은 것처럼 비록 영혼의 의지가 하나님의 의지로 순복하고 용해되더라도 두 본질이 혼합되어 하나가 되는 것은 결코 아니라는 의미다. 신인합일을 통한 신화 곧 신성화가 될지라도 신인의 본성은 여전히 분리할 수 있으며 "의식은 제거될지라도 존재론적 실재는 구분"될 뿐만 아니라 영혼이 신성화되는 되는 것은 본성의 신성화가 아니라 단지 "은혜"로 말미암은 것임을 의미한다.[49]

실제로 중세 신비주의 신학에서 물방울의 은유는 이단과 정통을 나누는 매우 중요한 척도였으며 따라서 논쟁의 중심이 되는 이미지였다. 이단 논쟁에 있어 물방울의 액체 이미지가 중세의 신학 논쟁을 통해 어떻게 확장되었는지에 대해서는 로버트 러너(Robert Lerner)가 그의 연구를 통해 상세하게 설명한다.[50]

---

[48] Ibid., 93.
[49] Ibid., 95.
[50] Robert Lerner, "The Image of Mixed Liquids in Late Medieval Mystical Thought", *American Society of Church History*, Vol.40, (Dec. 1971), 397.

마치 물 한 방울이 커다란 와인 잔에 떨어져 물이 와인 속으로 용해되고 섞여서 비록 물방울이 와인 속으로 사라지고 와인의 풍미와 와인의 색깔로 변형될지라도 그 물의 본질 혹은 실체는 여전히 남는다는 것이 전통 신비주의 신학자로 인정받는 클레르보의 베르나르드의 신학적 입장이라는 것이다. 같은 방식으로 영혼이 신의 사랑 가운데 잠기고 그 사랑 가운데 철저히 사라지고 신의 의지와 신의 능력 심지어 신의 영광 가운데 변형되고 하나로 연합될지라도, 인간 영혼의 본질과 신의 본질은 구별되어 남는다는 것이 정통적 주장이 된다. 이렇게 같은 물방울의 이미지, 그리고 유동적인 액체 이미지를 사용하고 적용할지라도 그 내용과 해석에서는 정통과 이단의 경계로 선명하게 나뉘고 있음을 설명한다.[51]

러너는 포레테의 신인합일의 영적 여정을 설명한 일곱 단계는 표면상 전혀 문제 될 것이 없어 보인다고 말한다. 러너는 그러나 포레테가 연합되고 합일된 영혼과 사랑은 하나이며 결코 둘이 아님을 밝히고 있다는 점을 지적한다. 즉 포레테에게 "혼합된 액체의 이미지"에서 물방울은 와인 속으로 들어가 혼합되고 흡수되어 물은 완전히 사라지고 오직 와인만 남게 된다는 것이다. 이에 더하여 러너는 여기서 한 가지 중요한 사실이 있음을 상기시킨다. 곧 혼합된 액체가 완전히 사라지고 와인만 남는 현상이 발생하는 그 장소가 어디인지가 중요하다는 것이다.[52] 신인합일이 이루어져 모든 것이 사라지고 신만 남는 현상이 죽음 이후의 천상의 세계에서 발생한다면 도덕률폐기라는 문제가 제기되지 않기에 정통인 반면, 현 세계에서의 완전한 소멸, 그리고 신화되고 영화된다는 주장은 현실에서 교회 성례전의 역할이나 도덕법칙을 폐기하는 위험한 이단의 가르침이 된다는 사실을 지적한다. 따라서 러너는 포레테의 완전한 자기 소멸과 완전히 하나로 일치된 신인합일의 신화를 지적하여 자유영의 형제단의 이단과 연계되어 있다고 판단한다.

그러나 후안 마린은 러너가 해석하는 포레테의 자기소멸과 신화에 대한 이해에 동의하지 않으며 메흐틸드와 하데비치 같은 베긴 신비가들의 공유되는 신비사상을 근거로 포레테가 주장하는 영혼의 '자기소멸'과 '신화'가 러너가 지적하

---

[51] Ibid.
[52] Ibid., 400.

는 것처럼 영혼의 상실과 도덕률을 폐기하는 그런 신화가 아니라고 주장한다. 후안 마린은 포레테가 기술한 "영혼은 완전한 하나님과의 일치를 얻기 위해 무의 심연으로 침잠한다(sink)"는 사실을 강조한다.[53] 완전한 하나님과의 일치를 의미하는 소멸과 신화가 의미하는 바는, 물이 흘러 강물이 되고 다시 흘러 원래의 자리인 바다로 돌아간다는 '유동적 액체 이미지'를 사용하여, 영혼의 본래 자리 곧 창조되기 이전의 본래 영혼의 모습으로 돌아간다는 것을 지적한다. 즉 영혼이 자신의 의지를 하나님의 의지에로 굴복하고 소멸하여 하나님과 연합되고 합일함으로, 태초의 하나님의 형상 곧 삼위일체의 형상을 얻음으로써 신화한다는 사실을 주장한다는 것이다. 포레테는 곧 하나님과의 합일의 신비체험을 자기소멸이라는 부정신학의 언어로 표현함으로써 실체적 존재론에 근거한 '존재신론(onto-theo-logy)의 한계'를 극복하고 있다는 사실을 발견할 수 있다.

영혼의 자기소멸을 통한 무화(無化)가 이루어진 영혼은 하나님과 연합함으로 인해 다시 영혼의 본래적 자기, 곧 삼위일체 하나님 형상으로 회복함으로써 부정을 통한 긍정이며 긍정을 다시 부정하는 이른바, 이중 부정(double negation)을 통한 부정신학(negative theology)적인 인간론으로 해석할 수 있다. 완전한 소멸을 통해 무(nothingness)가 되고 무 가운데 태초 이전에 영혼의 본래 자리로 돌아감으로써 삼위일체 하나님의 형상으로 회복되는 것은 종교재판관들이 정죄한 도덕률폐기론, 범신론적 신화로 귀착되는 것이 아니라 율법이나 도덕적 의무에 감금된 신앙생활에서의 해방을 말하고 있다는 것이다. 마그리트 포레테의 부정신학적 방법론을 통한 영혼의 자기소멸과 신화로써 하나님 형상의 회복은 이제 율법의 노예로 율법의 짐을 걸머지고 사는 사람이 아니라 오직 사랑의 법에만 순복하는 영혼, 곧 사랑으로 사는 사람이다. 마그리트 포레테는 비록 억압받고 열등한 존재로 사회가 각인시키고 이단으로 정죄된 비천한 여성일지라도 하나님과 합일되는 영적 여정에서 영혼의 자기소멸을 통해 완전한 두가 되고 무의 심연 가운데 하나님과 합일됨으로 본래의 자기 모습, 곧 삼위일체 하나님 형상으로 회복됨을 주장하는 부정신학적 하나님 형상의 신학을 그려내고 있다. 사람이 안식일을 위해 있는 것이 아니라 안식일이 사람을

---

[53] Juan Marin, "Annihilation and Deification in Beguine Theology and Marguerite Porete's *Mirror of Simple Souls*", 99.

위해 존재하는 것처럼 사람이 도덕과 의무의 법률에 노예로서 섬기는 것이 아니라 도덕률과 의무가 하나님의 사람에게 봉사하는 것처럼 오직 사랑이신 하나님만 계시며 사랑의 법만 지배하는 성숙한 실체론(substantialism)적이고 본질주의(essentialism)적인 사유의 한계를 극복한 부정신학적 인간론이 바로 위대한 베긴 여성신비가이자 제3의 신학자로서 마그리트 포레테의 하나님 형상의 신학적 인간론이다.

교권과 정치권의 권력 투쟁에 희생양이 되어 이단자로 낙인찍힌 마그리트 포레테의 정체성은 하나님과의 합일을 통해 희생양이자 피해자, 그리고 이단자로서의 포레테는 소멸되고, 하나님과의 합일을 통해 하나님이 창조하신 본래 인간, 하나님의 자녀, 하나님의 형상으로서의 포레테로 회복된다. 서방 유럽 기독교의 전통적인 신비주의의 영적 여정은 네 단계에서 멈추지만, 포레테는 영적 여정을 일곱 단계까지 기술한다. 정통적인 신비주의의 영적 여정의 한계는 네 번째 단계까지였고 포레테는 그 이상의 단계를 상정하고 있다. 이로써 정통신비주의와 포레테의 신비주의가 상정하는 가능성의 단계에는 차이가 있음을 알 수 있다. 정통적인 신비주의는 인간의 실존에서 실천할 수 있는 단계를 4단계로만 한정하며 정통의 영역으로 규정했다면, 포레테는 인간의 실존 영역을 넘어선 단계를 기술한 것임을 알 수 있다. 목적을 향한 모든 여정이 점진적인 과정으로서 단계를 거쳐 목적지로 향한다면 그 목적지가 어디인지에 따라 과정에서의 변화와 변형, 그리고 변혁도 불가피하다. 하나님과의 연합을 향한 영적 여정은 신비의 과정이며 그 과정은 시간적인 지속과 순간적인 차원이 함께 연합된 과정이라고 생각할 수 있다. 하나님과의 연합이라는 영적 여정은 실존의 영역을 넘어 종말론적인 목표로서의 하나님과의 연합이라고 할 때 시간과 영원이 잇대어 있는 영원한 순간(eternal now)에서 이루어질 수 있는, 인간의 의지적 선택의 차원을 넘어서는 하나님의 은혜와 신비의 차원임을 알 수 있다. 존 웨슬리의 성화의 단계에서도 온전한 성화를 이루기 위해 단계적 과정을 거치며 마침내 종말론적 목표, 목적으로서의 최종적인 완전, 곧 영화라는 순간적 역사를 이룰 수 있다. 존 웨슬리와 마그리트 포레테가 만날 수 있는 지점이다.

감리교의 창시자 존 웨슬리를 이단으로 정죄할 수 없는 것처럼 마그리트 포레테의 신학이 이단이 아님을 변증한다. 21명의 신학자와 성직자들은 포레테의 변호인단이 아닌 이단 정죄를 목적으로 한 이단 감독관들이었다. 포레테의 신학을 변호하고자 자청했던 한 사람마저 구금당했을 때 포레테의 신학을 변호하고 변증할 사람이 단 사람도 없었으며 포레테 자신도 자신의 신학을 변호할 수 없었다. 21명의 이단 심사위원회, 그리고 최종 재판에 참여한 교회 권력자와 정치적 권력자 모두 포레테의 신학이 이단인지 아닌지의 진실 여부에는 관심이 없었고 포레테를 이단으로 규정하고 화형하는 것에만 관심이 있었다. 포레테를 더 이상 실체적 본질주의의 한계에 갇힌 당시 가톨릭교회의 신학자들, 성직자들이 선고한 이단자로 규정할 수 없다. 이단을 척결하기 위해 때로 이단을 만들어야 했던 당시의 부패한 이단 심문관들에 의해 희생자가 되어야 했던 마그리트 포레테는 부정신학에 근거한 독창적인 신학적 인간학을 주장한 위대한 제3의 신학자다. 슐람미스 샤하르(Shulamith Shahar)는 포레테의 신학을 이렇게 평가했다.

> 그녀(포레테)는 영혼을 하느님과의 합일로 이끄는 은총의 일곱 단계를 묘사했다. 그 마지막 단계에는 내세에서야 비로소 도달할 수 있다. 여섯 번째 단계에서 해방된 영혼은 천사들과 비슷하며, 아무것도 그들의 사랑을 하느님의 사랑에서 갈라놓지 못한다. 해방된 영혼은 어디로 돌아서건, 심지어 자신의 자아 안에서도 하느님을 보게 된다. 해방된 영혼은 미덕들과 구분되지만, 미덕들은 투쟁 없이도 그 영혼의 일부이다. 영혼은 미덕들의 주인이다. 그것은 더 이상 설교나 성사나 교회를 필요로 하지 않는다. 그러나 마르그리트는 기존 방식에 의한 구원의 가능성도 인정했으며, 그녀의 저작이 정통으로 간주되었던 다른 신비가들의 저작보다 더 많은 이단적 사상을 담고 있었는지 의심스럽다. 그녀의 재판관들은 이단 재판관들이 문맥에서 떼어내 제출한 대목들밖에 읽지 않았다. … 마르그리트는 수녀가 아니라 베긴 여신도였고 베긴회에 대한 교회의 입장은 모호한 것이었다.[54]

도덕률폐기론자, 범신론자, 정적주의자, 자유심령파의 우두머리 등 이단의

---

54 슐람미스 샤하르, 『제4신분 중세 여성의 역사』 (파주, 2010), 131.

갖가지 명목으로 정죄당하고 화형당한 베긴 여성신비가 마그리트 포레테의 삶과 신비주의 신학을 살펴보았다. 이단으로 정죄되어 화형으로 종결된 종교재판에 관한 기록과 포레테의 유일한 저서『소박한 영혼의 거울』이 우리가 마그리트 포레테에 관해 알 수 있는 자료의 전부다. 공동체에 정착하지 않고 홀로 순회하며 가르치고 설교하던 베긴 여성신비가 한 명을 조사하고 정죄하는 데 당시 내로라하는 21명의 신학자가 파견되고 최종 판결에 황제와 교황이 관여한 표면적 이유 이면에 숨겨진 정치적 원인도 살펴보았다. 저자와 함께 화형당한 책『소박한 영혼의 거울』은 살아남았고 익명으로 많은 영성가와 신학자들에게 회자되었으며 최근 들어 마그리트 포레테 연구가 학계에서 활발하다.

때로 탁발하면서 떠돌이로 가르치고 말씀을 전했던 베긴 여성신비가요 설교자이며 신학자였던 마그리트 포레테는 교권과 정치권의 야합 속에서 너무도 무참하게 희생양이 되었다. 비록 오랜 시간이 걸렸지만, 시대를 거슬러 14세기 종교재판의 법정에 이단자라는 낙인으로 피고인으로 선 마그리트 포레테의 옆에서 한 명의 변호인이 되어 위대한 제3의 신학자, 베긴 여성신비가 마그리트 포레테의 부정신학적인 신비신학은 시대를 앞선 독창적인 하나님 형상의 인간학이라고 변증하고자 시도했다. 역사는 계속되고 역사의 법정에서 새로운 판결은 계속되고 있다.

남성 사제들이 쓴
성인전기의 행간 읽기

베긴 여성신비가들의 젠더 신비주의

2
PART

1

13세기 서구

중세 유럽과 초기 베긴 여성신비가들

제1장

13세기 서구 중세 유럽과 초기 베긴 여성신비가들

베긴 여성신비가들이 활동했던 13세기를 중심으로 중세 서유럽의 기독교 역사를 살펴보고자 한다. 여기서의 시대적 한계는 중세 13세기 전후이며 지리적 제한은 서유럽으로 주로 저지대 국가들[1]과 독일, 프랑스, 이탈리아 등을 포함한다. 2000년을 넘어선 기독교의 역사를 시대에 따라 구분하면서 중세의 시작과 끝을 어느 시점으로 정할 것인가 하는 문제는 그리 단순하지 않다. 인간은 모두가 어제보다 하루를 더 살았을 뿐이라는 말처럼 시간의 흐름과 시대의 이행은 분명한 단절이 아닌 연속선상에 있기 때문이다. 또한 '교회사'를 중심으로 시대를 구분하거나 혹은 '신학사', '수도원사', 또는 '교황사', 그리고 본 연구에서 다루는 '신비주의사' 등 각각의 주제에 따라 시대를 나누는 경우가 다른 것처럼 무엇을 기준으로 혹은 어떠한 관점으로 시대를 구분하는가에 따라 다양한 의견이 있다. 그 가운데서도 기독교 중세의 역사를 약 1000년이라 일컫는 학자들은 서로마제국이 멸망하고 "새로운 질서"로 편입되는 5세기와 6세기를 기점으로 중세가 시작되었다고 주장한다.[2] 더욱이 중세 시대의 특징을 정의하

---

1 저지대 국가란 오늘날의 네덜란드, 벨기에, 룩셈부르크, 현 베네룩스 3국과 함께 "프랑스 북부와 독일 일부 지역을 포함하여 저지대 국가라고 하며 다른 별칭으로 플란데런이라고 불리기도 했다." - 저지대국가 「나무위키」 2023년 1월 31일 htpps://namu.wiki/w/%EC%A0%80%EC%A7%80%EB%8C%80%20%EA%B5%AD%EA%B0%80
2 조셉 린치, 『중세교회사』, 심창섭 채천석 옮김, (서울: 솔로몬, 2010), 45.

는 데 학자마다 자신들의 관점에 따라 다양한 견해를 제시한다. 르네상스 시대의 인문주의자들과 계몽주의자들의 경우에는 자신들의 관점에서 중세 시대를 지칭하여 "암흑시대"라 명명하며 부정적으로 평가한다. 인문주의자들은 중세 시대를 자신들이 "흠모한 로마와 그리스로부터 격리된 암흑과 야만의 시대"로 보았으며 중세 시대의 교회에 대해서는 "그 시대의 야만성과 부패를 공유하고 있다"고 단정한다.[3]

반면, 폴 틸리히는 중세의 성격에 대해 규명하기를 "중세에서는 거룩한 단체라고 할 수 있는 하나의 특별한 제도 안에서 구체화된 초월적 실재가 문화를 형성하고 자연을 해석했다"[4]고 말한다. 틸리히는 중세에 대한 다양한 평가가 있다는 것을 염두에 둔 듯, 중세를 올바로 평가하려면 "오늘날 우리가 가지고 있는 기준에 따라 중세를 평가하는 잘못을 저지르지" 않아야 한다고 지적한다. 그는 덧붙여서 "중세의 그리스도교적 문화는 인간 실존의 문제가 영원한 것의 빛 안에서 해결되어 있는 하나의 형태"라고 한다. 틸리히는 이러한 자신의 견해를 제시하면서 중세에 대한 부정적인 평가들을 겨냥하여 "중세를 멸시할 까닭은 없다"[5]고 다소 단호한 입장을 표명한다. 1000년의 중세 시대를 구분하여 설명하면서 틸리히는 600~1000 AD의 시기를 고대에서 중세로의 이행기로 본다. 틸리히가 600년대를 중세가 시작되는 기점으로 보는 이유는 대 그레고리우스(Great Gregorius) 교황에게는 "고대적 전통이 살아 있었지만" 그럼에도 그에게서 "중세는 이미 시작되고 있었다"고 보기 때문이다. 그리고 이 시기는 "새로운 민족들이 그리스도교의 문화 속으로 들어왔던 편입의 시대"이며 옛것이 간직되는 "보존의 시대"이며 동시에 새로운 것을 받아들이는 "수용의 시대"에 해당한다고 말한다.[6] 이어서 틸리히는 1000~1200 AD 시기를 "고대와는

교회사가인 조셉 린치는 중세교회로 이행되는 결정적인 시기를 5세기와 6세기로 보고 있다. 한편 기독교 사상사로 유명한 후스토 곤잘레스는 자신의 저작, 『중세교회사』를 서로마제국이 멸망하면서 독립왕국이 건설되고 새로운 질서가 형성되는 5세기-6세기로부터 시작한다. 또한 『중세는 살아있다』의 저자 장 베르동은 크리스토프 켈러의 중세역사의 시기를 소개하면서 "313년 로마제국을 그리스도화한 콘스탄티누스 대제의 칙령 또는 476년 서로마제국의 몰락부터 시작하여 1453년 콘스탄티노플 함락 또는 1492년 아메리카 대륙 발견에 이르기까지, 약 1000년의 기간을 가리켜 중세라 한다." 중세 1000년은 단일한 성격의 역사가 아니라는 것을 강조하며 "다만 중세가 정복자 유럽의 형성기에 해당한다는 점"을 지적하고 있다.

3 Ibid., 7.
4 폴 틸리히, 『그리스도교 사상사』, 잉게베르크 C. 헤넬 엮음, 송기득 옮김. (서울: 대한기독교서회, 2021), 225.
5 Ibid.
6 폴 틸리히, 『그리스도교 사상사』, 226.

명확하게 구별되는 독자적인 문화가 이루어"진 점에서 중세 초기로 규명한다. 그리고 1200~1300 AD 시기를 "중세의 융성기"로서 "중세의 중요한 주제가 전개되어서 스콜라주의나 고딕 예술이나 봉건적 사회 질서의 위대한 체계 안으로 흡수되었던" 시기였다고 설명하고 있다. 이에 후스토 곤잘레스 역시 13세기는 "중세의 황금시기"라고 표현한다.[7]

따라서 대부분의 중세 학자들의 의견을 종합해 볼 때 중세의 최고 절정기는 13세기 전후라는 지점에서 공감대가 형성된다. 학자들의 공감대의 근거는 12세기 중반부터 13세기 중후반에 이르는 동안 십자군 원정이 종식되고 수도원 운동과 사도 운동(apostolic movement) 등으로 탁발 수도회가 발전되었으며 이에 더해 상업과 수공업의 발달에 따른 화폐의 유통과 도시의 발달에 따른 인구의 이동, 대학의 발전, 그리고 아리스토텔레스 철학의 유입을 통한 스콜라 신학의 발달, 그레고리우스 7세 교황 등 개혁파 교황들의 뒤를 이은 인노센트 3세(Innocent III)에 의한 강력한 개혁 등이 전개되던 시기였기 때문이다. 이 외에도 13세기의 황금기에 빠질 수 없는 중요한 분야가 서구의 기독교 '신비주의'이며 그중에서도 평신도 여성들을 중심으로 한 여성신비주의다. 신비주의의 역사는 제도적인 종교의 역사보다 훨씬 오래되었을 뿐만 아니라 신비주의의 현상은 세계 도처에서 발생하는 보편적인 종교현상이기 때문에 신비주의가 기독교의 전유물인 것처럼 생각해서는 안 된다. 오랜 역사와 지역적인 경계가 없는 신비주의의 특성상 신비주의의 유형 역시 매우 다양하게 분류된다. 기독교 신비주의의 역사 역시 오랜 역사와 전통을 갖는다. '서양신비주의의 기원'을 연구한 앤드루 라우스(Andrew Louth)는 플라톤으로부터 시작해서 필론과 플로티노스의 철학적 신비주의, 디오니시우스 아레오파기타의 부정신학적 신비주의를 비롯해서 교부신학자들의 신비사상, 클레르보의 베르나르드와 십자가의 요한을 비롯한 수도원 신비주의, 에크하르트를 비롯한 스콜라주의적인 신비주의에 이르기까지 다양하고도 오랜 전통의 서방기독교 신비주의의 역사를 소개한다.[8] 이러한 서방 기독교 신비주의의 오랜 전통과 역사에서 13세기의 베긴 여성신비주의는 매우 특별한 위치와 위상을 차지한다.

[7] Ibid.
[8] 참조. 앤드루 라우스, 「서양 신비사상의 기원」, 배성옥 (서울, 분도출판사, 2001).

신비주의 연구의 권위자인 버나드 맥긴은 서방 기독교 신비주의를 연구하면서 '1200년~1350년'의 기간을 신비주의의 개화기(the Flowering of Mysticism)라고 호명한다.[9] 맥긴이 13세기를 중심으로 한 신비주의의 특징을 개화기 혹은 절정기로 명명한 것은 다름 아닌 신비주의 역사에서 전례가 없는 '새로운 신비주의' 현상이기 때문이다. 맥긴은 애써 '새로운' 신비주의를 '남성과 여성의 새로운 신비주의'라고 규정하지만, '새로운'이라는 형용사의 문자적인 혹은 함축적인 의미 그대로, 전례가 없는 전적으로 새로운 현상으로 적용될 수 있는 신비주의는 남성이 아닌 여성 신비주의에 해당한다. 빙엔의 힐데가르트와 노리치의 줄리안 등 다수의 여성신비가들이 13세기 이전과 이후에도 있었다는 사실을 주지하더라도 대부분의 여성신비가들은 수녀로서 혹은 평신도로서 개별적인 신비가로 이름이 알려진 인물들인 반면, 평신도 여성들이 자발적으로 독립된 여성공동체를 형성하고 사도적인 삶을 실천하며 종교적 삶을 살았던 베긴 여성신비가들의 신비주의야말로 새로운 신비주의라고 할 수 있다. 베긴 여성들 모두가 신비가들도 아니며 베긴 여성들 모두가 공동생활을 한 것도 아니며 개별적으로 가족들과 함께 혹은 홀로 생활한 여성들이 많음에도 불구하고 공동체의 강제적인 압박 없이 자유로우면서도 베긴으로서의 정체성을 가지고 헌신적인 사도적 삶, 종교적 삶을 살았다는 역사적 현상이 기독교 신비주의 역사에서도, 그리고 여성사에서도 이전에 없던 베긴 여성신비가들의 독특한 위상과 위치를 점하고 있다.

제1부에서는 베긴 여성신비가들 가운데 자신의 저술을 남긴 마그데부르크의 메흐틸드와 앤트워프의 하데비치, 그리고 마그리트 포레테, 세 명의 신비가들을 제3의 신학자로서 명명하여 그들의 생애와 사상, 그리고 저자들의 작품을 직접 분석하면서 그 의미와 의의를 소개하였다. 제2부에서는 베긴회가 형성되는 초기 시대의 인물들로서 엘리자베스 스펠베크(Elisabeth of Spalbeek), 경이로운 크리스티나(Christina of Mirabilis), 그리고 마리 드와니(Maire d'Oignies) 이렇게 세 명의 신비가들에 관한 자료들을 토대로 살펴보고자 한다. 세 명의 초기 베긴 여성신비가들은 모두 자신의 저술이나 직접적인 기록을 남기

---

[9] 버나드 맥긴은 신비주의 연구의 대가로서 5권이 넘는 서방 기독교 신비주의의 역사를 시리즈로 저술했다. 그의 신비주의 역사 시리즈 중 첫 번째 저작만 한국어로 번역되었다.

지 않았다. 후대들이 그들을 알 수 있는 유일한 자료는 남성 사제들이 쓴 성인전기(hagiography)뿐이다. 스펠베크의 엘리자베스의 전기는 클레르보의 필립(Philip of Clairvaux)이 저술하였고, 경이로운 크리스티나의 전기는 토마스 칸팀프레(Thomas of Cantimpré)가 저술하였으며, 마리 드와니의 전기는 쟈크 비트리(Jacques de Vitry)가 저술하였다. 제3의 신학자로서 제1부에서 살펴본 세 명의 신비가들은 직접적인 1차 문헌 자료인 저술서가 있고 학자들이 연구한 2차 문헌들이 풍부하기에 신비가들의 신학 사상을 연구하기가 상대적으로 용이한 면이 있었다. 제2부에서 다루는 세 명의 초기 베긴 신비가들에 대한 연구의 경우, 저자인 남성 사제들이 저술한 성인전기, 곧 성인들의 생애를 다루는 특수한 장르의 문헌이 유일한 자료이며, 상대적으로 학자들의 연구가 매우 제한되어 있기에 연구자를 포함한 독자들이 문헌을 이해하고 해석하는 데 어려운 부분이 있다. 물론 제3의 신학자들이라고 명명되는 세 명의 여성신비가들이 직접 쓴 저서일지라도 남성 성직자들의 검열과 감시, 그리고 승인과 거부라는 까다로운 절차를 통과해 나온 결과물로서의 작품이기에 저자들의 진의를 파악하는 데 한계가 있는 것이 사실이다. 그러나 성인으로 추대하려는 성인화의 목적을 가지고 기획된 성인전기의 경우, 처음부터 작가의 의도가 주인공을 선정하고 기획하고 구성해서 결과적인 이야기를 생산해 내기에 역사적 실제 인물 베긴 신비가들에게 접근할 수 있는 거리를 좁히기에 어려움이 있다.

따라서 초기 베긴 여성신비가들의 성인전기의 내용을 분석하고 이해하기 위해 13세기를 중심으로 정치사회적 분위기와 당시 우주관 내지 세계관을 살펴볼 것이다. 또한 초기 평신도 베긴 여성들의 삶을 통제하던 당시 교권과 정치권의 분위기, 정통과 이단 사이 그 어디쯤에 위치한 초기 베긴 여성들을 향한 이단과 종교재판 등을 다양한 각도에서 살펴보도록 하겠다.

13세기 우주관: 천국, 지옥, 그리고 연옥
●

초기 베긴 여성신비가들의 성인전기에 전제되고 있는 우주관은 지구중심설로, 당시 일반 대중들은 지동설 이전, 천동설의 세계관을 믿었다. 자연스럽게 삼층

관적인 세계관에서 대중들의 종교 심리적인 차원에서 이승과 저승은 매우 밀접하게 연결되어 있고 산 자와 죽은 자, 삶과 죽음의 거리가 그리 멀지 않으며 우리의 삶은 죽음으로 끝나지 않는다는 믿음이 지배적이었다. 특별히 초기 3명의 베긴 여성신비가들의 성인전기 3권에는 모두 연옥에 대한 믿음, 공간화된 천국과 연옥과 지옥에 대한 이미지가 많이 나온다. 생애 전기에서 발견할 수 있는 점은 연옥이 정화와 정의와 믿음과 희망과 연관되었으며, 주목되는 점은 연옥이 남성보다는 여성과 더 밀접한 관계가 있는 것으로 묘사되고 있다는 점이다. 13세기 전후를 중심으로 한 연옥의 신학에 대해 살펴보겠다. 중세 시대의 연옥에 대한 이해는 초기 베긴 여성신비가들의 생애 전기를 이해할 수 있도록 도울 뿐만 아니라 남성사제들로 하여금 생애 전기를 기획하도록 추동하는 초기 베긴 여성들의 실존에 한 걸음 가까이 다가갈 수 있도록 도울 것으로 생각한다.

중세 연구의 권위자, 쟈크 르 코프(Jacques Le Goff)는 12세기 말까지 연옥이라는 말은 '명사'로서 존재하지 않았다고 한다.[10] 그래서 르 코프는 '연옥의 탄생' 시기를 중세 12세기로 그 시점을 잡는다. 이는 '명사'로서의 연옥의 탄생이 12세기라는 의미이지 연옥에 대한 신앙이 12세기 시작되었다는 말은 아니다. 죽음으로 모든 것이 끝나지 않는다는 신념 혹은 끝나지 않을 것이라는 믿음이 저승에 대한 상상력으로 가시화된 시기는 기독교 훨씬 이전에 이교들에 그 기원을 두고 있다. 가까운 유대교의 스올(sheol)처럼 죽으면 가게 되는 '단일한 저승'과 로마 사람들에게 마치 스올이나 음부를 연상시키는 하데스(hades)와 천국을 연상시키는 엘리시움(Elysium) 같은 이원적 모델 가운데 기독교는 로마식의 이원적 모델을 받아들이고 기독교 나름의 독특한 방식으로 발전시키며 강화시켜 왔다고 설명한다.[11] 기독교 초기 시대에 팽배했던 임박한 종말의 기대가 지연됨에 따라 언제일지 예측할 수 없는 그리스도 재림까지의 그 역사적 간격을 가톨릭교회는 개인의 죽음에 대한 관심으로 대체하며 이에 관한 신학을 발전시킨다. 다시 말해 우주적 종말에 대한 관심을 개인의 종말로 대체하며, 개인의 죽음 이후와 최후의 심판 사이에 죽은 영혼들이 처하게 될 상황에 관심을 기울이게 되었다. 그러면서 망자들 가운데서 용서받을 수 있을 만한 죄

10 쟈크 르 고프, 『연옥의 탄생』, 최애리 (서울: 문학과 지성사, 1995), 24.
11 Ibid., 21.

를 범한 죄인들은 어느 정도의 시련을 거쳐 마침내는 구원을 받지 않겠는가 하는 믿음과 기대가 있었으며 이러한 믿음은 비록 명쾌하게 표현되지는 않았으나 암브로시우스, 히에로니무스, 그리고 아우구스티누스와 같은 교부신학자들의 글에서 나타나고 있다.[12]

명사형의 연옥(purgatorium)이 출현하고 연옥 개념이 사용되기 시작했다는 의미는 연옥을 하나의 공간, 하나의 장소로 인식하게 되었다는 것을 의미한다.[13] 막연하고 불투명했던 연옥에 대한 신앙이 이러한 연옥의 영토화를 통해 당시 사람들의 삶에서 매우 구체적이고 실제적인 저승의 한 영역으로 자리 잡게 되었다는 것을 알 수 있다. 저승의 한 영역인 장소로서 사람들의 정신과 신앙으로 내면화된 연옥은 이 세계의 물질과 공간적인 배치와 구조화 등으로 체계화되어 교회 벽에 회화로 가시화되었으며 이야기와 글과 그림을 통해 대중들의 삶과 친밀해졌으며 성직자들의 설교와 가르침, 그리고 교리가 되는 과정을 통해 중세 세계를 실질적으로 지배하게 된다. 따라서 연옥의 영토화는 천국과 지옥의 중간 지대로서 이승과 저승, 산 자와 죽은 자를 연결하는 구체적인 중재적인 장소이며 동시에 개인의 죽음과 최후심판 사이의 시간적인 중간 지대로 인식되었으며, 영원한 천국과 불멸의 지옥과는 달리 연옥은 잠정적이며 과도기적인 중간 단계로 중세 사람들의 삶 속에 자리 잡았다.[14] 그 때문에 연옥은 개인의 죽음 이후 최후의 심판이 있기까지의 기간에 "갈 곳이 정해지지 않은 망자들이 갈 수 있는" 망자들을 위한 장소였다.[15] 윤회적인 생의 순환을 믿는 불교나 힌두교에는 당연히 연옥이라는 개념이 없다. 기독교의 역사관에서 볼 때 연옥이란 단 한 번 주어진 이승에서의 매우 짧은 삶이 죽음의 관문을 지나 마지막 최후의 심판을 거쳐 영원한 행복과 영원한 저주로 불멸하게 되는 어쩌면 처음부터 시간적인 삶과 결코 끝날 수 없는 고통과 저주의 불멸성이라는 불공평하고 불공정한 인과응보라는 결정론적 논리의 끈을 느슨하게 하여 다시 소생할 수 있는 기회로서 어쩌면 은혜와 희망의 장소이며 정의와 믿음의 장소라고도 할 수 있다.

---

12 Ibid., 24.
13 Ibid., 25, 27.
14 Ibid., 31-32.
15 안상혁, "자크 르 고프의 「연옥의 탄생」에 대한 비평적 읽기", 「신학정론」 제33권 1호(2015, 05), 263.

오랜 시간 지속되어 오던 연옥의 신앙이 12세기 이후로 가톨릭교회 차원에서 교리적으로 정립되고 성직자들의 설교와 교육 등을 통해 더욱 구체적으로 연옥 사상이 일반 대중들의 심리적 신앙적 차원으로 심화되어, 개인적이고 사회적인 차원에서 중세 신앙인의 삶을 지배하였다. 실제로 연옥 신앙이 가톨릭교회를 통해 연옥의 교리로 확립된 시기는 교황의 권위가 절정에 오르고 세속 정치권과 교황권의 권력 투쟁에서 교황권의 우위가 확고해진 13세기였다.[16] 연옥 신앙이 교리로 정립된 후 중세 가톨릭교회가 당시 중세 사회에 대한 교권의 지배력을 확장했다는 것은 결코 새로운 것이 아니다. 여기서 주목해야 할 점은 이렇게 중세 교회에서 체계화된 연옥 교리를 강화하고 지배적으로 강조하며 이념적으로 사용했던 시기는 다름 아닌 이단과의 싸움의 시기였으며 특별히 초기 베긴 여성신비가들이 활동하던 시기에는 알비파, 곧 카타르파 이단과의 싸움에서 연옥이 주요한 이념적 무기로 사용되었다. 르 고프는 중세 가톨릭교회가 연옥의 교리를 강화하고 이념화한 맥락을 다음과 같이 설명한다.

> 12~13세기의 전환기에 상당수의 교회 작가들은 연옥의 탄생에 크게 기여했으니 이 작가들의 공통점은 이단들에 맞서 싸웠다는 것, 그리고 새로 태어난 연옥을 그 싸움에서 무기로 사용했다는 것이다. 연옥은, 다른 많은 신앙들과 마찬가지로, 적극적으로는 지성인들의 사색과 집단의 압력에서 태어났을 뿐 아니라 소극적으로는 그것을 믿지 않는 자들과의 투쟁에서도 태어났다. 이 투쟁은 연옥이 당시의 중요한 쟁점이었음을 분명히 보여준다. 로마 교회가 연옥 교의를 정립한 것은 12~13세기의 이단들, 13~14세기의 그리스인들, 16~17세기의 종교 개혁자들에 맞서서였다. 공식 로마 교회의 적수들은 끈질기게 연옥을 공격하는데, 왜냐하면 그들은 저승에서의 인간의 운명은 그들 자신의 공덕과 하나님의 뜻에만 달려있다고 생각하기 때문이다. 그러니까 모든 것은 죽음과 더불어 결정이 나는 것이다. 망자들은 곧장 낙원이나 지옥으로 갈 뿐, 죽음과 부활 사이에는 아무런 속량도 없다. 그러므로 연옥이란 존재하지 않으며 죽은 자들을 위해 기도한다는 것은 무용한 일이다. 공식 교회를 좋아하지 않는 이 이

---

16 안상혁, "자크 르 고프의 『연옥의 탄생』에 대한 비평적 읽기", 271.

단들에 있어 연옥을 부인한다는 것은 교회가 죽음 이후까지 영향력을 행사하여 인간들에 대한 권력을 확장하는 것을 거부하는 일이기도 했다.[17]

중세 연옥 신앙에서 중요한 가르침은 죽은 자를 위한 교회 신자들의 기도와 구제 혹은 예배가 연옥에서 고통당하는 죽은 사람들의 구속에 영향을 줄 수 있다는 믿음이었다. 죽은 자를 위한 신자들의 기도가 망자에게 어느 정도로 영향력을 미칠 수 있는지는 죽은 사람 각자가 생전에 어떻게 살았느냐에 달렸다고 한다. 생전에 최선을 다해 선한 삶을 살았던 사람들(the very good)은 신자들의 기도가 필요하지 않다고 했다. 생전에 아주 악하게 살았던 사람들(the very bad)에게도 신자들의 중보 기도는 어떠한 영향력도 미치지 못했다. 생전에 너무 악하게 살았던 사람들은 다른 사람의 중보가 그 결과를 바꿀 수 없다는 의미다. 신자들의 기도와 구제 행위의 도움을 받을 수 있는 망자는 생전에 최선을 다해 선한 삶을 살지는 못했을지언정 아주 악하게 살지는 않았던 그런 중간 정도의 사람들이었다. 최선을 다하지는 못했지만 그래도 열심히 선하게 살았던 사람들(the not very good)은 신자들의 기도와 구제의 도움으로 그가 지은 죄로부터 완전히 해방될 수 있다고 가르쳤다. 반면에 비록 최악은 아니지만 생전에 악을 행하면서 살았던 사람들(the not very bad)은 이전에 처한 상황보다 조금은 더 나은 상황으로 변화될 수 있다고 가르쳤다. 이러한 연옥의 가르침은 자식들이 돌아가신 부모님의 구원을 위해 기도하고 구제하게 만들었으며, 성당과 수도원에 헌금하는 일로 이어졌다고 기록된다.[18] 또 다른 연옥의 신앙은 죽음 이후에도 연옥에 있는 동안 죄를 정화하는 불에 의해 죄를 속죄하고 성화될 수 있다는 믿음이다. 성화는 이 땅에서 사는 동안에만 이루어지는 것이 아니라 죽음 이후에도 연옥에서 비록 고통 가운데 있지만 성화될 기회가 주어진다는 것이다. 연옥에 갇혀서 고통당하는 망자들을 위해 신자들이 대신 고통을 당하면 연옥의 망자들이 당하는 고통의 기간과 고통의 정도를 줄이는 데 도움을 줄 수 있다고 믿었다.

---

[17] 자크 르 고프의 『연옥의 탄생』, 332.
[18] Alan E. Bernstein, "Heaven, Hell and Purgatory: 1100–1500" in *The Cambridge History of Christianity in Wetern Europe c. 1100–c. 1500*, eds by Miri Rubin and Walter Simons, (New York: Cambridge University Press, 2009), 202.

이러한 연옥 신앙과 교리적인 가르침은 신자들의 삶에도 교회의 생활에도 동전의 양면처럼 긍정적인 면과 부정적인 면이 같이 작동했다. 교리적으로 체계화된 연옥에 대한 가르침은 연옥 신앙을 통해 "교회는 망자들의 영혼에 대한 통제권을 확립해 나갔으며", 이에 더하여 "교회가 죽은 자들을 위해 가지고 있는 것으로 간주되었던 권력을 통해 산 자들에 대한 지배력을 강화하게 되었다"고 평가된다.[19] 그렇다고 가톨릭교회가 전적으로 정치적 권력을 획득하기 위한 목적을 위해서 의도적으로 연옥 신앙을 강화하고 이용했다고 부정적으로만 평가하는 것은 아니다. 그러나 연옥 교리를 통해 교권은 신자들의 삶을 이전보다 더욱 지배할 수 있었으며, 필요한 재정도 확충할 수 있었을 뿐만 아니라 이단과의 전쟁에서도 승리할 수 있는 유용한 이념적 도구로 악용할 수 있는 여지가 충분히 있었다는 것을 말한다. 반면 중세 신자들 사이에서 연옥 신앙은 불멸성을 전제로 한 천국과 지옥의 출구 없는 결정론에 중재적이고 중간적인 출구로서 희망을 주는 긍정적인 효과도 가지고 왔다. 중세의 신자들은 연옥 신앙을 통해 이 땅에서의 유한한 삶이 영생과 영벌을 결정할 정도로 중요한 시간임을 깨닫게 되었으며 자신의 영원한 미래를 위해 선을 행하는 동기부여가 되었다. 천국과 지옥, 이승과 저승, 산 자와 망자의 중재적인 장소로서 연옥은 저주받은 망자가 새로운 기회를 허락받을 수 있는 은혜와 희망의 장소였다.

초기 베긴 여성신비가들, 엘리자베스 스펠베크, 경이로운 크리스티나, 그리고 마리 드와니가 살았던 13세기 전·후반의 시대는 다양한 사회적 양상에서 급격한 변화와 함께 종교적인 열정이 고조에 달했던 시기다. 초기 배긴 여성신비가들의 생애 전기에는 연옥 신앙이 민간적 차원에서도 깊게 뿌리를 내렸으며 가톨릭교회에서도 반이단적인 설교와 가르침을 통해 강화했던 연옥 신앙은 중세 13세기 전후의 세계관에 포괄적으로 전제되어 있다.

마리 드와니의 생애를 저술한 쟈크 비트리는 일반 대중들을 상대로 설교했던 대중 설교자였으며 당시 빠른 속도로 급성장한 알비파, 즉 카타르파 이단을 척결하기 위해 소집된 십자군을 위해 설교했던 설교자였다. 당시 카타르파는 당시 가톨릭교회와 교황의 권력을 비판했으며 연옥의 존재를 부인했던 이

---

[19] 안상혁, "자크 르 고프의 『연옥의 탄생』에 대한 비평적 읽기", 267.

단이다. 알비파는 가톨릭교회가 연옥 신앙을 통해 교황권을 강화하고 신자들을 미혹하고 통제하는 수단으로 연옥 신앙을 이용하고 있다고 비판했다. 비트리는 일반 대중을 위한 설교와 더불어 이단 척결을 위한 십자군 모집 설교를 했으며, 반 이단 전쟁을 위해 뜨거운 열정으로 각처에서 모여든 가난하고 소박한 군중들 앞에서 이단 척결의 중요성과 함께 연옥을 설교했다. 당연히 쟈크는 교리적인 가르침이나 난해한 신학적인 설교가 아닌 대중적인 신앙을 고취하려고 이해하기 쉬운 교훈적인 설교로 예화를 많이 사용하였다. 참고로 쟈크는 "크게 유행하게 될 예화 많은 설교의 창시자 중의 한 사람"이었다.[20] 쟈크 비트리가 사용한 예화들 가운데는 연옥에 대한 설교들이 있으며 연옥이 대중들에게 파급되는 중요한 통로로서 설교가 큰 역할을 했던 것을 볼 수 있다. 드 코프는 비트리의 설교 가운데 연옥에 대한 부분을 소개하면서 "연옥을 통회 및 참회적 과정과 연결시키고 연옥에 들어가는 것이 지옥으로부터 벗어나는 길"이라는 것을 강조하고 있다고 말한다. 죽음에 이르기 전에 자신이 지은 죄를 통회하고 참회하면 지옥에 가야만 했던 사람이 연옥으로 갈 수 있다는 것을 의미한다. 쟈크가 친척이나 죽음을 애도하는 자들에게 했던 연옥에 대한 설교 예화의 내용을 소개한다.

> 사라세인들을 정벌하기 위한 스페인 원정에 샤르마뉴를 수행한 기사가 한 친지에게 유언하기를 그가 죽으면 그의 말을 팔아 가난한 자들을 도와주라고 한다. 하지만 무신경한 친지는 말을 팔지 않는다. 일주일 뒤에 죽은 자가 그에게 나타나 자신이 연옥으로부터 구원될 것이 늦어지게 했다고 비난하면서 그 벌로 다음날 당장 그가 비참한 죽음을 당하리라고 예고한다. 다음날 검은 까마귀 떼에 의해 공중으로 끌려 올라간 그는 바위에 떨어져 목이 부러져 죽는다.[21]

쟈크가 설교의 예화로 든 연옥 이야기는 죽음과 삶이 동떨어진 것이 아니라 연결되어 있으며 살아있는 사람의 행위가 죽은 사람의 구원에도 영향을 미친다는 것을 알려준다. 살아있는 사람이 죽은 사람이 생전에 지은 죄와 관련된

---

20 쟈크 르 고프, 『연옥의 탄생』, 최애리 (서울: 문학과 지성사, 1995), 568.
21 Ibid., 571.

보상을 행할 때 연옥에서 머무르는 기간이 단축되거나 연옥에서 벗어날 수 있다는 것을 알려준다. 여기서 중요한 점은 이 세계에서 살아있는 사람의 기도와 행위가 죽은 사람에게 영향을 미칠 수 있는 곳은 천국도, 지옥도, 다른 어떤 곳도 아닌 연옥이라는 점이다. 연옥이야말로 삶과 죽음을 이어주고 산 자와 죽은 자를, 그리고 천국과 지옥을 연결해 줄 수 있는 유일한 영역임을 알려준다. 초기 베긴 여성신비가들의 생애 전기 3권 모두 이와 비슷한 이야기가 나온다. 쟈크는 또한 연옥 이야기를 통해서 살아있는 사람은 죽은 사람에 대한 책임이 있다는 것을 알려준다.

초기 베긴 여성신비가들의 생애 이야기에는 삶과 죽음, 이승과 저승, 산 자와 죽은 자를 연결하는 중재자가 다름 아닌 여성으로, 특별히 성녀 베긴 여성신비가로 등장한다. 마리 드와니가 그렇고 경이로운 크리스티나의 이야기가 특히 그렇다. 살아서 지은 죄를 진실로 회개하지 못하고 혹은 죄에 대한 대가를 충분히 보상하지 못하고 죽었을 때 연옥에 가서도 연옥의 불 가운데서 죄의 대가를 치러야 하지만, 살아있는 사람들도 고통을 당하는 망자를 위해 대신 보상하면 망자가 겪는 벌의 시간을 단축하거나 벌의 정도를 경감시킬 수 있다고 알려준다. 연옥의 교리에서는 교회가 죽은 자의 영혼을 통제하지만, 생애 이야기를 읽는 독자들은 죽은 자들을 대리하고 죽은 자들을 위한 사제의 역할을 남성이 아닌 여성이 감당하는 것을 발견할 수 있다. 이 세계에서 교회를 치리하고 신자들을 위해 사역하고 성사를 집전하며 설교하는 일은 신부로서 존경과 권위를 누리는 남성 사제들이지만, 연옥에서 고통당하는 죽은 자를 위하여 대신 고통당하고 망자를 위해 기도하고 금식하며 죽은 자를 위한 사역을 담당하는 것은 여성이다. 쟈크 드 비트리와 토마스 칸팀프레 사제가 저술한 베긴 신비가들의 생애 전기의 이야기에서도 초기 베긴 여성들이 죽은 자를 위해 대신 고통당하고 금욕하며 사역하는 여성 사제로 묘사된다.

버나드 맥긴은 칸팀프레의 토마스가 저술한 경이로운 크리스티나의 생애에서 서술되는 도저히 이해할 수 없는 베긴 신비가 경이로운 크리스티나의 기행들과 기이한 모습들에 대해, 크리스티나를 연옥 정화의 살아있는 본보기(a living exemplar of purgatorial)로 그리고 있기 때문이라고 해명한다.[22] 당시의

---

[22] Bernard McGinn, *The Flowering of Mysticism: Men and Women in the New Mysticism 1200-1350* (The

연옥 신앙은 교회 신자들, 성인들이 연옥에 갇힌 죽은 자들을 위해 대리적인 고통을 받을 때 연옥의 죽은 자들의 고통을 줄이고 구원을 앞당긴다고 믿었다. 경이로운 크리스티나의 생애 이야기 가운데 의아하게 여겨지는 크리스티나의 자학적이고 자해하는 모습들은 연옥에서 고통당하는 영혼에 대한 깊은 연민으로 크리스티나의 대속적인 고통이라는 관점에서 이해할 수 있다. 예수님의 십자가 고통과 죽음이 인류를 위한 대속적인 죽음인 것처럼, 연옥에서 고통당하는 자들을 구원하기 위한 크리스티나의 대속적인 고통은 연옥의 망자들을 위해 크리스티나가 담당한 사제의 역할이었다는 것을 생애 전기를 통해 알 수 있다.

중세의 여성들: 여성신비가들, 수녀들

하나님은 신비이시다. 신비이신 하나님은 인간의 이성이나 감각으로 파악할 수 있는 영역 너머의 초월적 존재로서 신비 자체이시다. 신비 자체이시며 존재 자체이신 하나님을 유한한 존재인 인간의 지식과 언어로 파악하고 규명할 수 없다. 그 때문에 하나님을 알고 하나님을 경험한다는 의미는 인간의 적극적인 지적 활동을 통해 분석하고 추론하고 종합하여 하나님에 대한 지식을 가질 수 있다는 의미가 아니다. 그 때문에 인간이 하나님께 접근하고 경험할 수 있는 유일한 방법은 하나님께서 먼저 하나님 자신을 인간에게 보여주시는 자기 계시를 통해 하나님을 만나고 경험하는 것이다. 자신을 계시하시는 신비이신 하나님을 만나고 경험하고자 깊은 영성의 추구를 통해 하나님의 신비를 경험하여 신적인 지식을 얻는 분야를 신비주의(mysticism)라고 하며 이러한 영적 체험을 하는 사람들을 신비가(mystic)라고 부른다. 신비가들은 "신비적 경험, 신비적 지식을 얻는 방법은 기도와 명상과 금욕과 신체적 훈련, 그리고 세속적 관심의 포기 등을 포함하는 영적 훈련의 결과"로서 신비적 경험과 지식을 얻을 수 있다고 한다.[23] 속세를 떠나 오랜 기도 생활과 명상, 그리고 고행과 금욕의 생활을 통해 하나님과 가까이하며 신비체험을 해온 사막의 교부들, 수도원의 수도

Crossroad Publishing Company, 1998), 161.
[23] Robert Audi ed., *The Cambridge Dictionary of Philosophy* (Cambridge: the University of Cambridge, 1999), 593.

사들과 수녀들, 일부 성직자들 같은 수많은 신비가들이 기독교 역사에 존재해 왔다. 이들 신비가들은 환상과 환시를 통해 신비체험을 하며 영적 능력으로 예언하고 병든 자를 치료하거나 기적을 행하는가 하면 한편으로는 학문적인 활동을 하고 가르치는 활동을 했다. 신비가들이 행하는 이러한 특별한 행위 혹은 능력을 토마스 아퀴나스는 계급 혹은 직함이 갖는 권위와 구별하여 하나님의 은사, 곧 하나님이 주시는 특별한 은혜의 선물이라고 했다.[24]

베긴의 이름으로 불리는 모든 여성이 신비가는 물론 아니다. 여성신비가들 가운데는 베긴 신비가들 외에도 수녀원에 속한 수녀들과 수녀원장을 비롯해 은수자들도 있고, 성인으로 시성된 성녀들도 있으며, 이단으로 정죄되어 죽임을 당한 신비가들도 있다. 사랑의 신비가라고 하는 클레르보의 베르나르드, 에크하르트와 같은 스콜라주의적인 신비가와 수도사였던 십자가의 요한과 같은 남성신비가들도 있다. 일반화할 수 없음에도 불구하고 남성신비가들과 여성신비가들 사이에는 교육과 언어 사용, 저술 등 다양한 면에서 많은 차이가 있다. 그러나 분명한 것은 모든 여성신비가들이 하나님이 선물로 주시는 은사들을 남성신비가들과 마찬가지로 혹은 더 풍성하게 받을 수 있었음에도 불구하고 인간이 주는 사제 안수는 받을 수 없었다는 점이다. 다시 말해 여성신비가들은 하나님이 허락하시는 특별한 영감과 환시, 그리고 예언의 능력은 선물로 수여 받을 수 있었던 반면 가부장제의 사회에서 남성들에게만 허락하는 지위와 직함, 교육 등은 베긴 여성들을 비롯한 대부분의 여성신비가들에게 허락되지 않았다. 물론 여성신비가들 가운데도 그들이 속한 가족적인 배경과 사회적 지위, 교권과의 관계에 따른 교육의 유무에 따라 달랐기에 하나의 범주로 엮을 수 없으며, 다양한 측면에서 차이와 차별이 있었다.

정통신앙의 영역에 머물렀던 여성신비가들은 어린 시절 수녀원에 보내지거나 수도회에 속한 제3회에 들어가기도 했는데 그곳에서 누릴 수 있는 교육의 혜택은 각기 달랐다고 한다. 수녀원 수녀 혹은 수도회의 제3회의 수녀들은 그들에게 제공되는 교육을 받을 수 있었으나 남성들이 받을 수 있었던 수준 높은 신학과 철학 등의 교육은 받을 수는 없었다.[25] 지역마다 다소 차이가 있겠으나

---

[24] 슐람미스 샤하르, 『제4의 신분. 중세 여성의 역사』, 최애리 (파주, 나남, 2010), 120.
[25] Ibid., 122.

대부분의 경우 중세 시대 수녀는 특정 계급 출신들로서, 결혼하지 않은 상류 계층의 여성들이 갈 수 있는 유일한 선택지가 수녀원이었다. 수녀원은 여성들에게 결혼을 대신할 수 있는 유일한 대안이었지만 그렇다고 원하는 여성이 모두 선택할 수 있는 대안은 아니었다. 부유한 집에 지불해야 하는 결혼 지참금보다는 비싸지 않았지만, 수녀원에 지불해야 하는 지참금의 액수 역시 상당해서 하층계급의 가난한 딸은 물론이고 중산층인 장인 집안의 딸도 수녀가 되는 경우가 없었다고 중세 여성사에 권위자인 아일린 파워는 단정적으로 이야기한다.[26] 따라서 상류층 출신들로 구성된 중세의 수녀원은 수녀들에게 수도를 할 수 있는 장소와 기회를 제공한 것은 물론 다른 곳에서는 찾아보기 어려운 교육의 기회를 제공했다. 중세에 수녀가 될 수 있는 나이는 대략 14~15세 정도였지만 좀 더 이른 나이에 가는 경우도 많았으며 심지어 5살에 수녀원에 간 경우도 있다.[27] 때로 부자 과부들이 재혼을 선택하는 대신 수녀원을 택하는 경우도 있지만 어떤 경우라도 비싼 지참금을 수녀원에 지불해야 했으며 세속에서 오래 살았던 관계로 수녀원에 적응하는 데 더 큰 어려움이 있었다.

수녀원의 수녀들과는 전혀 상황이 달랐던 초기 베긴 여성들의 경우, 의도적인 조직이나 위계질서, 감독체계, 혹은 수도원의 규율 같은 하나로 통일된 규율도 없었다.[28] 수녀들처럼 종신서원을 하지 않았고 원하면 베긴회를 떠나 결혼할 수도 있다. 뿐만 아니라 베긴이 되었다고 해서 가진 재산을 가난한 자에게 나눠주어야 할 의무나 베긴회에 자신의 재산을 기부할 의무도 없었다. 마리 드와니처럼 결혼 후 남편과의 합의 후에 가진 재산을 가난한 사람에 나눠주고 공동체 생활을 한 경우에도 이는 자발적인 의사로 결정한 것이지 베긴회의 의무를 수행하기 위한 것은 아니었다. 수녀원의 수녀가 되기 위해서는 연령의 조건이나 적어도 지참금을 지불할 수 있는 경제적 기반 등의 기본적인 조건과 공통점이 있었으나 베긴의 경우는 여성임에도 불구하고 시대적 분위기에 비해서도, 수녀원의 수녀들에 비해서도 훨씬 자유롭고 평등하고 유동적인 분위기라는 점이 특색이었다. 연령의 제한이나 결혼의 전력도 무관하며 경제적 여건도

---

26 아일린 파워, 『중세의 여인들』, 이종인 (서울, 즐거운 상상, 2010), 163-164
27 슐람미스 샤하르, 『제4의 신분, 중세 여성의 역사』, 94. 성녀로 후에 시성된 성 게르트하르트의 경우 5살 때 부모에 의해 수도원에 맡겨졌다고 한다.
28 슐람미스 샤하르, 『제4의 신분, 중세 여성의 역사』, 114.

문제가 되지 않았기에 베긴의 일원이 되고자 하는 특별한 조건이나 사연과 동기, 그리고 교육 수준도 모두 달랐던 각양각색의 사람들로 구성되었다. 이렇게 다양한 배경과 사연과 동기를 가진 베긴 여성들 사이에 한 가지 확고한 공통점은 바로 주님을 따르는 사도적인 삶을 살고자 했던 여성들이라는 점이었다. 베긴 여성들은 각자 일을 하며 자급자족하는 생활을 했으며 신앙생활과 봉사와 구제하는 생활을 함께 나누었다. 마리 드와니처럼 부유층 출신으로 존경받은 베긴이 있는가 하면, 경이로운 크리스티나처럼 미친 사람으로 비난받았던 베긴도 있으며, 엘리자베스 스펠베크처럼 장애를 가진 베긴도 있어, 매우 다양한 사람들로 구성되었다. 사는 방식도 크고 작은 공동체에 거주하는 사람들이 있는가 하면, 홀로 떠돌며 탁발하면서 설교하고 가르치면서 살아가는 여성도 있었다. 제3의 신학자로 명명된 세 명의 베긴 여성들처럼 자신의 신앙 서적을 저술할 수 있는 능력이 있는 여성들도 있으며, 교회 당국에서 금지했던 성서를 번역하는 일, 독일어와 프랑스어로 성서를 번역했던 베긴 여성들도 있었다.[29] 공동체에서 공동생활을 하던 베긴 여성들보다 속세에서 살면서 설교하고 교회를 가르치고 신학적 주제를 토론하던 베긴 여성들은 더 쉽게 이단으로 의심과 감시의 대상이 되기도 했으며 때로 성매매와 동성애의 혐의까지 받는 경우도 있었다고 한다.[30]

이렇게 초장기에는 종교적인 여성, 신실한 여성으로 불리고 이후 베긴으로 불린 여성들은 12세기부터 급격하게 숫자가 늘어났으며 하나의 커다란 흐름과 물결이 되었다. 그들의 자유롭고도 자발적인 새로운 삶의 방식과 종교적 생활의 방식은 가히 '최초의 여성해방운동'이라고 할 수 있다. 이들 베긴 여성의 물결은 그 숫자에 의해서나 활동에 의해서나 13세기에 가장 왕성했으며 14세기를 기점으로 교회의 박해로 인해 그 기세가 점점 약화되었다. 베긴 여성들의 운동은 14세기에 이르기까지 영적인 활기를 띠었으나 14세기 후반에는 교회 당국이 이단으로 의심하고 박해함으로 쇠퇴하기 시작했다.

---

[29] Ibid.
[30] Ibid., 114-115.

2

브라반트-리에주 지역의 베긴 여성신비가들

스펠베크의 엘리자베스, 경이로운 크리스티나, 그리고 마리 드와니

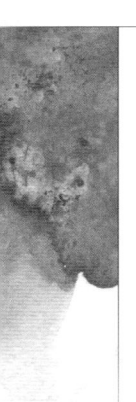

제2장

브라반트-리에주 지역의 베긴 여성신비가들
스펠베크의 엘리자베스 경이로운 크리스티나 그리고 마리 드와니

그리스도를 따르며(Imitatio Christi)

II부의 2장에서는 브라반트-리에주(Brabant-Liège) 지역에 살았던 세 명의 초기 베긴 여성신비가들을 소개하고자 한다. 베네룩스 3국과 프랑스 북부지역 일부와 독일 서부지역 일부가 포함된 저지대 지역에서 브라반트-리에주는 현 벨기에의 중앙부에서 남동부에 이르는 지역으로[1] 13세기 당시 베긴 여성신비가들이 많이 살고 있던 지역으로 알려져 있다. 특별히 본 연구에서 다루는 세 명의 초기 베긴 여성신비가들의 생애는 주로 리에주 지역을 중심으로 그들의 이야기가 전개된다. 스펠베크의 엘리자베스(Elisabeth of Spalbeek), 경이로운 크리스티나(Christina of Mirabilis), 그리고 오와니의 마리(Maire d'Oignies), 이 세 명의 초기 베긴 신비가들의 생애 이야기는 세 명의 남성 사제들이 쓴 성인전기(hagiography)를 통해서 알려져 있다. 『성 스펠베크의 엘리자베스의 생애』는 클레르보의 필립(Philip of Clairvaux)이 저술한 작품이며 『성 경이로운 크리스티

---

[1] 브라반트(Brabant) 지방은 현 벨기에 중앙부에 위치해 있으며 중세 시대에는 브라반트 공국의 주요부를 차지했다고 알려진다. 리에주(Liège)는 현 벨기에 남동부에 있는 도시로서 교회와 교육의 중심지로서 많은 성당과 수도원 수녀원들이 산재해 있다고 한다. [Liège]https://terms.naver.com/entry.naver?docId=2365553&cid=69168&categoryId=51340, "가톨릭에 관한 모든 것", 2023. 12. 11.

『나의 생애』는 칸팀프레의 토마스(Thomas of Cantimpré)가, 그리고 『성 마리의 생애』는 쟈크 비트리(Jacques of Vitry)가 쓴 성인전기다.

제니퍼 브라운(Jennifer N. Brown)은 세 명의 여성신비가들을 베긴으로 규명하는 근거에 대해 그들의 헌신적인 삶의 방식과 신앙생활의 유형이 제도권 교회에 속한 수녀원의 수녀들과는 다르게 독립적인 신앙생활 양식을 따르고 있다는 점과 그들이 거주하는 지역이 브라반트-리에주 지역이라는 점을 들었다.[2] 마리의 생애를 저술함으로 첫 번째 베긴 여성의 성인전기를 세상에 소개한 쟈크 비트리는 자신의 저술에서 '베긴'이라는 용어를 사용하지 않았다. 브라운은 이에 대해, 비트리는 의도적으로 '베긴'이라는 용어를 사용하지 않고 대신에 '독실한 여성' 혹은 종교적인 여성, 신실한 여성(a mulier religiosa, or religious woman)이라는 표현을 사용하고 있음을 지적한다. 이는 쟈크가, 마리가 '베긴' 소속이라는 사실이, 자신이 쓴 성인전기에서 핵심 주제가 되는 것을 원치 않았으며, 오히려 수도회나 공동체와는 무관하게 마리 개인의 경건성을 부각하려 했을 것이라고 진술한다.[3] 브라운은 그럼에도 마리가 베긴이었다는 사실은 의문의 여지가 없다고 한다. 그 이유는 마리가 생애 마지막 시기를 베긴 공동체에서 지냈으며, 비트리는 자신이 했던 설교들 가운데서도 베긴 여성들을 자주 언급하고 있을 뿐만 아니라 『성 마리 드와니의 생애』에서도 쟈크는 베긴 운동과 베긴 여성들의 삶의 방식에 대해 교회와의 관계에서도 긍정적으로 표현하고 있다는 사실을 지적하고 있다.[4]

스펠베크의 엘리자베스와 경이로운 크리스티나의 경우 역시 비록 제도화된 베긴회 소속의 베긴 신비가라고 확증할 수는 없으나 당시 베긴 여성들이 집단적으로 혹은 단독으로 생활하면서 독립적이고 자율적으로 종교 생활을 했던 특수성을 감안할 때 엘리자베스와 크리스티나도 베긴이었다고 말할 수 있다고 설명한다.[5] 엘리자베스의 경우 은수자(anchoress)는 아니었으나 교회에 딸린 작은 공간에 살면서 자신만의 독특한 방식으로 선교적인 공연과 그리스도

---

[2] Jennifer N. Brown, *Three Women of Liège: A Critical Edition of and Commentary on the Middle English Lives of Elisabeth of Sapalbeek, Christina Mirabilis and Maire d' Oignies* (Belgium, Turnhout, 2008), 2.
[3] Ibid., 2.
[4] Ibid.
[5] Jennifer N. Brown, *Three Women of Liège*, 2.

의 복음 사역 활동을 이어갔다. 쟈크 비트리는 『성 마리 드와니의 생애』의 도입 부분에 경이로운 크리스티나를 언급하면서 베긴의 또 다른 명칭이라고 할 수 있는 '독실한 여성'(*a mulier religiosa*)으로 표현하고 있다.[6] 브라운에 따르면, 비록 마리 드와니처럼 베긴 여성운동이나 베긴회에 소속된 사실을 증명할 수는 없지만, 엘리자베스와 크리스티나 두 여성 모두 가톨릭교회에 소속된 수녀회의 규율로 통제를 받는 수녀가 아니었으며 독립적이면서도 누구보다도 경건하고 헌신적인 준-종교적인(semi-religious) 신앙생활을 했던 것으로 볼 때 세 성녀 모두가 베긴 여성이라고 할 수 있다고 말한다. 더욱이 브라반트-리에주 지역을 삶의 터전으로 삼았던 수많은 베긴 여성들의 유사한 삶과 신앙생활을 감안할 때 세 명의 신비가들이 베긴이 아니었다고 주장하는 것이 오히려 설득력이 떨어진다는 것이다.[7] 오와니의 마리와 스펠베크의 엘리자베스, 그리고 경이로운 크리스티나, 세 여성을 '베긴'이라는 명칭으로 엮을 수 있다는 공통점 외에 또 하나의 중요한 연대는 세 명의 베긴 여성들을 모두 신비가로 명명할 수 있다는 사실이다.

  신비가란 누구인지, 어떤 능력을 가지고 어떤 역할을 하는 사람들을 신비가라고 명명하는지에 대해서는 다양한 학설들이 있다. 시대에 따라 학자들에 따라 신비가라고 명명될 수 있는 조건들은 다소 다를지라도, 13세기 브라반트-리에주에서 활동하던 세 명의 베긴 여성들을 '신비가'의 이름으로 엮을 수 있는 주요 근거는 다음과 같다. 그리스도를 통한 하나님의 사랑과 은총의 신비로의 일치감 속에 깊이 참여하는 가운데 개인의 한계를 초월한 사랑과 헌신의 구체적이고도 실천적인 세 명의 베긴 여성들의 신앙의 응답에서 찾을 수 있다. 다시 말해 신성의 신비에 대한 깊은 몰입과 합일의 체험은 시대적 상황과 제약 속에 살아가는 한 여성으로서의 한계를 넘어서 그리스도와 이웃을 향한 헌신적인 사랑의 실천과 연민 가운데 베긴 여성신비가로서의 일체감을 갖는다는 것을 의미한다. 그리스도의 사랑의 화신되어 삶과 죽음을 넘어선 극한의 고통을 통해 연옥에 있는 비참한 영혼을 구원하고자 했던 경이로운 크리스티나; 그리스도의 십자가의 고통을 온몸으로 체현하는 공연을 통해 그리스도를 따르고

---

[6] Ibid.
[7] Ibid., 3.

자 했던 스펠베크의 엘리자베스; 그리고 그리스도의 사랑과 연민으로 나병환자들을 돌보며 죄악에 빠진 영혼에 대한 연민과 눈물로 자신의 삶을 적셨던 오와니의 마리, 이들 모두는 리에주 지역을 중심으로 살았던 13세기의 베긴 여성신비가들이다.

베긴 여성신비가들 가운데는 신성으로 일체가 되는 신비체험을 바탕으로 직접 신학적인 저술을 집필한 여성들도 있으나 대부분의 여성들의 생애 이야기는 남성 집필자들의 저작을 통해 알려진다. 위에서 언급했듯이 스펠베크의 엘리자베스나 경이로운 크리스티나, 그리고 마리 드와니의 생애 역시 여성들 자신의 목소리와 관점을 가지고 여성 자신들의 경험과 생각을 주체적으로 진술한 것이 아니다. 그 때문에 독자들이 이들의 성인전기 작품들을 읽으면서 실제 여성들의 모습과 구체적인 사실에 직접 접근하는 데는 한계가 있다. 당시의 사회문화 정치적 배경에서 젠더와 사회적 위상, 그리고 교권적인 지위가 전혀 달랐던 남성 저자들이 여성들의 생각과 의견을 얼마만큼 진실하게 반영하면서 저술했는지를 정확하게 파악하기는 쉽지 않다. 그 때문에 독자들은 성인전기를 통해 남성 저자들의 시각과 견해로 기획되어 구성되고 생산된 여성들의 모습을 만날 수밖에 없는 구조적 한계를 지닌다. 독자들은 클레르보의 필립, 칸팀프레의 토마스, 그리고 비트리의 쟈크가 경험하고 구상하여 저술한 엘리자베스와 크리스티나, 그리고 마리의 모습과 이미지를 만날 때 실제의 베긴 여성들의 모습과는 어느 정도 불일치가 있다는 것을 전제해야만 한다는 것을 뜻한다.

필립 클레르보, 토마스 칸팀프레, 그리고 쟈크 비트리, 세 명의 저자들은 각자의 성인전기 작품 주인공들의 면모를 직간접적으로 경험하며 그들의 특성을 파악하고 표현하는 방식에서 모두 상당한 차이가 있다. 클레르보의 필립의 경우, 엘리자베스를 직접 방문해서 만나고 눈으로 목격한 현장을 마치 중립적 입장의 목격자 혹은 증언자의 입장으로 기술하고 있다. 반면 토마스 칸팀프레는 크리스티나를 직접 대면한 적이 없었으며 그녀가 죽은 후 8년이 지난 후에야 간접적인 증언과 정보들을 바탕으로 크리스티나의 생애를 집필한 것으로 알려진다. 쟈크 비트리는 작품의 주인공인 마리와 가장 친밀하고도 오랜 관계를 지속한 것을 알 수 있다. 쟈크는 마리의 고해 사제였으며 마리가 쟈크를 존경하고 친밀한 관계를 맺었던 만큼 쟈크 역시 마리에 대한 존중감이 매우 깊었으며 상호간의 조언을 교류하던 이상적인 관계였다는 것을 책의 내용에서 발견할 수 있다. 쟈크는 마리가 죽은 지 1년 후에 『성 마리 드와니의 생애』를 집필한다. 따라서 성인전기 작가가 작품의 주인공인 베긴 여성신비가들과 어떤 관계를 맺었는가에 따라 작품 속 베긴 여성의 모습과 이미지가 크게 다를 수 있다고 추정해 볼 수 있다.

그럼에도 불구하고 세 작품들의 공통점은 여성 성인전기라는 장르에서 기대할 수 있는 것처럼 당시 교권과 사회에서 요구하는 여성들의 이상적인 경건성과 희생적인 헌신, 그리고 실천적인 신앙생활에 초점을 맞추고 있음을 알 수 있다. 중세 스콜라주의가 절정에 이르렀던 13세기, 남성 사제들 혹은 남성 성인들에게 요구되는 기준은 육체가 아닌 정신, 감성이 아닌 이성적인 특징이었던 반면 여성 성인들에게는 오로지 몸을 통한 신앙과 헌신, 감성적 연민이 신앙의 척도로 적용되었다는 것을 알 수 있다. 브라운도 이 점에서 세 명의 남성 저자들은 여성의 몸을 통해 표현되고 실행되는 실천적인 신앙에 초점을 맞추고 있다고 주장한다.[8] 당시 전 유럽을 휩쓸던 사도 운동(apostolic movement)의 물결 가운데 베긴 여성들, 특별히 여기 기술되고 있는 세 명의 초기 베긴 여성 신비가들 역시 그리스도를 본받고자 하는 사도 운동을 자기 삶에서 자신만의 방법으로 다양하게 구현했다고 추정할 수 있다. 그러나 이 모든 것을 감안하더라도 현시대의 독자들은 세 명의 남성 저자들이 저술한 베긴 여성신비가들의 성인전기들을 읽을 때 매우 당혹스럽고도 불편한 느낌과 함께 받아들이기에는 너무도 버겁다고 느낄 것이다. 왜냐하면 세 작가들의 여성성인 전기 작품에는 과도할 정도의 육체적 고행, 자학적인 행위들, 지나치다 못해 부담스러운 육체적 학대, 부담스러운 자기 겸손, 과잉적인 연민과 눈물 등으로 점철된 내용으로 인해 당혹스러움을 느끼지 않을 수 없기 때문이다.

정도의 차이는 있으나, 세 작품의 내용에서 가히 폭력적이라고 할 수 있을 만한 묘사들로 인해 독자들은 성인전기에서 이러한 불편한 상황들이 어떻게 기술될 수 있는지 의아함을 느낄 것이다. 쟈크 비트리가 저술한 마리의 생애는 다른 두 작품에 비해 과도하지 않은 상황 전개와 완화된 묘사로 전개되지만, 클레

---

[8] Jennifer N. Brown, *Three Women of Liège*, 5.

르보의 필립이 쓴 스펠버크의 엘리자베스의 생애와, 토마스 칸팀프레가 쓴 경이로운 크리스티나의 전기에는 상황과 사건의 전개가 이해하기 어려울 정도로 불편하게 묘사된다. 특별히 이런 가학적이고 자해적인 행동과 상황에 대한 부담스러운 묘사는 모두 여성의 몸에 관련된 것이기에 쉽게 납득하기 어려운 것이 사실이다. 클레르보의 필립과 칸팀프레의 토마스는 다소 절제되지 않은 표현으로 극적이면서도 부담스러운 상황에 대해서도 마치 의도적인 것처럼 매우 상세한 묘사를 하고 있다. 특별히 토마스는 경이로운 크리스티나의 기이한 행동들이 매우 폭력적일 수 있음에도 불구하고 별반 거리낌이 없는 듯 기록하고 있다. 독자들은 비록 현대와는 시공의 차이가 있는 중세 시대라고 할지라도 세 명의 성인 작가들이 어떻게 이런 표현을 어렵지 않게 사용할 수 있었는지에 대해 의구심이 들 것이다.

이러한 의구심에 대해 『리에주의 세 여성』의 저자인 제니퍼 브라운은 그 원인을 '이미타티오 크리스티', 곧 '그리스도를 본받는' 전통에서 찾는다. 그리스도의 출생에서부터 십자가에서의 죽음에 이르기까지 그리스도의 전 생애 가운데 가장 핵심적인 요소가 다름 아닌 "고통"이라는 것이다.[9] 그리스도를 닮고 싶고 그리스도를 본받는다고 하면서 그리스도가 겪었던 고통을 제외한 그리스도의 모방이라고 한다면 그리스도를 따르고자 하는 진정성이 의심된다는 의미다. 가장 누추하고 낮은 자리로 오셔서 가난과 배고픔, 그리고 십자가에서의 수난과 고통, 죽음에 이르기까지 그리스도를 본받고 그리스도를 따른다는 것은 그리스도의 고난과 고통을 온 마음과 몸으로 받아들이고 그가 걸었던 길을 따라 걷는다는 의미다. 그러기에 사도운동에 참여했던 당시의 베긴 여성신비가들에게 그리스도를 따르는 사도의 길에서 고통의 문제는 회피할 수 없는 도전이었다.[10] 다른 한편, 고통의 문제는 그리스도의 수난 외에도 그의 어머니 성모 마리아의 슬픔과 아픔의 고통으로 연결되고 있다는 점 또한 지적된다. 성모 마리아의 고통은 죽은 아들 예수를 안고 비통해하는 어머니의 슬픔, 피에타상을 통해 인류의 깊은 공감을 불러일으키는 모성애에 기인한 고통이다. 아들을 잃어버린 어머니의 고통은 그 어떤 것으로도 대체할 수 없고 어떤 말로도 표현할 수

---

[9] Jennifer N. Brown, *Three Women of Liège*, 8.
[10] Ibid.

없는 가장 큰 상실의 고통이지만 이는 내면적인 고통이며 가시적으로 육체를 통해 드러나는 물리적 고통은 아니다. 그러나 그리스도의 고통은 내면의 고뇌와 고통뿐만 아니라 극도의 잔인한 폭력에 의한 물리적이고 육체적인 외적 고통까지 동반한 고통이다. 세 명의 베긴 여성신비가들은 마리아의 모성애에 기반한 정신적이고 내면적인 고통이 아닌 오히려 그리스도를 본받기 위해 그리스도의 수난에 동참하며 외적이고 육체적인 고통까지 온 마음과 몸으로 따르고자 했던 것으로 이해할 수 있다.[11]

세 명의 여성성인 전기 작가들 역시 이러한 그리스도를 본받는 '이미타티오 크리스티' 전통에 참여하는 베긴 신비가들을 잘 이해하고 있었으며 그 때문에 여성들의 몸을 통해 그리스도의 고통을 묘사하는 데 주저함이 없었을 것으로 이해할 수 있다. 더욱이 이전부터 전래되는 이와 유사한 유형을 가진 전형적인 성인전기의 존재가 클레르보의 필립과 칸팀프레의 토마스에게 부담스러울 정도의 기이한 사건이나 행위들을 구체적으로 묘사할 수 있는 전제가 되었던 반면, 자신들이 구체적으로 쓰는 글들의 영향력이나, 실제로 자신들이 여성의 몸을 대상으로 이야기하고 있다는 사실을 망각하게 했을 것이라는 점도 역시 지적되고 있다.[12] 이미타티오 크리스티 전통에 참여한 세 명의 초기 베긴 여성신비가들에게 고통이 없는 육체는 고난 속에 살고 죽으셨던 그리스도를 따르는 삶과는 무관한 것으로 오히려 육체적인 고통의 강도가 심할수록 그리스도를 더욱 가까이 따르는 삶이라 여겨졌음을 알 수 있다.[13] 인류를 구원하기 위해서 죽음의 고통까지 감당하신 그리스도처럼 연옥에 있는 영혼을 위해 죽음에 이르기까지의 고통을 감당하고자 했던 모습을 경이로운 크리스티나에게 발견할 수 있다. 비록 정도는 각각 다를지라도, 세 명의 베긴 여성신비가들은 자신들이 감당해야 하는 고통의 정도가 크면 클수록 그리스도를 더 닮을 수 있으며 더 많은 사람들의 영혼을 구할 수 있을 것이라 믿었던 것으로 보인다. 이에 대해 브라운은 그리스도를 본받기 위한 베긴 여성신비가들의 고통은 하나님을 향한 그들의 사랑, 그리고 그들을 위한 하나님의 사랑을 확증하는 신비가들의 고유

---

11 Ibid.
12 Ibid., 7.
13 Ibid., 8.

한 헌신의 신학에 내재되어 있다고 주장한다.[14]

베긴 여성신비가들의 성인전기물의 전수

클레르보의 필립이 쓴 『성 스펠베크의 엘리자베스의 생애』, 칸팀프레의 토마스가 쓴 『성 경이로운 크리스티나의 생애』, 그리고 쟈크 비트리가 쓴 『성 마리 드 와니의 생애』, 세 개의 작품은 모두 본래 라틴어로 저술되었다. 세 작가는 현 벨기에 지역에 속한 리에주 교구에서 세 명의 베긴 여성신비가들을 직간접적으로 알게 되어 그들의 이야기를 라틴어로 작성했으나, 이후 이 작품들은 영국으로 건너가 당시의 영어 즉 중세 영어로 번역되었다. 따라서 현대 독자들을 비롯해 중세 시대의 대중들이 이들 세 명의 성인전기를 접하고 읽을 수 있었던 작품은 중세 영어로 번역된 것이다. 유럽대륙의 저지대 국가에서 라틴어로 쓰인 성인전기 작품이 어떤 이유로 어떻게 바다 건너 영국에서 영어로 번역될 수 있었을까를 묻는 질문에 브라운은 중세 후기에 브라반트-리에주 지역과 영국 간의 무역과 교류가 활발해지면서 여러 작품들의 교류도 자주 이루어졌다고 알려준다. 부연하면, 당시 영국 사람들은 대륙의 저지대 국가들의 책과 예술, 그리고 건축에 커다란 영향을 받았으며 현 벨기에, 당시 플랑드르 지역에 발달된 직조 도시들은 직물의 원료를 전적으로 영국의 양털에 의존했다고 전한다. 따라서 저지대 국가들을 휩쓸었던 여성 종교 운동, 특별히 리에주 교구에 속한 베긴 여성신비가들의 명성 역시 바다를 건너 영국에까지 그 영향을 미쳤다는 사실을 어렵지 않게 이해할 수 있다.[15]

스펠베크의 엘리자베스의 생애와 오와니의 마리의 생애에 관한 13세기, 14세기의 번역본들은 영국 도서관에서 발견할 수 있다. 그러나 이러한 13세기와 14세기 번역본들과 15세기의 옥스퍼드, 성 요한 칼리지의 MS 182와 MS

---

[14] Ibid.
[15] Jennifer N. Brown, *Three Women of Liège*, 10. Caroline Barron, 'Introduction: England and the Low Countries 1327–1477', in *England and the Low Countries in the Late Middle Ages*, ed. by Caroline Barron and Nigel Saul (Phoenix Mill: Sutton, 1995), pp.1–28 (p.1). 재인용.

Douce 114의 번역본들과는 차이가 있다고 알려진다.[16] 그리고 15세기의 사본 두 개는 종내에는 카르투시오회 수도원에 소장되었다. 카르투시오회 도서관들은 중세 시대에 유명한 신비주의 작품과 영성 작품들을 많이 보유하고 있으며, 특별히 자국어 문학에 대한 영국 카르투시오수도회의 관심은 여성을 위해 쓰인 문헌, 그리고 여성들이 쓴 문헌에 그 초점이 있다고 알려져 있다. 이에 대한 예증으로 카르투시오회의 도서관은 줄리안 노리치(Julian of Norwich)의 작품인 『하나님 사랑의 계시들』(Revelations of Divine Love)와 마그리트 포레테(Marguerite Porete)의 작품 『소박한 영혼의 거울』(The Mirror of Simple Souls)의 유일한 중세 영어 번역본을 보유하고 있다. 또한 마저리 켐프의 책(The Book of Mergery Kempe)의 유일한 사본도 보유하고 있으며, 남성 신비가이면서 작가로서 여성의 영성에 관한 글을 쓴 헨리 수소(Henri Suso)의 호롤로지움(Horologium) 같은 문헌을 보유하고 있는 등 여성을 위한 특별한 문헌들이 풍부하다는 것을 알 수 있다.

  여기서 논의 되는 초기 베긴 여성신비가들의 주요 출처가 되는 문헌은 옥스퍼드 보들리안 도서관(Oxford, Bodleian Library), MS Douce 114 문헌으로서 15세기 중세 영문으로 번역된 세 명의 베긴 여성신비가들의 성인전기를 대조하며 참조하고 있으며 그 외 현대 영어번역본을 주로 참고하고 있다. 옥스퍼드 보들리안 도서관 MS Douce 114 문헌에 제니퍼 N. 브라운이 기본정보 소개와 주석, 그리고 해석을 첨부해서 한 권으로 엮은 책은 『리에주의 세 여성』이다. MS Douce 114, 세 명의 베긴 신비가들의 생애 문헌 배치는 제일 먼저 스펠베크의 엘리자베스, 그다음이 경이로운 크리스티나, 그리고 마지막이 오와니의 마리 순서로 되어있다. 책의 목차를 구성할 때, 연대기를 따를 것이라는 일반적인 예상과는 달리 MS Douce 114, 세 명의 초기 베긴 여성신비가들의 생애는 연대기 순서가 아닌 가장 덜 알려진 작가와 주인공으로부터 시작해서 좀 더 알려진, 그리고 가장 많이 알려진 작가와 주인공의 순서를 따르고 있다. 따라서 그 순서를 그대로 따라서 본 글의 2부 목차 순서도 연대기 순이 아닌 MS Douce 114의 순서에 따르겠다. 사실 이 세 명의 초기 베긴 여성신비가들은 현

---

16 Jennifer N. Brown, *Three Women of Liège*, 11.

대 독자들의 입장에서 볼 때 1부에서 제3의 신학자로 분류한 세 명의 베긴 여성신비주의학자에 비해 친숙하지 않다. 따라서 클레르보의 필립이 저술한 스펠베크의 엘리자베스 성인전기를 먼저 살펴보고, 칸팀프리의 토마스가 저술한 경이로운 크리스티나 성인전기, 그리고 마지막에 그래도 가장 널리 알려진 쟈크 비트리의 마리 드와니의 생애 전기를 살펴보겠다.

3

성 스펠베크의
엘리자베스

Imitatio Christi와 그리스도 수난의 영적 공연

제3장

성 스펠베크의 엘리자베스 Imitatio Christi와 그리스도 수난의 영적 공연

베긴 여성신비가 스펠베크의 엘리자베스의 삶은 매우 특별한 성격을 가지고 있으며 신비가로서의 역할과 위상에서도 다른 신비가들과는 구별된 점들이 있다. 그 때문에 엘리자베스의 이름 앞에 붙여진 상징적인 명칭 또한 다양하다. 엘리자베스는 '금욕주의자', '은수자' 혹은 '예언자' 등 다른 여성신비가들과 일반적으로 공유하는 명칭 이외에도 '성스러운 공연 예술가', '몸의 수행자' 혹은 '몸으로 표현하는 설교자' 등, 다른 여성신비가들에게서는 쉽게 찾아볼 수 없는 독특한 명칭으로 호명되기도 한다. 그러나 실제로 13세기와 그 이후에 엘리자베스의 명성을 널리 알린 것은 무엇보다 엘리자베스의 몸에 있는 성흔(stigmata), 곧 예수 그리스도의 몸에 있던 상처가 엘리자베스의 몸에도 그대로 있었다는 사실과 더불어 그리스도 수난을 온몸으로 표현한 그녀의 공연 때문이었다. 엘리자베스는 그리스도께서 겪으신 수난을 온몸과 마음으로 자신이 겪어내고 있는 듯 그대로 재현하는 거룩한 연극을 거의 매일 무대에 올려 관객들 앞에서 공연을 수행한 것으로 유명하다. 엘리자베스의 몸에 있는 그리스도의 성흔과 그녀의 성스러운 공연은 무엇보다도 그리스도를 향한 그녀의 깊은 사랑과 연민으로부터 나온 이미타티오 크리스티(Imitatio Christi) 전통 잇는, 그리스도를 본받는 자신의 삶을 통해 예수 그리스도의 고난의 발자취를 따르는 생의 여정이었다고 할 수 있다.

그리스도의 십자가 수난을 공연할 때면 엘리자베스의 양손과 발, 옆구리의 성흔에서 피가 흘렀다는 이야기를 접할 때, 21세기 논리 실증주의적인 사고에 익숙한 독자들은 자연스럽게 성흔의 유무, 성흔으로부터의 출혈에 대한 사실 여부에 촉각을 세우게 된다. 그러나 엘리자베스의 성흔에서 정말 피가 흘렀는지 혹은 아닌지, 그 사실을 규명하는 것에 초점을 둔다면 끝나지 않는 논리 실증적 순환의 덫에 갇히게 될 것이다. 따라서 성흔에 관한 사실 규명보다 더 본질적이고 더 중요한 것은 엘리자베스의 성흔에 관한 이야기가 유래된 이유와 그 배경, 그리고 그 의미를 알아보는 것이다. 따라서 이어지는 내용에는 『성 스펠베크의 엘리자베스의 생애』를 저술함으로 베긴 여성신비가 엘리자베스를 세상에 알린 클레르보의 필립 수도원장에 대한 간략한 소개와 함께 그의 문헌의 성격에 대한 설명에 이어서 엘리자베스의 가족 배경과 당시의 정치사회적 배경을 살펴보기로 하겠다. 그리고 클레르보의 필립이 작성한 『엘리자베스의 생애』에 묘사되고 서술된 성스런 공연에 대한 구체적 내용을 분석하고 마지막으로 그 의의를 종합해서 설명할 것이다.

클레르보의 수도원장 필립의 성인전기, 『성 스펠베크의 엘리자베스의 생애』

●

『성 스펠베크의 엘리자베스의 생애』는 당시 시토회 수도원의 원장인 클레르보의 필립(Philip of Clairvaux)이 라틴어로 저술한 성인전기 작품이다. 대략 1268년에 처음 저술된 라틴어 저작은 현재 영국에 두 가지 유형의 버전이 있다고 한다. 하나는 발췌된 형태의 버전으로 옥스퍼드 보들리안 도서관(Oxford, Bodleian Library)의 MS 보들리(Bodley) 694이다.[1] 또 다른 유형은 상당히 완전한 형태의 버전으로 캠브리지 코퍼스 크리스티 칼리지(Cambridge, Corpus Christi College) MS 138, 캠브리지 지저스(Jesus) 칼리지 MS 24, 그리고 옥스

---

[1] 영국의 중세 도서관의 문헌에 대한 출처와 취득에 대한 설명이다. 예를 들어 MS Douce 114의 경우 보들리안 도서관에 소장된 원고(manuscript) 114번은 프란시스 두스(1757-1834)가 1834년 보들리안에 증여한 자료라는 것을 알 수 있다.

퍼드 보들리안 도서관 MS 보들리 240이 있으며, 엘리자베스 문헌과 함께 경이로운 크리스티나와 오와니의 마리의 생애를 함께 포함한 라틴어 버전인 옥스퍼드 성 요한 칼리지 MS 182가 있다. 월터 시몬스에 따르면, 약 10개 정도의 라틴어 버전의 엘리자베스 생애 문헌이 존재하는데 그 중 약 절반이 영국에 있다고 한다.[2] 중세 영어로 번역된 엘리자베스의 생애는 옥스퍼드 보들리안 도서관 MS Douce 114이다. 서문에 익명의 번역자 혹은 편집자가 라틴어에서 영어로 번역하는 데 대한 어려움을 토로하면서 필립이 쓴 엘리자베스의 생애를 중세 영어로 소개한다.

『성 스펠베크의 엘리자베스의 생애』는 제목이 보여주는 것처럼 성인전기(hagiography)로 분류되어 알려지지만, 실제 책의 내용을 살펴보면 저자인 필립이 엘리자베스를 만나고 그가 목격한 엘리자베스의 모습과 활동을 사실 그대로 증언하는 보고서와 같은 형식을 지닌 글이다. 클레르보의 필립 수도원장이 처음 엘리자베스를 만나게 된 계기는 1267년 봄, 리에주 교구에 위치한 시토회(Cistercian)의 헤르켄로드(Herkenrode) 수도원을 방문하면서다. 필립 수도원장은 그곳에서부터 몇 마일 떨어진 스펠베크 마을에 이례적일 정도로 성스러운 활동을 하는 엘리자베스라는 여성이 살고 있다는 말을 들었다.[3] 필립 수도원장은 그 말을 듣고 직접 엘리자베스를 만나기 위해 스펠베크로 갔으며 그녀와의 만남에서 크게 감동받은 후 클레르보로 돌아가서 엘리자베스와의 만남을 상세히 기록했다. 필립 수도원장이 엘리자베스를 처음 만났을 때 그녀의 나이는 20세였다. 이렇게 필립 수도원장이 엘리자베스를 방문하고 그의 방문을 보고하는 식의 글은 1268년에서부터 시작해서 1272년에까지 작성해 마침내 『성 스펠베크의 엘리자베스의 생애』라는 성인전기로 발전되었다. 필립 수도원장은 일인칭 대명사를 사용하여 직접 화법으로 다음과 같이 말하며 글을 시작한다.

> 나, 곧 클레르보의 필립 신부는 그 지역에 있는 우리 교구의 수도원을 방문하면서 놀라운 주님의 기적에 대해 듣게 되었고 처음에는 거의 믿지 않았다. 그

---

2 Jennifer N. Brown, *Three Women of Liège*, 191.
3 W. Simons and J. E. Ziegler, "Phenomenal Religion in the Thirteenth Century and Its Image: Elizabeth of Spalbeek and the Passion Cult" *Studies in Church History*, vol. 27 (1990).

러나 실제로 내가 직접 방문하고 내 눈으로 엘리자베스를 직접 보았을 때 내가 들은 것은 절반밖에 되지 않는다는 것을 깨달았다. 나는 나의 눈으로 목격한 것 중에서 내게 분명하게 보인 것들을 몇 가지 설명하겠고 나의 겸손한 의견과 나의 결백한 양심의 판단에 따라서 가장 주목할 만하고 놀라운 것들을 먼저 소개하겠으며 다른 사람들에게 들은 것 중 신뢰할 만한 것을 덧붙이겠다.[4]

따라서 클레르보의 필립 수도원장이 쓴 내용은 눈으로 보고 귀로 들은 사실을 매우 구체적이고 상세한 묘사를 하는데 심지어 엘리자베스가 행한 기적들, 그리고 그녀의 몸에 난 성흔에 대해서도 직접 목격한 바를 그대로 보고하는 것처럼 생생하게 사실적으로 묘사하고 있다. 현대 독자들은 이러한 필립 수도원장의 사실적 묘사에 대해 해석학적 의심의 관점에서 읽게 마련이지만 적어도 저자인 필립이 자신이 목격한 바를 증언하는 문체로 적었다는 것은 사실이다.

이 처녀가 우리 주 예수 그리스도의 상흔을 가장 분명하게 가지고 있다는 사실이 알려져야 한다; 그녀의 양손, 두 발과 옆구리 … 의심이나 흉내, 그리고 사기 등의 여지가 전혀 없으며. 유사성 혹은 거짓의 여지도 없다. 최근에 생긴 상처에서 피가 흐르듯 흘렀고 특별히 매주 금요일에는 더욱 피가 흘렀다. 그녀의 손과 발에 있는 상처는 둥근 모양이고 그녀의 옆구리 상처는 창에 찔려 만들어진 것처럼 타원형의 모양으로 생겼으며 나머지 상처들은 못으로 생긴 상처처럼 보였다.[5]

필립 수도원장은 이렇게 사절단과 함께 엘리자베스가 거처하고 있는 곳을 방문해서 그녀가 그리스도의 수난을 공연하는 모습과 그녀의 모든 활동을 관찰한 점과 자신이 느낀 점을 상세히 기록하고 있다. 필립이 작성한 보고서 형식을 띤 문헌을 분석하기 전에 먼저 스펠베크의 엘리자베스가 누구인지를 먼저 살펴보도록 하겠다.

[4] Elizabeth Spearing, ed. and with an Introduction and Notes, *Medieval Writings on Female Spirituality* (New York: Penguin Books, 2002), p. 107. Jennifer N. Brown, *Three Women of Liège*, 28.
[5] Elizabeth Spearing, ed., *Medieval Writings on Female Spirituality*, 107.

성 스펠베크의 엘리자베스

13세기 저지대의 리에주 교구 출신 베긴 여성신비가인 스펠베크의 엘리자베스(Elisabeth of Spalbeek)는 1246년에 출생해서 1304년까지 50여 년의 생애를 신비가로서, 복음 전도사로서 살았다. 제시 뉴스(Jesse Njus)는 스펠베크의 엘리자베스에 대한 보다 깊은 이해를 구하기 위해서는 단순히 영적이고 신앙적인 면에서만 탐구하는 것이 아니라 더 넓게 당시의 정치경제, 그리고 종교적인 상황까지 포함하여 폭넓은 탐구를 해야 한다고 말한다. 제시 뉴스에 따르면, 엘리자베스는 상당히 부유한 귀족 가문에서 태어났으며 어려서부터 병약한 몸이었다. 그녀는 5세 때부터 질병으로 인해 고통을 받았으며 자신의 질병을 그리스도의 신성한 채찍이며 훈련이라고 생각하여 이를 영적 공연으로 승화시켰다. 제시에 따르면 엘리자베스의 영적 공연은 그로부터 약 10년 이내인 어린 나이에 시작되었고 성흔도 그즈음에 받았을 것이다.[6] 클레르보의 필립 수도원장이 쓴 성인전기에서도 엘리자베스가 몸이 불편해서 몸을 가누기 힘들어 하는 모습들이 상세히 묘사되고 있다. 엘리자베스는 귀족 가문에서 태어나 정치적, 종교적으로 상당히 든든한 배경을 가진 것으로 기술된다. 우선 엘리자베스의 든든한 가족적인 배경과 그의 인맥은 엘리자베스의 친척인 릭켈의 윌리엄(William of Ryckel)을 통해서 연결되었다고 할 수 있다. 릭켈의 윌리엄은 후에 신성 로마제국의 황제로 즉위한 홀란드의 윌리엄 2세(William II of Holland)의 비서이자 채플린이었다. 홀란드의 윌리엄 2세는 1247년 그의 사촌들인 브라반트의 헨리 3세(Henry III of Brabant)와 길더스의 헨리(Henry of Guelders)의 도움을 얻어 신성 로마제국의 황제로 즉위할 수 있었다. 신성 로마제국의 황제가 된 홀란드의 윌리엄 2세는 이에 대한 보응으로 그의 사촌인 길더스의 헨리를 1247년 왕자의 신분으로서 리에주 교구의 주교(prince-bishop)로 선출하고 자기 비서이자 채플린이었던 릭켈의 윌리엄을 1249년 신트-트루이덴(Sint-Truiden)의 대수도원장으로 임명했다. 엘리자베스의 친척이자 신트-트루이덴의 수도원장인 릭켈의 윌리엄은 이후에도 각자의 죽음에 이르기까지 세

---

[6] Jesse Njus, "The Politics of Mysticism : Elisabeth of Spalbeek in Context" *Church History* 77:2 (June 2008), 295.

사람과 매우 긴밀한 동맹 관계를 유지했다. 따라서 엘리자베스의 정치적이고도 종교적인 든든한 배경은 바로 그의 친척인 릭켈의 윌리엄 수도원장을 통해 연결되었다고 할 수 있다.[7]

신트-트루이덴의 대수도원장인 릭켈의 윌리엄은 모든 면에서 평가가 좋았다고 한다. 그는 좋은 대수원장이면서 수도원의 재정과 평판을 회복시켰다. 윌리엄 대수도원장은 1258년 신트-트루이덴에 성 아그네스 베긴회(the beguinage of Saint Agnes)를 세웠다.[8] 필시 자기 친척, 베긴이었던 엘리자베스에 대한 관심과 배려로 베긴회를 후원하지 않았나 생각된다. 이렇게 윌리엄 대수도원장은 그 지역의 베긴 여성들을 보호하고 지원하였으며 그런 면에서 친척인 엘리자베스를 여러모로 도왔을 것이다. 제시 뉴스는 신트-트루이덴의 대수도원장 릭켈의 윌리엄은 리에주의 주교인 길더의 헨리와 함께 연합해서 친척인 엘리자베스를 도왔을 것이며 이러한 도움은 그녀가 자유롭게 신앙생활을 하는 배경이 되었을 것이라고 기술한다.[9] 실제로 클레르보의 필립이 쓴 성인전기에도 비록 명시적으로 이름을 거론하지는 않지만, 성직자들이 엘리자베스를 후원하고 도왔다는 사실이 언급된다. 실제로 스펠베크 마을에는 엘리자베스의 침실과 기도실이 있는 작은 성당이 있다고 한다. 제시 뉴스는 클레르보의 필립이 쓴 엘리자베스의 생애 내용을 지적하며, 엘리자베스의 친척인 신트-트루이덴의 대수도원장이 그녀를 위해 원형의 공간을 가진 방을 만들고 성당을 세웠다는 것을 확인한다. 엘리자베스의 방은 칸막이를 세워 예배실과 분리하였으나, 몸을 움직일 수 없는 그녀가 하루 종일 머물러야 하는 침대에서 예배실의 제단을 볼 수 있도록 설계되었다고 한다.

윌리엄 대수도원장의 도움으로 인해 남다른 후원과 지지를 받았음에도 불구하고, 엘리자베스는 어려서부터 병약한 몸으로 일생 자유롭게 이동할 수 없는 육체적인 고통을 지니고 있었다. 필립의 성인전기에서도 언급되는 것처럼, 엘리자베스가 5살이던 해, 집에 화재가 발생했을 때도 몸을 움직일 수 없었던 엘리자베스는 누군가의 도움이 없이는 홀로 빠져나올 수 없었고 이 일화는 그 지

---

[7] Jesse Njus, "The Politics of Mysticism: Elisabeth of Spalbeek in Context", 287.
[8] Jesse Njus, "The Politics of Mysticism", 288.
[9] Ibid., 289.

역 사람들 모두가 알고 있었다고 전해진다.[10] 엘리자베스가 자기 몸을 움직일 수 있을 만큼 힘을 낼 수 있는 때는 오로지 영적 공연을 할 때였다. 그러나 그렇다고 해서 그녀가 원하는 대로 자유자재로 이동할 수 있는 것은 결코 아니었다. 어려서부터 홀로 고립될 수밖에 없었던 엘리자베스는 자의적으로 은수자로서 살았던 노리치의 줄리안처럼 자신의 의지에 따른 선택이 아니라, 이동할 수 없는 육체적인 장애로 인해 은수자로 살아야 했지만, 엘리자베스는 영적 공연을 통해 세상을 향해 자신을 개방했다. 집을 떠나 여행을 할 수 없었던 엘리자베스는 그리스도의 수난을 연극으로 구성하여 무대에서 공연을 실행함으로써 다른 베긴 여성들과 연결되기 시작했고 많은 사람과 교류할 수 있었다. 엘리자베스의 영적 공연 소식과 함께 그녀의 몸에 있는 성흔에 대한 소문이 널리 퍼졌으며 더불어 그녀의 명성이 높아지자, 각처에서 많은 사람이 엘리자베스를 만나고 영적 공연을 보기 위해 찾아왔으며 엘리자베스가 거처하고 공연하는 예배당은 순례지가 되었다.[11]

  엘리자베스가 그리스도의 수난을 공연한 예배당은 릭켈의 윌리엄 대수도원장이 자기 친척인 엘리자베스가 공연할 수 있도록 별도의 예배당을 세워준 것으로 기록된다. 엘리자베스를 위한 별도의 예배당이 세워진 정확한 연도는 알 수 없으나 릭켈의 윌리엄이 신트-트루이덴의 대수도원장으로 임명된 해가 1249년이라는 것을 감안한다면 당연히 그 이후이며 클레르보의 필립 대수도원장이 엘리자베스를 만나기 이전임을 짐작할 수 있다. 엘리자베스를 위한 예배당은 이전부터 존재하고 있던 성당의 동쪽 끝에 새로 신축되었다고 한다. 이후, 스펠베크의 엘리자베스가 죽은 지 100년 후인 14세기에 다시 교회 중앙부에 성도들이 앉는 좌석의 오른편으로 다른 색깔의 돌을 사용해서 새로운 예배실을 만들었다. 그런데 월터 시몬스(Walter Simons)와 치글러(Ziegler)의 연구에 따르면, 이 예배당의 개조 시기는 클레르보의 수도원장이 쓴 『성 스펠베크의 엘리자베스의 생애』의 사본들이 배포되는 시기와 일치한다고 말한다. 월터와 치글러는 윌리엄 대수도원장이 엘리자베스를 위해 처음 예배당을 신축한 일을

---

10 Philip of Clairvaux, "The Life of St Elizabeth of Spaalbeek" in *Medieval Writings on Female Spirituality* ed. by Elizabeth Spearing (New York: Penguin Books, 2002), 108.

11 Philip of Clairvaux, "The Life of St Elizabeth of Spaalbeek," 291.

제1차 캠페인이라고 호명하고 14세기 두 번째로 엘리자베스의 예배당을 다시 개조한 것은 제2차 캠페인이라고 호명한다. 그리고 제3차 캠페인은 17세기에 다시 일어났는데 엘리자베스를 시토회 성인으로 추대하고자 하는 움직임과 함께 성인 목록에 포함시키려는 운동이 전개되었는데 이와 동시에 엘리자베스의 예배당을 또 다른 색깔의 돌들을 사용하여 확장했다고 한다. 결과적으로, 엘리자베스를 위한 예배당의 신축과 개조, 확장 등은 엘리자베스를 성인으로 숭배하는 점진적인 과정과 맞물린 일련의 캠페인이라고 설명한다.[12]

스펠베크의 엘리자베스는 청중들 앞에서 그리스도의 수난을 공연하면서 그녀의 명성이 널리 알려지게 되었고 원근 각처에서 많은 사람이 엘리자베스의 공연을 보기 위해 찾아왔다. 그러나 스펠베크의 명성의 나날이 높아져 간 이유가 단지 공연 때문만은 아니었다. 엘리자베스의 몸에 있는 성흔을 보기 위해 스펠베크의 예배당을 찾아오는 사람들이 많았다. 엘리자베스의 공연은 그리스도의 수난에 관한 공연이었고 때문에 그리스도의 고통을 온몸으로 표현하는 엘리자베스에게 그리스도의 성흔이 있다는 것이 큰 무리 없이 받아들여졌음에도 불구하고 엘리자베스의 성흔에 관한 논란은 멈추지 않았다. 프랑스의 프란체스코회 수사인 투르네의 길버트(Gilbert of Tournai)는 1274년 제2차 리옹 공의회에 참석해서 "교회들의 추문 모음"(Collectio de Scandalis Ecclesiae)이라는 자신의 논문을 발표하며 다음과 같은 말을 했다. 이에 대한 제시 뉴스의 설명에 따르면, 그 프란체스코 수사는 교회의 개혁을 호소하며 베긴 여성들에 대한 문제점들을 나열했다. 이어서 그는 "이러한 어리석은 여성들 가운데는 그리스도의 성흔을 가지고 있다고 공개적으로 소문내는 여성이 있다고 이의를 제기하며 만일 그게 사실이라면 은밀하게 감추지 말고 더 공개적으로 알려야 한다. 그러나 사실이 아니라면 그 위선과 거짓에 대해 수치감을 느끼도록 해야 한다"고 강경하게 말하며 조사를 요청했다고 한다.[13] 프란체스코 수사가 엘리자베스라는 이름을 공개적으로 명시하지는 않았으나 여러 가지 정보와 정황상 엘리자베스라는 것은 공공연한 것으로 알려진다. 왜냐하면 1274년은 필립 수도원장이 엘리자베스를 방문한 지 6~7년 후로서 엘리자베스의 명성이 더욱 확산되고 있던

---

[12] W. Simons and J. E. Ziegler, "Phenomenal Religion in the Thirteenth Century and Its Image", 120.
[13] Jesse Njus, "the Politics of Mysticism," 294.

시기라는 점을 감안하면 프란체스코 수사가 자신의 정치적 목적인 개혁안을 관철하기 위해 베긴 여성신비가인 엘리자베스를 겨냥했을 것이라고 평가한다.[14]

뿐만 아니라 프란체스코 수도회의 수사, 투르네의 길버트가 엘리자베스의 성흔을 문제 삼은 것은 중세의 이미타티오 크리스티(imitatio Christi) 전통과 연관해서 생각할 수 있다. 그리스도를 본받고 따르고자 하는 여성과 남성들은 인간의 몸으로 성육한 그리스도의 육체적 고통까지 자기 몸으로 체현하고자 하는 열망 가운데 그 증거로서 그리스도의 성흔을 자기 몸에 갖기를 원했다는 것을 알 수 있다. 당시 프란체스코 수도회뿐만 아니라 많은 사람이 그리스도의 성흔을 가진 대표적인 성인(the saint)은 프란체스코 수도회의 설립자인 성 프란체스코라는 것을 거의 이론의 여지없이 받아들였다. 그러나 그리스도의 성흔의 기적이 오직 성 프란체스코에게만 일어난다는 것을 받아들일 수 없었던 일부 사람들과 도미니크 수도회를 비롯한 다른 수도회들은 그리스도의 성흔의 기적이 자신들에게도 일어났다고 하는 주장들로 논쟁이 발생하기도 했다. 그 때문에 프란체스코 수도회에 속한 투르네의 길버트 수사 역시 성 프란체스코가 유일한 그리스도의 성흔의 보유자라는 정당성을 주장하면서 성 스펠베크의 엘리자베스가 성흔을 지녔다는 소문을 비판하며 그에 대한 감시와 조사의 필요성을 제기했다고 볼 수 있다.[15] 이에 반해 도미니크 수도회의 경우 그리스도와 하나가 되는 연합의 경험은 육체적인 상흔을 남긴다고 주장하며 성 프란체스코만이 성흔의 유일한 보유자라는 주장에 도전했다.[16] 시몬스와 치글러에 따르면, 엘리자베스의 생애를 쓴 클레르보의 필립 수도원장이 엘리자베스의 성흔에 대해 구체적으로 강조하며 묘사한 것은 프란체스코 수도회가 그리스도의 성흔에 대한 상징을 전유하고자 하는 것에 대해 견제하기 위함이라고 해석한다.[17] 중세 후기에 여러 여성들이 그리스도의 성흔을 가졌다고 알려졌으나 교회법에서 인정하고 승인한 여성은 불과 몇 명에 불과하다고 한다. 클레르보의 필립 수도원장은 자신이 저술한 엘리자베스의 생애에서 자신이 목격한 엘리자베스의 영적 공연에 가장 많은 부분을 할애하면서 독자들을 공연 현장으

---

14 Ibd.
15 W. Simons and J. E. Ziegler, "Phenomenal Religion in the Thirteenth Century and Its Image", 123.
16 Ibd.
17 Ibd.

로 안내한다. 이어지는 장에서는 엘리자베스의 그리스도 수난에 관한 영적 공연에 관해 설명하겠다.

스펠베크의 엘리자베스의 영적 공연

필립 수도원장의 보고서에 따르면 엘리자베스는 성무일도(Divine Office)라는 매일 7개의 정해진 미사와 기도 시간에 공연했다. 7개의 정해진 성무일과에 따라 기도 시간을 나누는데 시간은, 야과경이라고 하는 자정과 새벽 사이의 기도인 마틴스(Matins), 일시경인 오전 6시 기도 프라임(Prime), 그리고 삼시경인 오전 9시 기도 테체르(Terce)와 육시경인 정오기도 섹스트(Sext), 구시경인 오후 3시 논(None)과 해 질 무렵 저녁기도인 베스퍼(Vespers)와 취침 전 종과 기도인 콤플린(Compline)이다. 엘리자베스는 성무일과에 따라 그리스도의 수난을 온몸으로 체현하며 공연했다.

1. 클레르보의 필립이 보고하는 엘리자베스의 마틴스의 공연: 그리스도 수난의 시작

매일 자정이 되면 엘리자베스는 놀라울 정도로 그리스도의 수난의 시작을 분명하게 재현한다. 마틴스의 시간에 엘리자베스는 그리스도가 수난당하시는 가장 초기의 장면에서 악한 사람들의 손에 의해 주님께서 잔인하게 여기저기 끌려다녔는지를 자기 몸을 통해 실제적인 움직임을 보여준다. 필립의 보고서에 따르면, 엘리자베스는 자정이 다가오면 침상에서 일어나기 전, 황홀경 상태로 들어갔으며 그때 그녀의 몸은 나무나 돌처럼 경직되어 아무런 움직임도 감각도 없었으며 거의 숨도 쉬지 않는 것처럼 보였다고 기록된다. 이렇게 황홀경 상태에서는 엘리자베스의 몸을 만질 수도 없을 정도로 경직되어 작은 손가락조차 움직이지 않았다. 마침내 엘리자베스가 황홀경 상태에서 벗어나 의식이 돌아오게 되면 침상을 벗어나 자신의 방안에서 가벼운 걸음으로 왔다 갔다 걸었으며 앞뒤로도 걸었는데, 이럴 때면 사람들은 이동하기 어려운 엘리자베스

가 천사들에 의해 인도받고 있다고 믿었다고 한다.[18]

필립 대수도원장이 처음 엘리자베스를 만났을 때는 그녀의 나이가 20세였으며 몸이 불편해 혼자서는 자유롭게 이동할 수 없는 상태였다. 엘리자베스의 육체적 장애는 5세 때 시작되어 지속적으로 육체적인 고통으로 어려움을 겪었다. 엘리자베스가 오랫동안 시달린 육체적 고통에 대해 필립 수도원장은 말하기를, 엘리자베스의 나이 5살부터 20살에 이르기까지 하나님께서 체벌의 막대기로 훈련하셨다고 하며, 엘리자베스가 흠 없이 순수하고도 완전한 순결성을 지니고 있다는 사실이 바로 하나님께서 체벌의 막대기로 훈련한 증거라고 해석한다.[19] 이에 대해 필립은 내가 지금 언급하는 것은 내 눈으로 직접 목격한 것은 아니고 다른 사람에게 들은 이야기에 자신의 의견을 더한 것이라고 설명한다. 필립은 이어서 덧붙여 말하기를 내가 기록한 이야기를 듣거나 읽는 사람들은 엘리자베스의 행동과 내적 충동이 엘리자베스 자신의 강인함에서 비롯된 것이 아니라 오직 하나님의 능력에서 나온 것이었다는 것을 잊지 말아야 한다고 당부한다.

필립의 기록에 따르면, 황홀경에서 깨어난 엘리자베스는 놀라운 힘으로 고통과 아픔을 견디며 일어서 언제나처럼 양모로 된 상의와 땅에 약간 끌리는 린넨으로 된 겉옷을 입고 방 안을 앞뒤로 계속해서 이동하면서 양손으로 자신의 양쪽 뺨을 쳤는데 그 소리가 매우 크고 선명하게 들렸다고 한다. 엘리자베스는 마치 타악기를 사용하고 높은 음정의 심벌즈를 사용하는 것처럼 자신의 양손으로 양쪽 뺨을 치는 방법으로 야간기도 시간을 알리려는 것 같았다고 한다. 이후에 엘리자베스는 우리 주님이 수난당하시는 모습을 묘사하기 시작하는데 주님께서 어떻게 잡히셨으며, 얼마나 끔찍하고 잔혹하게 끌려갔는지를 나타낸다. 바로 이때, 엘리자베스는 오른손으로 자기 옷을 자기 가슴 위쪽으로 움켜쥐고 오른쪽으로 자기 몸을 끌어가고 그런 다음에는 다시 왼손으로 옷을 움켜쥐고 왼쪽으로 자기 몸을 끌고 갔다. "너희가 마치 도둑을 잡으러 검과 곤봉을 가지고 나왔느냐"라고 예수님께서 하셨던 말씀처럼, 엘리자베스는 마치 도둑

---

[18] Philip of Clairvaux, "The Middle English of Elizabeth of Spalbeek", in *Three Women in Leige*, 29-30. & *Medieval Writing on Female Spirituality*, 108.

[19] Philip of Clairvaux, "The Life of st Elizabeth Spaalbeek, in *Medieval Writing on Female Spirituality*, trans Elizabeth Spearing (New York: Penguin Books 2002), 108.

과 살인자가 다른 사람들의 손에 의해 무참하게 끌려다니는 듯, 자신도 격렬하게 끌려가며 몸이 앞으로 기울어지기도 했다.[20]

필립 수도원장의 보고에 따르면, 이후 즉시 엘리자베스는 오른팔을 쭉 뻗어 주먹을 쥐고 마치 분노에 찬 사람처럼 사납게 쳐다보며 마치 적대감이 가득한 것처럼 자기 두 눈과 두 손으로 무서운 사인과 몸짓을 만들었다. 그런 다음 엘리자베스는 자기 뺨을 강하게 치기 시작해서 그 강한 타격의 힘으로 말미암아 몸 전체가 땅을 향해 고꾸라졌다. 그런 다음 엘리자베스가 자기 머리 뒤쪽과 목 부분을 치자 얼굴이 앞으로 떨구어지고 몸은 앞으로 구부러졌으며 놀랍게도 자기 머리를 땅에 부딪쳤다. 또 다른 시간에도 역시 엘리자베스는 자기 이마 주위의 짧은 머리카락을 격렬하게 움켜쥐고 자기 머리를 바닥에 내리치자 발을 움직이지 않은 채 몸이 흔들리며 아래로 내려갔다. 그리고 엘리자베스는 자기 머리카락을 오른쪽과 왼쪽 양쪽에서 잡아당기며 자기 손으로 낚아채서 다른 방향으로 몸을 끌어내렸다. 엘리자베스는 주먹과 손바닥으로 자기 뺨을 때렸고 이제는 자기 손가락으로 볼을 떼어내듯이 움켜잡았다. 그러고는 다시 팔을 굽히고 다른 팔의 손바닥을 안으로 접고 검지를 내밀어 눈을 공격하면서 마치 양쪽 눈을 파내는 것처럼 번갈아 가며 거듭해서 반복했다. 엘리자베스는 한 번도 들어보지 못한 새로운 방식으로 고통을 당하는 그리스도의 역할과 함께 그리스도를 고문하는 적의 역할을 모두 맡아서 홀로 연기했다. 다시 말해 엘리자베스는 한편으로는 스스로 고통을 당할 때는 주님의 인격적인 역할을 수행했으며 또 다른 한편은 그녀가 당기고 끌고 치고 위협하는 동안에는 적의 역할을 대신한 것이었다.[21]

필립 대수원장의 계속되는 보고에 따르면, 이런 방식으로 그리스도의 수난을 실행한 후 엘리자베스는 바닥에 등을 대고 모든 짐으로부터 벗어나는 것처럼 쉬는 자세로 누웠다. 온몸의 기운이 빠지고 엘리자베스는 천상에 속한 영적인 위로를 간절히 바라며 영적으로 하나님께로 향한다. 긴 휴식의 시간 이후에 엘리자베스는 일어서 힘을 얻고 기력을 회복해서 위에서 기록한 재현의 방식 그대로 자정의 두 번째 야간 기도 시간을 준비한다. 시편 대신에 엘리자베스는

---

20 Ibid.
21 Philip of Clairvaux, "The Life of st Elizabeth Spaalbeek", 109.

자기 뺨을 탬버린으로 사용하고 육체를 하프로 사용하고 자기 손과 손가락을 연주하는 채로 사용하는 등, 이렇게 새롭게 노래하는 방식으로 야간 기도 시간을 진행한다. 그리고 앞에서 설명한 그 순서대로 엘리자베스는 주님이 수난 당하신 초기 부분을 다시금 재현한다.[22]

   진행 과정이 마무리되었을 때 엘리자베스는 자신이 있는 힘을 다해 수행했던 견디기 어려웠던 과정에서 벗어나 휴식을 취한다. 어느 정도 시간이 지나면 엘리자베스는 종종 죽어가는 사람처럼 한숨을 내쉬며 흐느끼기 시작했다. 그리고 엘리자베스는 마치 영혼을 포기한 것처럼 의식을 잃었고 그의 온 육체는 모든 고통과 수고에서 벗어나 휴식을 취한다. 이제 엘리자베스는 오랫동안 황홀경 상태에 머문다. 사람들이 본 바에 따르면 나무처럼 굳은 팔과 다리, 핏기 없이 창백한 얼굴, 그리고 감정과 움직임과 혹은 숨결조차 없는 죽은 몸과 같았다고 한다. 결국은 생명을 주기도 하고 가져가시기도 하시는 우리들의 주님은 폭풍을 거두고 밝은 날을 가져오시며 다시 생명을 회복시키신다.[23]

   다음으로, 엘리자베스는 십자가에 못 박힌 주님의 그림이 그려진 나무판을 양손으로 들고서 헌신적인 마음으로 주님을 바라보며 "사랑스런 주님, 사랑스런 주님"이라는 말을 반복했다. 엘리자베스는 그려진 주님의 발에 반복해서 입을 맞추며, 가끔은 길고 행복하면서도 사랑스러운 깊은 숨을 내쉬었는데 가슴과 목에서 올라오며 입술에서 속삭이는 소리와도 같았다고 한다. 그러고는 온 마음을 다해 그림을 차분하게 쳐다본 후 주님이 당하신 수난을 느낀 후에 엘리자베스는 다시 익숙한 황홀경 상태에 빠져서 그림을 든 채로 완전히 온몸이 굳어졌다고 기록된다. 한편으로는 엘리자베스의 입술은 그려진 주님의 발에 눌려 있었으며, 그의 목과 머리는 바닥으로부터 약간 들려 있었으며 엘리자베스의 몸은 움직이지 못한 채 바닥에 평평하게 뉘어져 있었다고 한다. 그녀가 황홀경에 들어갈 때면 그 위치에 따라 그림은 그녀의 가슴에 기대어 있었고, 때로는 그림이 그녀의 얼굴 가까이에 있었다. 황홀경 상태 중간중간에 엘리자베스의 손가락이 그림을 너무도 꽉 잡아서 누군가가 그림을 억지로 빼려고 하거나 흔들어 끌어당기려고 해도 그녀로부터 분리할 수 없었으며 그림의 움직임

---

22 Ibid., 109-110.
23 Ibid., 110.

에 따라 엘리자베스의 몸 전체가 움직였다고 기록된다.[24]

필립의 증언에 따르면, 시간이 어느 정도 지난 후에 엘리자베스의 영혼은 영적인 기쁨의 나라로부터 돌아와 몸이 다시 회복되고 기쁨을 되찾으며 얼굴은 아름다운 빛으로 밝게 빛났다고 한다. 엘리자베스는 한동안 이런 상태를 유지하였고 이를 지켜본 사람들은 하나같이 말하기를, 엘리자베스가 주님의 그림을 보면 볼수록 그녀에게서 더 큰 기쁨이 느껴졌고 그녀의 헌신적인 모습을 느낄 수 있었다고 말했다. 이어서 필립은 자신이 느낀 바를 다음과 같이 적고 있다. 실로 엘리자베스가 기쁨을 느끼는 동안에도 그녀의 태도는 조금의 변화도 없었다. 마치 어떤 사람도, 그리고 어떤 것도 그녀의 눈에 보이지 않는 것처럼 그녀는 누구에게도 말하지 않았고 그녀에게 말하는 사람에게조차 대답하지 않은 채 그녀의 얼굴은 오로지 꿋꿋하게 그리스도의 그림만을 응시했으며, 오직 우리 주님만을 생각했다고 한다.[25]

필립 대수도원장은 말하기를, 지금까지 이 모든 것들이 이전에 자신이 기록한 것보다 훨씬 엄숙하였고 놀라운 방법으로 진행되고 나면 엘리자베스는 그리스도의 그림을 덮고 그 옆에 있는 누군가에게 전해주었다고 기술한다. 그런 후에 엘리자베스는 어머니와 어린 자매들의 도움으로 그녀의 방으로 이동해서 침상에 누울 수 있었다. 이렇게 그리스도의 수난의 시작을 영적 공연으로 재현한 엘리자베스는 프라임 시간까지 기쁨과 편안함 가운데서 주님께 감사하고 찬양하였다고 기술된다.

2. 프라임 시간을 위한 엘리자베스의 공연

필립은 이제 프라임 시간에 관해 설명하겠다고 말하며 위에서 이미 설명한 것들이 반복되는 부분은 빼고 기록하겠다고 말한다. 프라임 시간에 이르자 엘리자베스는 황홀경 상태에서 벗어난 후 매우 빠르게 일어나 똑바로 곧추서서 양손을 등 뒤로 두 손을 서로 붙이고 오른쪽 팔꿈치를 왼쪽 손가락으로 잡고, 왼쪽 팔꿈치를 오른쪽 손가락으로 잡았다. 엘리자베스는 그렇게 자신의 양손

---

24 Ibid.
25 Philip of Clairvaux, "The Life of st Elizabeth Spaalbeek", 111.

을 뒤로 붙여서 마치 공개적으로 체포되어 양손이 묶인 채 법정이나 교수대로 끌려가는 도둑처럼 방안을 걸었다. 전 프라임 시간 동안 엘리자베스는 주 예수 그리스도께서 어떻게 안나스에게로, 그리고 가야바에게로, 그리고 빌라도에게로, 그리고 빌라도에게서 헤롯에게로, 그리고 또다시 빌라도에게로 모욕적이고 수치스럽게 끌려갔는가를 자신의 양손을 뒤로 묶고 재현한 것이다. 필립은 고백하기를 처녀의 몸으로 자신의 손을 뒤로 묶고 있는 상태에서 직접 재현하는 폭력과 모욕의 모든 지표들을 필립 자신의 능력으로는 다 나열하며 설명할 수 없다고 말한다.[26]

엘리자베스는 몸을 굽히고 양손을 뒤로 묶인 채 끌려가듯 상당 시간을 방안에서 걸은 후에 양팔을 등 아래로 붙인 채로 방 안에 누운 후에 황홀경에 빠져들어 온몸이 뻣뻣한 채로 한동안 머물렀다. 그런 다음 그녀는 양손을 등 뒤에서 빼내어 손바닥으로 자신의 가슴을 세차게 여러 차례 치기 시작했는데 이를 지켜본 모든 사람들은 매우 놀랐다고 한다. 클레르보의 필립이 설명하는 이유는 엘리자베스가 양 손바닥으로 자기 가슴을 치는 강도가 설령 성격과 나이와 건강 등 모든 여건이 최고로 건장한 남성일지라도 그렇게까지 빠르게 무거운 타격을 가하고 고통스럽게 하는 것은 인간의 힘을 넘어선 것이었다고 판단했기 때문이다. 필립 대수도원장은 스스로 자문하기를, 자신은 이렇게나 연약하고 허약한 존재가 그렇게 세게 때리는 타격 행위가 더 놀라운 것인지 아니면 그처럼 센 타격을 맞는 것이 더 놀라운 것인지 모르겠다고 말한다. 그러면서 고백하기를, 그러나 이 모든 것은 불가능이 없으신 하나님께 속한 것이라고 믿는다고 말하며, 더욱이 본래적인 처녀의 모습인 엘리자베스는 움직일 힘조차 없는 연약한 몸이기에 더욱 그렇다고 말한다.[27]

필립은 마틴스에 이어 프라임 시간에 행한 엘리자베스의 공연을 간단하게 다음과 같이 정리한다. 필립의 보고서에 따르면, 실제로 그토록 놀랍고도 비참한 자기 학대적인 행위 이후에 엘리자베스는 즉시 매우 빠르고 민첩하게 누구의 도움도 없이 심지어는 자기 손도 사용하지 않으면서 혼자서 똑바로 일어섰다. 그런 다음 엘리자베스는 팔과 손을 등에 붙인 채로 이전처럼 방안을 오르

---

[26] Ibid., 112.
[27] Ibid.

내리더니 마치 동상처럼 굳은 자세로 서 있었는데 이와 같은 방법이 바로 프라임 시간을 축하하는 방식이었다. 즉 걷거나 서거나 혹은 눕거나 혹은 그 밖에 자기 자신을 타격하는 것 외에도 기도문을 암송하는 것; 이후에는 고뇌와 고통과 슬픔이 뒤따르고 그런 다음 황홀경 상태에 들어가게 되고 황홀경 이후에는 그림을 들고서 그림을 응시하고, 이후에는 위로와 기쁨과 즐거움이 찾아오고, 다시금 황홀경 상태로 들어가며, 침상으로 옮겨진다. 그리고 이처럼 앞서 마틴스 시간 때 기술한 것처럼 프라임 시간이 종료되었다.[28]

3. 제삼 시경, 오전 9시의 성무, 터스(Terce)

필립 대수도원장의 기록에 따르면, 확실히 제삼시와 그 이후의 시간대에 엘리자베스는 이전처럼 시작하고, 그대로 계속하고 마쳤으나, 예외적으로 제삼시에는 땅에 앉거나 중요하게 생각하는 것의 옆에 서있음으로 해서 우리 주님이 어떻게 기둥에 묶여 있는가를 보여주었다. 엘리자베스는 양팔을 가슴 앞에 두고 팔꿈치 아래에 손가락을 넣어 양팔을 서로 붙이고, 이 위치에서 그녀는 양팔을 가슴에서 떨어뜨리며 마치 그녀의 양팔과 가슴 사이에 기둥을 위한 빈 공간이 있는 것처럼 표현했다. 엘리자베스는 그렇게 함으로 우리 주님 예수의 팔이 단단히 묶인 상태에서 기둥을 어떻게 감싸고 있는지를 최대한 나타내고자 했다. 그리고 이외의 다른 모든 것은 앞에서 설명한 대로 마무리되었다고 설명한다.[29]

4. 제육 시 정오기도 섹스트(Sext), 제구 시 오후 3시 논(None), 저녁기도 베스퍼(Vespers)의 공연: 십자가상에서의 그리스도의 죽음

계속해서 클레르보의 필립 대수도원장은 제육 시경의 정오기도 섹스트와 제구 시경의 오후 세 시 논, 그리고 저녁기도인 베스퍼 시간에 엘리자베스의 공연을 보고 자신이 느낀 것을 보고하고 있다. 필립 대수도원장은 엘리자베스

---

28 Philip of Clairvaux, "The Life of st Elizabeth Spaalbeek," 112.
29 Ibid., 112-113.

가 마틴스와 터스에서 행한 예식과 공연의 거의 모든 것을 섹스트와 논, 그리고 베스퍼에서도 동일하게 수행했다고 한다. 엘리자베스는 이번에도 성무일과 시간에 이르면 황홀경에 들어갔으며 이번에는 침상에서 빠르게 일어나 자신의 한 발을 다른 발 아래로 넣고, 그것들을 함께 꼬면서 똑바로 섰다. 그러고는 십자가 모양으로 양팔과 손을 폈으며 눈은 떴으나 보지도 느끼지도 못하는 양 얼마 동안 그 자리에 그렇게 머물렀다. 그리고 만약 언제든지 그녀의 오른손 새끼손가락이 만져진다면, 다른 손가락과 함께 그녀의 전신이 똑같은 방식으로 움직이게 된다. 그렇게 몸이 흔들리거나 손을 내밀지 않으면서 오랜 시간 동안 다리와 몸을 똑같은 자세로 서 있으면서도 엘리자베스는 넘어지지 않았다. 그러나 엘리자베스는 자기 몸을 뒤로 꺾어서 마치 십자가 위에 있는 것처럼 기절하듯 바닥에 누웠다. 그러고는 잠시 후 앞에서 언급한 대로 엘리자베스는 오랜 시간 동안 매우 격렬하고도 빠르게 자기 가슴을 쳤다. 필립에 따르면, 엘리자베스로부터 가까이 있었던 사람들은 그녀가 자기 가슴을 얼마나 때리는지 그 횟수를 세면서 약 100번을 때렸을 거라고 추정했으며, 때로는 그녀가 양손으로 자기 가슴을 타격한 숫자가 약 200번까지 이르렀을 거라고 말했다는 것을 기록하고 있다.[30]

엘리자베스의 한 발이 다른 발 위에 꼬여있는 채로 누워 있는 동안은 걸을 수 없기에 엘리자베스는 명쾌하게 표현할 수 없는 방식으로 자기 가슴과 등, 그리고 옆구리를 돌려 자세를 변경하며 누워 있었다고 한다. 필립은 계속해서 보고하기를, 잠시 후에 엘리자베스는 그녀의 다른 발이나 양손을 사용하지 않은 채 민첩하게 일어서서 땅에 닿아 있는 한쪽 발 위에 다른 한쪽 발을 겹친 채로 똑바로 섰다고 보고하면서, 필립 대수도원장은 필시 이 글을 읽는 사람들은 어떻게 이렇게 놀라운 일이 이루어졌는지 이해할 수 없을 것이라는 말을 덧붙인다. 엘리자베스는 다시금 십자가 모양으로 자기 몸을 펼쳤다고 한다.[31] 필립 대수도원장에 따르면, 엘리자베스는 다른 때에는 한 발로 서 있는 채로 온몸을 완전히 바닥 쪽으로 숙이며 한쪽으로 기울어져서 오랜 시간 동안 이와 같은 자세를 유지했다고 전한다. 그녀가 상처 입은 한쪽 발로 몸을 지탱하며 오랫동안

---

[30] Philip of Clairvaux, "The Life of st Elizabeth Spaalbeek", 113.
[31] Ibid.

기울이고 있는 것은 인간의 힘을 초월하는 것처럼 보이기도 한다고 기록된다.

필립 자신이 기억하기로, 엘리자베스는 성무일과 예배 시간이 끝나가는 즈음에 십자가에서의 예수님의 모습을 재현했으며, 그런 다음 우리 주님을 십자가에서 내려오게 하는 행위를 연기했던 것으로 기억한다고 말한다. 십자가 위에서 주님의 다양한 모습을 통해 주님의 고통을 체현한 후에 엘리자베스는 말로는 도저히 형용하기 어려울 정도의 깊은 경건의 기도하는 순서로 이어갔다. 여기서 필립은 마치 한탄하는 것과 같은 어조로, 글을 써서 표현하는 자기 능력이 마음의 열망보다 훨씬 미치지 못한다는 아쉬움을 고백하며, 자신이 글로 표현하는 것보다 엘리자베스가 드리는 경건의 기도가 훨씬 더 감동적이라는 것을 독자들에게 알리고자 한다. 그리고는, 우리 주님의 죽음을 의미하는 십자가 위에서의 그리스도를 마지막으로 연기한 후에 엘리자베스의 얼굴은 창백하고 혈색이 없었으며 머리를 앞쪽으로 떨구거나 오른쪽 혹은 왼쪽으로 기울였다고 한다. 그리고 엘리자베스는 마치 자신의 영혼을 포기하려는 양 흐느끼고 애통하면서 자기 머리를 오른쪽 어깨 위로 기울였고 잠시 후에는 평소처럼 땅에 누웠다고 기술한다. 실로, 주님께서 십자가에 매달리셨다는 제육 시경인 섹스트, 정오부터 3시경인 논, 그리고 저녁기도인 베스퍼 동안에 십자가상에서의 주님의 거룩한 표시들은 순전한 처녀의 몸과 팔과 다리에서 나타난다고 기록된다.[32]

5. 취침 전 종과 기도인 콤플린: 성 금요일, 그리스도의 매장

필립 수도원장은 취침 전 마지막 시간인 콤플린에서의 엘리자베스의 공연을 기록한다. 엘리자베스는 예배 시간에 자기 몸을 이동하며 앉거나 서서 우리 주님의 매장을 재현하고자 했다. 엘리자베스는 이전에 했던 것처럼 계속하고, 손으로 몸과 가슴을 치며 황홀경에 빠지기도 하고 기도하며 매일 행하는 공연의 순서에 따라 시간을 마감했다고 기록된다. 그러나 필립은 자신이 이전에 말했던 것을 더 설명하기 위해서는 엘리자베스가 마틴과 다른 시간대에 몸으로 표현한 예배가 얼마나 놀라운 것인지 알아야 한다고 강조한다. 때로 엘리자베스

[32] Ibid., 114.

는 자기 팔과 다리를 사용한 상징적인 행동으로 주님의 고난과 고통을 재현하고, 다른 때에는 탄식과 고통 가운데 자신의 마음과 몸으로 슬픔을 나타냈다. 그런 후에 고난의 열매인 부활을 얼마나 기뻐하는지를 자기 행동과 표정으로 보여주었으며, 드물기는 하지만 가끔 매우 기쁘고도 진지한 말로 자신의 기쁨에 관해 이야기할 때도 있었다고 한다.

필립 수도원장은 자신이 보고 들은 현장에 대해 다음과 같이 생생하게 증언한다. 그는 자신과 함께 참석한 수행자들, 곧 수도원장들과 수도사들은 자정 예배 때 혹은 다른 시간 때에도 엘리자베스의 눈에서 피가 나오는 것을 보았으며, 그 피가 떨어져 엘리자베스의 리넨 옷 위에 떨어져 얼룩지는 것을 목격했다고 증언한다.[33] 또한 금요일 정오 예배인 섹스트(Sext)에는 필립 수도원장 자신과 함께 참석한 수행자들 역시 엘리자베스의 손과 발, 그리고 옆구리에 있는 성흔에서 피가 흘러나오는 것을 보았다고 증언하고 있다.[34] 필립은 매우 구체적으로 묘사하기를 엘리자베스의 겉옷 구멍을 통해 완전히 빨간색이 아니라 마치 물과 섞인 것처럼 보이는 피가 그녀의 가슴을 따라 흘러나오는 것을 보았으며, 그녀의 살에 닿은 모직 천도 같은 피로 얼룩졌고 옆구리에서 나오는 피로도 얼룩졌다고 기록한다. 더욱이 엘리자베스의 몸에 닿은 옷뿐만 아니라, 다시 말해 그녀의 양손과 발 그리고 옆구리에 닿은 옷에 피가 튀었고 흐르는 피로 물들었으며, 엘리자베스의 눈에서 흐르는 피로 인해 그녀의 가슴이 온통 피로 얼룩져 있는 것을 보았다고 구체적으로 상세하게 기록한다. 필립 수도원장은 이어서 엘리자베스의 손톱과 살이 맞닿은 사이에서와 손끝에서도 피가 흘러나오는 것을 보았는데, 그것은 아마도 예수 그리스도의 팔과 손이 고통스럽게 묶여 있을 때 나온 피였을 것이라고 자신이 본 상황을 기술하고 있다.[35]

필립 수도원장은 계속해서 다음과 같이 묘사한다. 같은 날 금요일에 엘리자베스는 예수 그리스도의 어머니이신 복되신 성모 마리아께서 십자가 옆에 서 있는 모습을, 우리를 위해 표현했다. 그리고 엘리자베스는 자기 왼손을 왼쪽 뺨 아래에 놓고 머리와 목을 같은 방향 왼쪽으로 굽히며 오른손은 오른쪽 가슴

---

[33] Philip of Clairvaux, "The Life of st Elizabeth Spaalbeek", 115.
[34] Ibid.
[35] Ibid.

아래에 놓았다. 그리고 다른 표현에서 엘리자베스는 복된 성 요한 전도자를 묘사하기도 했다. 엘리자베스는 머리를 숙이고, 접힌 손가락들로 양손을 함께 엮어 자신의 왼쪽 아래로 내려놓았다. 필립은 강조하기를, 엘리자베스의 몸의 움직임과 표정, 그리고 태도에서는 부적절하거나 불쾌해할 만한 것이 전혀 없었다는 것을 알아야 한다고 말한다. 엘리자베스가 자신의 방 안을 걸을 때나 바닥에 몸을 던지거나 누워있거나 일어날 때 등 그녀의 몸이 모든 방향으로 움직일 때 엘리자베스는 옷으로 항상 자신을 가리고 부적절하거나 무례한 점은 전혀 나타나지 않았다고 필립은 말한다.[36]

필립 수도원장은 자신이 적고 있는 엘리자베스의 공연 기록에 대해 양해를 구하는 어조로 자신의 불완전한 기억, 그리고 자신의 부족한 글쓰기 능력으로 인해 생략한 것이 많았다고 말하면서도 지금으로서는 성무일과에 대한 기록만으로도 충분하다고 말한다. 필립 대수도원장은 자신과 동행했던 수도원장과 수도사들 일행이 엘리자베스를 만나 그곳에 오랜 시간을 머물면서 목격했던 놀라운 경험을 믿지 않는 사람들을 위해서 한 가지 사실을 알려야 한다고 말한다. 그러면서 필립은 오래전에 교구의 감독이 엘리자베스를 돌보고 보호하도록 존경할 만한 성직자를 선택했다고 설명하며 그 성직자는 신트-트루이덴의 베데딕트 수도원인 릭켈의 윌리엄이라고 소개하며 그가 엘리자베스의 사촌으로서 엘리자베스를 잘 돌보고 있다고 설명한다. 필립은 윌리엄 수도원장이 얼마나 인격적으로 훌륭하며 거룩하고 존경할 만한 지도자임을 알리고자 했다. 필립은 부연해서 설명하기를 윌리엄 대수도원장이 엘리자베스를 위해 예배당을 지었으며 작은 방도 만들어 거기서 하나님을 예배할 수 있도록 했다고 설명한다. 필립은 윌리엄 대수도원장이 세운 예배당과 방의 모습을 상세히 설명하면서 자신이 이 글을 쓰는 동안에도 윌리엄 대수도원장은 그리스도 안에서 가장 좋은 친구이자 엘리자베스에 관한 이야기를 지지해 주는 믿을 만한 사람이었다고 설명한다.[37]

---

36 Ibid., 116.
37 Philip of Clairvaux, "The Life of st Elizabeth Spaalbeek", 116.

6. 미사 시간에 엘리자베스가 한 일

클레르보의 필립 수도원장은 미사에 함께 참석하여 미사 시간에 참석한 엘리자비스의 모습을 상세히 보고한다. 필립은 구체적으로 묘사하지 않으나 엘리자비스는 침상에 누운 채로 미사를 드려야 했던 것으로 보인다. 필립의 보고에 따르면 엘리자베스는 미사를 집전하는 사제의 말씀에 놀라울 정도로 집중했으며 주님의 성체를 전심으로 갈망했다고 한다. 특별히 주님의 성체를 보는 순간 엘리자베스의 마음은 헌신의 열정으로 가득했으며 엘리자베스는 침상 위로 몸을 뻗쳐 놓고 양손을 옆으로 펼쳐 십자가 모양을 취했다. 이러한 자세에서 엘리자베스의 몸은 마치 금속 경첩처럼 뻗어져 고정되며 상체의 팔과 머리, 목과 어깨의 일부가 침대 바깥으로 나온 채로 미사가 계속되는 동안 움직이지 않았다고 기록된다. 성체를 바라보는 그녀의 얼굴은 제단을 향해 위로 내밀고 있었고 그녀의 허리부터 다리까지의 부분은 침대 위에 뻗고 있었다고 기록된다. 미사가 끝나고 사제가 예복을 벗자, 엘리자베스는 다시 정상 상태로 돌아가 몸을 천천히 일으키고 자신의 침대 위에 다시 누웠다.

엘리자베스가 성체를 받으려 할 때, 제단을 향해 몸을 돌리고 그녀의 어머니와 자매들은 그녀를 일으켜 침대에 베개 2개를 올려놓거나 이불을 뒤에 놓아주었다. 엘리자베스는 눕지도, 앉지도 않은 중간 상태에서 손을 모으고 때로 눈물을 흘리며 겸손하게 기다렸다. 사제가 엘리자베스에게 성체를 주면 그녀는 자신의 영혼 전체로 주님의 성체를 받았다. 엘리자베스가 입을 열어 성체를 받는 순간에 그녀는 즉시 황홀경 상태로 진입했다고 한다. 황홀경 상태에서 엘리자베스는 입을 다물었으며, 입에는 성체의 흔적이 없으며 침을 삼키거나 성체를 드러내지 않았으며 치아나 입술, 그리고 뺨도 움직이지도 않았다고 기록된다. 엘리자베스는 이렇게 경직된 황홀경 상태에서 상당한 시간을 유지했다. 한동안 황홀경 상태에 있던 엘리자베스는 다시 정신을 차리고는 머리를 이전과 같은 위치로 뒤로 젖혔다. 필립은 엘리자베스의 표정을 글로도 말로도 표현할 수 없을 정도로 빛나고 우아했다고 기록한다. 필립 수도원장에 따르면, 어느 날 윌리엄 대수도원장이 필립 자신과 동료들에게 1266년 성 금요일에 엘리자베스의 머리가 2시간 간격으로 아프기 시작했다고 전해 주었다. 엘리자베스는 두통으로 인해 머리를 베개 위에 가만히 두지 못하고 계속해서 좌우로 흔들었다고 한다. 엘리자베스의 어머니와 자매들이 이를 보자 불을 밝히고 조심스럽게 엘리자베스의 머리를 살폈고 그러자 그들은 엘리자베스 머리 주위에서 주님의 가시관을 상징하는 가시 자국을 발견했으며 가시 자국 난 모든 부분에 붉은 핏방울이 맺혔다고 적고 있다.[38] 그리스도의 머리에 쓴 가시관 때문에 생긴 상처, 성흔이 엘리자베스에게도 생겼다는 것을 의미한다.

필립 수도원장은 엘리자베스의 성품에 관해 설명하면서 주변 사람들의 평가와 증언을 전한다. 엘리자베스는 외적으로도 순결하고 내적으로도 순결하며 엘리자베스의 입술은 악한 말과 거짓말을 내뱉지도 않으며 심지어 그녀의 입에서는 습한 기운이 나오지 않고 코에서도 불결한 것이 나오지 않는다고 증언했다고 기술한다. 필립은 엘리자베스의 금욕적인 생활에 대해서도 기록하고 있다. 엘리자베스가 먹은 것보다 아마도 비둘기 한 마리가 한 모금의 물을 더 잘 마셨을 것이라고 말하며 엘리자베스는 자신이 필요하거나 원해서가 아니라 다른 사람들이 원하기 때문에 음식과 음료를 섭취하는 것 같다고 하며 과일과 고기, 생선도 그저 국물만 먹을 뿐이라고 말한다. 필립 수도원장은 엘리자베스는 물론이고 그녀의 가족 모두가 하나님 앞에 정직하고 청빈했다는 것도 전해준다. 필립 수도원장은, 실로 엘리자베스의 모든 가족들은 우리가 직접 관찰한 바에 의해서나 혹은 신뢰할 만한 다른 사람들의 증언처럼, 참으로 놀라울 정도로 정직하며 순결하다는 감동 어린 고백을 적고 있다.

필립은 자신이 보고 들은 바를 기반으로, 엘리자베스는 그 자체로 기적의 존재이며 실제로 자신이 앞서서 기술한 것처럼 그녀의 전 생애는 모두 기적으로 가득한 생애라고 말한다. 엘리자베스는 자기 몸으로, 단순히 그리스도가 아닌 오로지 십자가에 못 박힌 그리스도를 공연으로 체현해 냈으며, 이에 더해 그리스도의 상징적인 몸인 교회를 표현했다고 기록하고 있다. 필립 대수도원장은, 다윗이 하루에 일곱 번씩 하나님께 찬양으로 올린 것처럼, '어떻게 엘리자베스가 하루 일곱 시간대에 걸쳐 하나님의 거룩한 예전을 몸으로 표현했는지를 보라'는 외침을 적고 있다.

---

[38] Ibid., 117.

결론적으로 필립은 말하기를, 엘리자베스는 자신의 상처와 고통으로 그리스도의 십자가 진리를 확증했으며, 고통 후의 기쁨과 즐거움을 통해 부활의 기쁨을 나타냈으며, 자신의 황홀경 속에서 그리스도의 승천을 확증했다고 증언한다. 필립은 계속해서 말하기를, 엘리자베스는 계시와 영적인 삶 가운데서 성령의 강림과 제단 위의 성례전과 성체와 고해성사를, 그리고 모든 사람들의 구원을 바라는 소망과 인류의 불의함과 저주에 대한 슬픔을 상징화하고 있다고 극찬하는 기록을 남겼다. 필립 수도원장은 보고서를 마무리하며, 자신이 기록한 내용이 독자 여러분에게 믿음의 힘과 사랑과 헌신의 소망을 불러일으키지 못한다면 모든 것은 필립 자신의 책임이라고 이야기한다. 그리고는, 이 문제에 관해 아직 쓸 내용이 많이 남아있지만, 자기 시간의 한계와 육체의 한계로 인해 펜을 놓겠다고 마무리 짓는다.

  그리고 클레르보의 수도원장 필립은 다음과 같이 덧붙인다. "주 예수 그리스도의 해, 1266년에 스펠베크의 성녀 엘리자베스의 삶이 끝나고 그리스도께로 돌아갔습니다."

성 스펠베크의 엘리자베스의 그리스도 수난 공연과 이미타티오 크리스티

●

지금까지 클레르보의 필립 수도원장이 엘리자베스 스펠베크를 만나고 직접 목격한 엘리자베스의 그리스도 수난 공연에 관한 섬세하면서도 생생하게 증언하는 보고서 형식의 글을 읽고 간략하게 정리했다. 필립 수도원장의 보고서를 읽는 독자들도 마치 엘리자베스의 공연을 직접 관람하고 있는 관객처럼 눈앞에서 엘리자베스가 그리스도의 수난과 고통을 묘사하는 것에 때로 탄성을 짓고 감탄할 수 있을 정도로 필립 수도원장은 그리스도의 수난 공연을 구체적으로 그려내고 있다. 엘리자베스 스펠베크는 신비주의를 연구하는 학자들에게도 연구된 자료가 별반 없었으며, 최근에 이르러서야 연구가 시작되고 있다. 그러나 놀랍게도 신학 분야보다는 오히려 예술계에서 엘리자베스에 관한 연극공연이 이루어지고 새로운 예술적인 관점에서 연구물로 나오고 있다.

어려서부터 병약했고 질병으로 인해 5살 때부터 혼자서는 거동할 수 없을 정도의 평생 장애를 가진 스펠베크의 베긴 여성신비가 엘리자베스는 참으로 특이한 이력을 가진 여성으로 기술된다. 평소 남의 도움 없이는 혼자 움직일 수도 없는 여성이 새벽부터 자정에 이르기까지 성무일과 시간에 따라 7번의 수난공연을 그것도 매일 매일 진행했다고 기록된다. 홀로 움직일 수 없기에 사람들을 만날 수 없었고 그래서 복음을 전하고 싶어도 전할 수 없었던 엘리자베스는 공연이라는 방식을 통해서 사람들을 만날 수 있었고 사람들에게 복음을 전할 수 있었다. 이런 점을 두고 엘리자베스는 영적 네트워킹에 매우 뛰어난 인물이었다고 평가하기도 한다. 귀족 가문에서 태어났지만, 병으로 인해 홀로 거동할 수 없는 고통을 평생 감당해야 했던 엘리자베스는 매 순간 누구보다도 그리스도의 고난과 고통을 더 깊게 느낄 수 있었으며 주님의 고난에 동참하며 살아갔을 것이다. 그리스도교 역사를 통해 이미타티오 크리스티, 그리스도를 본받고 따르는 오랜 전통 속에서 수많은 신비가들이 그리스도의 고난에 동참해 왔으며 특히 여성신비가들의 경우는 직접 몸으로 그리스도의 고난에 동참해 왔다. 엘리자베스는 장애로 인해 홀로 고립되어 폐쇄된 삶을 살지 않고 공연을 통해 자신을 다른 이웃들에게 개방하고 세상과 하나님께 더욱 넓고 깊게 교류할 수 있었던, 신앙에서도 자기 삶에서도 용기 있는 여성이다.

필립 수도원장은 엘리자베스의 생애를 처음에는 보고서로 작성했으나 이후 성인전기로 발전시켜서 저술했다. 형식은 여전히 목격한 것을 증언하는 보고서 형식을 띠고 있으나 책 제목처럼 내용은 성인전기임을 알 수 있다. 성인전기라는 장르의 특성상 주인공에 대해 과도할 정도의 칭찬 일색의 내용이 전개되고 주인공을 영웅으로 만들기도 하며 특히 성인으로 추대하고자 하는 목적으로 내용이 전개된다는 것을 알 수 있다. 현재까지 엘리자베스는 가톨릭교회에서 성인으로 시성되지는 못했다. 그러나 스펠베크를 위시해 그 주변의 지역에서 엘리자베스는 지역 사람들에 의해 성인으로 추대되고 있으며 엘리자베스의 예배당도 현존하고 있다. 본문에서 잠깐 설명한 것처럼 그의 사촌인 신트-트루이덴(Sint-Truiden)의 대수도원장인 윌리엄 릭켈이 엘리자베스를 위해 침실과 기도실이 있는 예배당, 그것도 거동이 불편한 엘리자베스를 위해 특별히 침실에서 예배 제단이 보일 수 있도록 설계한 예배당을 세웠다. 그리고 클레르보의 필립 수도원장이 생애 전기를 처음 출간하고 이후에 몇 차례 사본을 만들어 보급할 때마다 엘리자베스를 위해 예배당을 증축했던 것을 알 수 있다. 이는 세 차례에 걸친 캠페인을 통해 엘리자베스를 성인으로 시성하고자 하는 준비 움직임이었고 이런 움직임은 당시 시토 수도원과의 연결 속에서 진행되었다고 알려진다. 그의 사촌인 신트-트루이덴(Sint-Truiden)의 대수도원장은 이미 베긴회를 위해 건축하였고 또한 그의 막강한 정치적 인맥을 감안한다면 어려운 일은 아니었으리라 생각된다.

클레르보의 필립 수도원장은 엘리자베스의 생애 전기를 통해 엘리자베스의 공연 시 특히 금요일 공연에서는 그녀의 몸에 있는 성흔에서 피가 흘렀다는 것을 자신뿐만 아니라 자신과 함께 있었던 동료들과 함께 목격했다고 증언하고 있다. 당시 성인들의 경우 성흔을 가진 수도사나 성직자가 간혹 있었으며 대표적인 성흔을 가진 성인이 프란치스코 수도회의 창시자 성 프란치스코였다고 알려졌다. 대수도원장인 윌리엄 릭켈과 관계가 있는 시토 수도회가 엘리자베스 스펠베크를 성인으로 시성하기 위한 과정에서 엘리자베스의 성흔의 존재는 엘리자베스 자신뿐만 아니라 시토 수도회에도 큰 명예가 될 수 있는 요소였을 것이라고 판단된다. 물론 필립의 생애 전기에서 증언하는 엘리자베스의 성흔이 거짓이며 엘리자베스의 이야기가 온통 허구적이고 과장되었다는 이야기는 결코 아니다. 그리스도의 성흔이 매우 드물지만 다른 성인들에게도 나타난다. 그리스도의 성흔이 오직 성 프란치스코에게만 나타난다는 주장은 프란치스코 수도회 사람들의 주장일 것이다. 엘리자베스에게도 그리스도의 성흔이 있었다고 믿는다.

엘리자베스 스펠베크는 실제로 병약하고 혼자 움직일 수 없을 정도의 장애를 가졌음에도 불구하고 하루 7번, 그리스도의 수난을 공연함으로써 그리스도의 복음을 전하며 선교했던 독실하고 신앙적이며 그리스도를 사랑한 인물이라는 것은 과장이 없는 사실임에 틀림없다. 엘리자베스 스펠베크는 베긴 여성 신비가로 이미타티오 크리스티 전통 속에서 그리스도의 고난에 동참하며 온몸으로 그리스도의 고통이 어떤 것인가를 사람들에게 직접적으로 보여주며 그 전통을 이어간 인물이다. 엘리자베스는 그리스도를 본받는 전통을 이어가면서 성모 마리아의 내면의 고통뿐만 아니라 그리스도께서 십자가상에서 견뎌야 했던 육체적 고통에 직접적으로 참여한 베긴 신비가였다. 엘리자베스는 적어도 그녀의 그리스도 수난의 공연과 성흔을 보고자 원근 각처에서 수많은 사람이 몰려올 정도로 온몸으로 그리스도의 고난을 고통했던 베긴 신비가이며 필립 수도원장이 엘리자베스의 성흔을 목격했다고 증언할 정도로 그러한 근거가 되는 삶을 살았고 성흔을 간직한 베긴 여성신비가 엘리자베스 스펠베크였다.

4

성 경이로운

크리스티나
St. Christina the Astonishing

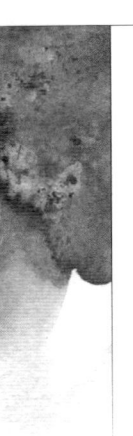

제4장

성 경이로운 크리스티나
St. Christina the Astonishing

『성 경이로운 크리스티나의 생애』의 작가 칸팀프레의 토마스(Thomas of Cantimpré)

●

『성 경이로운 크리스티나의 생애』를 저술한 칸팀프레의 토마스는 성 어거스틴 회에서 서품받은 사제였으며 이후 도미니칸 수도회에 입회했다. 그는 또한 성인전기 작가(hagiographer)이자 13세기에 가장 활발하게 활동했던 연대기 작가 중 한 명이기도 했다. 그의 주요 업적으로는 세 가지 유형의 문학 프로젝트를 완성한 이력을 가지고 있다고 알려져 있다.[1] 첫째는 1230년대에 쓴『사물의 본성에 관하여』(On the Nature of Things)로서 자연과학에 관한 자료집이며 설교 보조자료로 사용하기 위해 편집했다고 한다. 이 작품은 토마스 아퀴나스의 스승으로 알려진 알베르투스 마그누스(Albertus Magnus)와 도미니크 수도사인 보베의 빈센트(Vincent of Beauvais)의 백과사전 자료로 제공될 만큼 당시에는 상당히 성공적인 저작이었다고 한다. 두 번째는 설교자들을 위한 안내서인『벌의 책, 또는 보편적 선물』(The Book of Bees, or The Universal Goody)로서 토마

---

[1] Barbara Newman ed., *Thomas of Cantimpre: The Collected Saints' Lives*, Margot H. King and Barbara Newman trans. (Belgium, Turnhout: Brepols Publishers, 2008), 3. 본 글에서 다루는 토마스 칸팀프레의 성인 전기는 먼저 『경이로운 성 크리스티나의 생애』로 마고 킹(Margot King)과 바바라 뉴만(Barbara Newman)의 번역본을 사용함을 밝힌다.

스의 목회 경험에서 얻은 이야기를 설교 예화 자료로 엮은 책이다. 그리고 세 번째가 성인전기(hagiography)로서, 본 책에서 다루고 있는 『성 경이로운 크리스티나의 생애』(The Life of Christina the Astonishing)와 비트리의 쟈크(Jacques de Vitry)가 저술한 『성 드와니의 마리의 생애』에 토마스가 부록으로 첨부한 『성 마리 드와니의 생애 부록』(The Supplement to the Life of Mary of Oignies)이 있으며, 이외에도 『성 이프르의 마가레트의 생애』(The Life of Margaret Ypres)와 『아이위어스의 루트가르트의 생애』(The Life of Lutgard of Aywières) 등이 있다. 토마스 사제가 쓴 성인전기 가운데 『칸팀프레의 수도원장 요한의 생애』(The Lives of Abbot John of Cantimpré)를 제외하고는 대부분 성인(saint) 여성 신비가들의 생애를 다루고 있다.[2]

칸팀프레의 토마스는 1200년경 현 벨기에의 브뤼셀 근처 벨링건(Beilingen) 마을의 한 하급 귀족 가문에서 태어났으며 모국어인 네덜란드어(Dutch) 혹은 플랑드르어(Flemish), 그리고 학문적 훈련을 통해 습득한 라틴어까지 구사하며 당시 중요한 종교적 지적 흐름을 대변했다고 한다.[3] 토마스의 생애에 관한 이야기는 그가 쓴 『벌의 책』에서 주로 유추해 낼 수 있는데 자신의 과거 경험을 예화로 소개하고 있다.[4]

토마스의 아버지는 용감한 사자왕 리처드로 알려진(Richard the Lion-Heart) 영국 국왕으로부터 영지를 수여받은 기사(knight)였다고 기록된다. 바로 그 기사 아버지로 인해 토마스가 사제가 되었는데 이유는 아버지의 죄 때문이었다고 한다. 토마스의 아버지는 남이 모르는 자신의 죄로 인해 고민하다 속죄를 위하여 예루살렘 성지로 순례를 떠났다고 한다. 토마스의 아버지는 성지 근처에 있는 산에서 한 은둔자를 만나게 되었고 그에게 자신의 죄를 고백했다. 그 은둔자는 토마스 아버지가 하는 죄의 고백을 다 듣고 말하기를, 만일 당신이 당신의 아들을 성직자로 키우지 않는다면 당신의 죄를 용서받을 가능성은 없을 것이라고 말했다는 것이다.[5] 그 영향으로 토마스는 대성당 학교에 가게 되었고 1206년부터 1217년까지 그곳에서 학업을 하였다고 한다. 토마스의 나이

---

2 Babara Newman ed., *Thomas of Cantimpre*, 4.
3 Ibid.
4 Ibid.
5 Ibid., 5.

14세가 되는 해에 쟈크 비트리(Jacques de Vitry)를 만나게 되었고 쟈크의 설교는 토마스의 일생에 영향을 주었다고 한다. 학업을 마친 후 토마스는 칸팀프레에 있는 빅토리안 수도원(the Victorine abbey of Cantimpré)에 들어가게 되는데 그 이유는, 이후 토마스가 성인전기를 쓰게 되는 수도원장 요한의 명성 때문이었다고 한다.[6] 토마스는 어거스틴 성당 회원이었으며 그곳에서 사제 안수를 받았고 1232년에는 도미니칸 수도회에 속한 루벤(Leuven) 수도원에 입회했다. 이후 토마스는 보통 교구 사제들이 쉽게 다룰 수 없는 죄, 예를 들어 성적인 죄를 해결하거나 용서할 수 있는 고해 신부의 위치까지 승진했다고 한다.[7]

바바라 뉴먼의 설명에 따르면, 토마스는 어린 시절부터 성인전기에 대한 관심과 소질을 발견할 수 있었다고 한다. 토마스는 23세에 『칸팀프레의 요한의 생애』를 쓰기 시작해서 5년에 걸쳐 간헐적으로 쓰면서 요한의 죽음에 관한 마지막 장을 제외한 채 1228년에 완성했다. 토마스는 요한 수도원장을, 카타르 이단들(Cathars)과 논쟁했던 열정적이고 카리스마적인 설교가로서 고리대금업을 반대했으며 놀라울 정도로 많은 귀족과 고리대금업자들을 사도적인 청빈으로 개종시킨 정의롭고 열정적인 설교가로 묘사한다.[8] 토마스가 첫 성인전기의 주인공으로 요한 수도원장을 주인공으로 선택한 것으로 볼 때 독자들은 토마스가 어떤 사람인지 그의 성품을 어렴풋이나마 짐작해 볼 수 있다. 토마스 사제는 이렇게 첫 성인전기 작품인 『성 요한 수도원장의 생애』를 통해 주변에 자신의 이름을 알렸지만 정작 토마스를 유명하게 만든 것은 오히려 여성 성인 전기물이었다고 한다. 바바라 뉴먼의 설명에 따르면 당시 13세기 저지대 국가에서는 여성 성인 전기물이 전례 없이 번창을 누리던 하위 장르였다.[9] 토마스 사제는 비트리의 쟈크가 저술한 『성 마리 드와니의 생애』에 추가적으로 마리 드와니에 관한 많은 기적 사례와 일화를 보완하기 위해 마리의 생애 전기의 부록을 저술했다. 뉴먼에 따르면, 토마스가 마리 드와니의 생애 부록을 저술한 이유 가운데 마리의 기적과 이야기를 추가하는 이외에도, 마리 드와니의 이름으로 자신

---

[6] Babara Newman ed., *Thomas of Cantimpre*, 5.
[7] Ibid.
[8] Ibid., 6
[9] Ibid.

의 멘토인 쟈크 비트리를 꾸짖기 위한 목적도 있었다고 말한다.¹⁰ 토마스가 볼 때, 쟈크 비트리는 마리가 죽은 후 마리의 전기를 완성한 후에 곧바로 교회 권력의 더 높은 자리를 얻기 위해 리에주 교구를 버리고 떠났기 때문이라고 한다.

토마스 칸팀프레의 눈에는 쟈크 비트리가 권력과 명예를 추구하기 위해 자신의 사역지를 버린 것으로 생각했다는 것을 짐작할 수 있다. 실제로 토마스는 리에주를 떠나서 로마로 떠난 쟈크 비트리를 향해 참된 사제로서의 소명을 다시 찾기 위해 리에주로 돌아와 베긴회를 돌보고 사역해달라고 탄원했으며, 덧붙이기를 아마도 고인이 된 마리 드와니도 쟈크 비트리가 돌아오기를 진정으로 원할 것이라고 호소했다고 한다.¹¹ 결국 비트리의 쟈크는 끝내 리에주로 돌아오지 않았고 당시 교회 권력의 현장에서 승승장구했다는 것을 역사적 기록들을 통해 알 수 있다. 이 점에 대해서는 다음 장, "성 마리 드와니의 생애" 부분에서 자세히 다룰 것이다. 토마스 사제는 마리 드와니의 생애 부록과 경이로운 크리스티나의 생애 이외에도 여러 명의 베긴 여성신비가의 생애를 저술하면서 작가로서의 명성을 널리 알렸다고 한다. 토마스 사제는 누구보다도 베긴 여성신비가들과 친밀한 관계를 맺었으며 베긴 여성들이 자신들만의 고유한 방식으로 살면서 자유롭게 실천하는 종교 생활을 보호하고자 했으며 그들을 지지하고 후원하는 일을 자신의 소명으로 여겼다고 한다.¹² 뉴먼 역시 비트리의 쟈크 비트리가 리에주를 떠난 후 그의 빈자리를 토마스가 대신하면서 리에주 교구의 사제로서, 그리고 베긴 여성들의 지지자로 사역했다고 설명한다.¹³

토마스 칸팀프레는 '마리 드와니의 생애 부록'을 쓴 이후에 『성 경이로운 크리스티나의 생애』를 저술했다. 뉴먼은 토마스가 쓴 '크리스티나의 생애'에 대해 평하기를, 토마스는 다채롭고도 걷잡을 수 없이 광기 어린 한 여성을 신성하게 만들려는 위험을 감수했다고 평가하며 경이로운 크리스티나는 자주 악령에 사로잡힌 여성으로 오해받기도 했다고 말한다.¹⁴ 실제로 크리스티나의 생애를 읽었거나 읽고 있는 독자라면 예상치 못한 내용의 전개에 의아스러움과 당혹감

10 Babara Newman ed., *Thomas of Cantimpre*, 7.
11 Ibid.
12 Jennifer N. Brown, *Three Women of Liège*, 220.
13 Barbara Newman ed., *Thomas of Cantimpre*, 7.
14 Ibid.

을 느낄 것이다. 아마도 독자들은 크리스티나가 어떤 인물인지를 설명하고 그녀의 행동을 묘사하는 적절한 언어가 '경이로운' 혹은 '놀라운'이라는 형용사보다는 오히려 '기이한', '괴상한' 혹은 '기괴한'이라는 형용사가 적절하고 어울린다고 생각할 수도 있을 것이다. 베긴 여성신비가 크리스티나를 이렇게 느끼게 되는 근본적인 이유가 크리스티나 자신 때문인지, 아니면 그러한 성인전기를 저술한 저자 토마스 사제의 의도적인 각색 때문인지 아니면 두 요인이 모두 복합적으로 작용했기 때문인지 현대의 독자로서는 분간하기가 쉽지 않다. 자연과 초자연의 영역이 크게 구분되지 않았던, 특히나 종교적이고 영적 신비적인 차원에서는 기적적인 것과 사실적인 것이 혼재한다고 여겼던 중세 시대이기에 때로 두 영역을 병행해서 기술하고 혹은 혼용해서 사용했다는 것을 어느 정도 이해할지라도 여전히 풀리지 않는 의문이 남는 것 또한 사실이다. 당시 최고의 교육을 받았던 지성인으로서, 그리고 출중한 저술들로 자신의 명성을 널리 알렸던 칸팀프레의 토마스 사제가 한 번도 직접 대면하지 않았던 크리스티나를 어떤 이유로 여성 성인전기의 주인공으로 선택했는지, 크리스티나와 연관해서 어떤 점들을 부각시키려 했는지에 대한 논의는 지금도 여전히 진행 중이다.

한 여성신비가의 생애를 하나의 내러티브로 엮어내는 일은 결코 단순한 작업은 아니다. 그것도 다름 아닌 성인전기라는 장르는 그 특성상 적어도 그 시대와 지역 사람들에게 신앙적인 면에서도, 그리고 일상생활에서의 실천적인 면에서도 일반 사람들을 압도할 만큼 위대하거나 모범적이고 교훈적으로 강력한 영향력을 줄 수 있는 인물에 대한 저술이어야 한다는 암묵적인 과제를 갖는다. 따라서 성인전기의 저자는 작품 속 주인공을 영웅화하거나 때로 그 행적을 과도하게 해석하여 모두가 우러를만한 인물로 표현하거나 때로 신성화하는 경향이 있는 것을 알 수 있다. 그러나 거의 모든 성인전기 작가가 여성이 아닌 남성들이었으며 그것도 성직자였다는 것을 생각한다면, 성인전기 주인공의 성별과 가족적인 배경, 그리고 정치사회적 지위에 따라 성인됨의 특성이 매우 다르게 표현될 수 있다. 특별히 중세라는 시대적 배경에서 사제인 남성 작가가 평신도 여성신비가의 생애를 주제로 성인전기를 기획하고 저술할 경우 남성 성인전기와는 다양한 면에서 매우 다른 특징을 보일 수 있을 것이다.

토마스 사제의 첫 성인전기 작품은 남성 성인전기로서『성 칸팀프레의 요한의 생애』다. 요한의 생애에서 주인공으로 소개되는 요한 수도원장의 특성과 업적에 관한 기술은, 토마스의 『성 경이로운 크리스티나의 생애』의 크리스티나와는 다른 특징들로 나타난다. 칸팀프레의 토마스는 스콜라 신학 최고의 학자인 토마스 아퀴나스를 만났으며 아퀴나스의 스승인 알베르투스 마그누스의 강의를 들었고[15] 그가 쓴 과학 자료집이 알베르트 마그누스가 편찬한 백과사전의 자료로 사용되기도 했다. 이로 보건대 칸팀프레의 토마스 사제는 자연과학 분야에도 능통할 만큼 합리적인 지적 능력의 소유자였다는 것을 알 수 있다. 그런 토마스 사제가 요한 수도원장을 자신의 첫 성인전기 작품의 주인공으로 선정한 기준과 크리스티나를 채택한 기준이 상당히 달랐을 것임을 두 전기물의 내용을 통해 짐작할 수 있다. 토마스 사제가 묘사한 요한 수도원장의 모습은 청빈한 삶을 실천하며 가난한 자들을 돕는 정의롭고 이단과 맞서서 교회의 정통 교리를 수호하는 인물이며 하나님의 말씀을 열정적으로 선포했던 카리스마적인 설교자로서 성인으로 추대하고 숭배하기에 부족함이 없는 인물로 묘사되고 있다. 이에 대해 뉴먼은 요한 수도원장에 대한 개인적인 존경심 외에도, 토마스 사제가 성인전기를 쓰는 목적에는 대부분의 성인전기 작가처럼 목회적인 이유도 있었다는 점을 지적한다.[16] 다시 말해 성인전기를 통해 전기 작가가 속한 교구 교회 혹은 수도원 공동체의 명성을 높이고 때로 그 단체의 설립자를 알리는 등의 공동체를 위한 목회 차원에서 유용한 채널이 될 수 있기 때문이라는 것이다. 그 때문에 토마스 역시 다른 성인전기 저자들처럼 요한 수도원장의 이야기를 통해 요한 수도원장뿐만 아니라 수도원 동료들, 그리고 후임자들을 소개하면서 순례자들과 후원자들의 관심을 끌고자 했던 점을 짐작할 수 있다.

반면에 『성 경이로운 크리스티나의 생애』의 저자 칸팀프레의 토마스가 요한 수도원장의 생애를 저술한 같은 저자가 맞는지 의심스러울 정도로 여성 성인전기의 내용은 전혀 다른 유형의 이야기가 전개된다. 도미니크회의 요한 수도원장과는 달리, 교단의 배경이나 수녀원과 같은 조직된 공동체의 울타리와 지지가 없이 독립적으로 종교생활을 했던 베긴 신비가 크리스티나의 성인전기는 필시 요한 수도원장과는 전혀 다른 목적과 기획으로 구성했을 것이라는 점을

---

15 Barbara Newman ed., *Thomas of Cantimpre*, 10.
16 Ibid., 17.

짐작케 한다. 『성 경이로운 크리스티나의 생애』에서 주인공 크리스티나는 놀랍게도 3번 죽고 2번 부활하는 인물로 그려진다. 첫 죽음을 경험한 32세부터 74세의 마지막 죽음에 이르기까지 크리스티나의 전 생애는 연이은 기적 사건과 초자연적 현상이 지배하고 있으며 크리스티나에 대한 주변 사람들의 평가 역시 요한 수도원장과는 매우 다르게 인식된다. 두 성인 전기물의 남성과 여성 두 주인공에게서 드러나는 전혀 다른 모습과 다른 유형의 이미지로 인해 토마스 사제에게 여성과 남성의 성인됨(sainthood)의 근거와 표준은 매우 다를 것이라고 짐작하게 한다. 이는 요한 수도원장과 크리스티나의 성인전기의 차별화는 단지 사회적 교권적인 지위의 차이에만 있는 것이 아니라 두 사람의 성차(sexual difference)가 매우 중요한 요인으로 작동하고 있음을 알 수 있다. 요한 수도원장의 성인전기 내용과는 달리, 크리스티나의 성인전기에서 주인공 크리스티나는 이해하기 어려울 정도의 마술적이며 가학적이고 초자연적인 현상과 과도한 금욕주의적인 내용이 지배적이다.[17] 따라서 토마스의 여성 주인공 크리스티나의 생애 이야기는 독자들을 은혜롭고 신비로운 감동의 세계로 편안하게 안내하기보다는 어둡고 고통과 비탄만이 가득한 세계로 인도하는 듯하다.

특별히 크리스티나에게서 보이는 기적 사건은 극한의 금욕주의로 인해 때로 폭력적으로 보일 정도의 가학적이고 자해적인 모습이 여성의 몸을 통해 드러나는 급진적인 희생과 고통을 크리스티나의 성인됨의 기준으로 드러내는 듯하다. 따라서 토마스가 진술하는 크리스티나의 이야기에서는 일반 사람들이 본받고 추앙할 수 있는 한 인간의 모습을 거의 찾아내기 어렵다. 토마스 사제의 이러한 성향은 그가 추가로 보충 저술한 『성 마리 드와니의 생애 보충집』(The Supplement to the Life of Mary of Oignies)에서도 원 저자인 쟈크 비트리의 관점과는 사뭇 다르게 마리의 기적적이고 초자연적 사건의 내용을 주로 다루고 있다. 그럼에도 토마스 사제가 표현한 마리 드와니의 모습과 경이로운 크리스티나의 모습은 차별점이 있다. 부록집에서 기술된, 신앙인으로서 교훈적이고 모범적인 성인 마리 드와니의 모습과 비교해서도 이성의 한계를 벗어난 기적 사건으로 연속된 크리스티나의 생애에서 평범한 일반사람들이 본받을 만한 점

---

[17] Anne-Marie Korte ed., *Women and Miracle Stories: a Multidisciplinary Exploration* (Leiden Boston, Brill, 2004), 3-4.

을 찾기는 여전히 어렵다.

　뉴먼은 크리스티나의 생애 전기를 읽으며 당황할 독자들을 향해 기적 사건들과 초자연적인 현상에 대해 사실 여부를 확인하는 데 관심하기보다는, 오히려 이러한 모든 문제점들, 그리고 예상된 독자들의 당혹감 등, 모든 문제점을 알면서도 크리스티나의 생애전기를 쓰고자 했던 토마스 사제의 의도가 무엇인가에 관심을 기울이는 것이 더 중요하다고 일깨운다. 이에 더하여 뉴먼은 토마스의 크리스티나 생애를 마치 허구적인 판타지 소설로서 읽어서도 안 되며, 또한 하나의 본보기 또는 모범, 그리고 하나의 일화로 읽어서도 안 된다고 말한다. 독자들은 오히려 토마스 사제가 크리스티나라는 실존적인 한 여성에 대해 성인전기를 써야겠다고 추동한 참된 존재인 한 여성신비가에 대한 관심, 주변 사람들이 '경이로운', '놀라운'이라는 수식어로 표현해야만 했던 실재했던 한 여성 존재에게 주의를 기울일 필요가 있다고 말한다. 그러면서 만일 독자들이 그와 같은 질문들을 원천 봉쇄를 해버린다면 13세기 저지대 국가의 신트-트루이덴에서 살았던 한 베긴 여성신비가 크리스티나를 결코 이해할 수 없을 것이라고 말한다.[18]

칸팀프레의 토마스의 여성 성인 전기물
『성 경이로운 크리스티나의 생애』

●

『성 경이로운 크리스티나의 생애』 문헌은 현재 영국의 도서관에는 오직 두 개의 자료만이 남아있다. 그중 하나는 라틴어로 된 문헌으로 현재 옥스퍼드 세인트 존스 칼리지(St. John's College) MS 182가 있으며, 다른 하나가 중세 영어 번역본으로 옥스퍼드 보들리안 도서관에 있는 MS Douce 114 문헌이다. 크리스티나의 고향인 브라반트-리에주 지역에는 14세기부터 17세기에 이르기까지의 원고가 라틴어 본을 포함해서 약 4개 정도 있다고 알려진다.[19] 그러나 전체적으로는 모두 23개가 있으며 그 중 라틴어본이 모두 12개 있으며 네덜란

---

[18] Jennifer N. Brown, *Three Women of Liège*, 224-225.
[19] Ibid., 219.

드 번역본이 3개, 현대 영어번역본이 1개, 그리고 7개의 다른 언어의 번역본들이 있다고 알려진다.[20]

칸팀프레의 토마스 사제는 크리스티나를 단 한 번도 만난 적이 없으며, 크리스티나가 사망한 지 8년이 지난 후에야 크리스티나에 관한 성인 전기를 썼다고 한다. 따라서 토마스가 작품을 쓰는 데 필요한 크리스티나에 관한 정보와 이야기는 그녀를 알고 있거나 그녀의 이야기를 들었던 사람들에게 의존했으며 많은 부분을 비트리의 쟈크에게 도움을 받았다고 한다. 쟈크 비트리는 마리 드와니의 생애를 저술한 성인전기 작가로 마리 드와니의 중요한 스승이자 고해 사제로서 마리와 가까운 사이였지만 한편으로는 마리의 성인 전기물 서문에 크리스티나에 대해 언급할 정도로 크리스티나에 관해서도 잘 알고 있었다고 한다.[21] 이러한 정보를 바탕으로 칸팀프레의 토마스 사제가 쓴 크리스티나의 생애 작품은 상당히 인기가 있었으며 클레르보의 필립이 쓴 엘리자베스의 생애 작품보다 훨씬 더 많이 알려졌으며 더 많이 읽혔다고 전해진다. 바바라 뉴먼에 따르면, 극적이고 감각적인 크리스티나의 생애에 관한 저술은 한편으로 순박한 믿음의 기념물이라고 조롱당했지만, 중세의 독자들은 토마스의 크리스티나 전기물을 사랑했다고 전한다. 중세의 사람들에게는 어쩌면 자연스럽게 매력적으로 느껴질 수 있는 주제와 내용이 현대인들과는 차이가 있다는 것을 알 수 있다.

베긴 여성신비가인 크리스티나는 베긴 공동체에서 공동생활은 하지 않았으며 독립적으로 자매들과 함께 생활했던 것으로 보인다. 스펠베크의 엘리자베스 혹은 오와니의 마리처럼 대부분의 사람이 자신의 이름 앞에 출신 지역을 붙였던 것과는 달리 크리스티나는 그의 출신 지역보다는 오히려 그녀를 특징하는 호칭이 형용사로 따라붙는다. 예를 들어 신트-트루이덴(Sint Truiden)이 출신 고향인 크리스티나에게 다른 사람들처럼 자연스럽게 '신트- 트루이덴의 크리스티나'라고 부르기보다는 오히려 경이로운(St. Astonishing) 크리스티나, 기적적인(the Miraculous) 크리스티나, 혹은 놀라운(the Mirabilis) 크리스티나로 호명된다는 의미다.[22] 이는 크리스티나를 호명하거나 그녀의 특성을 설명하는

---

20 Ibid. 참고로 이 글에서 사용하는 번역본은 마고 킹의 현대 영어번역본이다. Thomas de Cantimpré, *The Life of Christian Mirabilies* trans. by Margot H.King (Toronto: Peregrina, 1986).
21 Jennifer N. Brown, *Three Women of Liège*, 219.
22 Ibid., 222.

데 지역 이름보다는 오히려 '경이롭고', '놀랍고', '기적적인'이라는 형용사를 붙임으로 크리스티나가 어떤 인물인지를 더 잘 설명하기 때문이다. 크리스티나는 기적 사건들로 인해 그 명성이 대단했다고 알려진다. 비트리의 쟈크도 이름을 밝히지 않은 채 한 베긴 여성의 기적 사건들을 소개하고 있는데 바로 다름 아닌 크리스티나의 이야기라는 것을 모두 알고 있었다고 한다.[23]

브라운이 지적하고 있는 것처럼, 크리스티나의 생애 이야기에서 전개되는 내용은 기적 사건들이 주요 내용을 이루기 때문에 토마스 사제는 자신의 저작이 환상과 상상에 근거한 허구로 오해받을 것을 염두에 두면서 문헌의 자료에 대한 신뢰성을 얻고자 노력하는 모습을 볼 수 있다. 토마스 사제는 자기 문헌의 신뢰성을 부여하기 위해 권위적인 목격자로서 비트리의 쟈크의 이름과 함께 그가 마리의 생애 전기 서문에 크리스티나에 대해 언급한 글을 직접 인용하면서 『성 경이로운 크리스티나의 생애』 저술의 권위와 내용의 신뢰성을 강화하고자 한다.[24] 특별히 클레르보의 필립 수도원장처럼 자신이 직접 목격한 것을 보고서 형식으로 기술한 엘리자베스의 전기물과는 달리 토마스 사제는 성인 전기물의 모든 내용을 온전히 다른 사람들의 증언이나 이야기들에 의존해야 했기에 자기 성인 전기물에 대한 자료의 신뢰성을 확보하는 데 매우 조심스러웠다는 것을 알 수 있다. 그 때문에 토마스 사제는 크리스티나의 기적 행위와 사건을 기술하면서 많은 등장인물을 내세우거나 증인들이 참석한 자리에서 공개적으로 기적이 이루어진 것으로 기록하고 있다. 그러나 실제로 독자들이 성인 전기물로서의 작품에 가질 수 있는 가장 큰 신뢰감은 오직 저자인 토마스 사제로부터 오는 권위라는 것을 짐작할 수 있다.[25]

---

23 Ibid. 비트리의 쟈크가 저술한 『성 마리 드완니의 생애』 전기물 MS Douce 114 문헌의 서문에는 다른 번역본과는 달리 크리스티나를 언급하면서 기적 이야기는 기술하지 않는다고 한다.
24 Barbara Newman ed., *Thomas of Cantimprè*, 127-128.
25 Jennifer N. Brown, *Three Women of Liège*, 222.

『성 경이로운 크리스티나의 생애』 구조 분석과 내용 해설: 크리스티나의 기적, 연옥 체험, 이미타티오 크리스티

1. 죽음에서 다시 살아온 크리스티나의 첫 번째 기적 이야기

칸팀프레의 토마스의 전기물, 『성 경이로운 크리스티나의 생애』에 따르면, 크리스티나는 약 1150년경 현재 벨기에의 림부르크(Limburg) 지역의 신트 트로이덴(Sint-Truiden)이라는 마을에서 동네 사람들로부터 존경받는 부모님의 셋째 딸로 태어났다. 크리스티나가 어릴 적에 부모님이 돌아가셔서 크리스티나는 두 언니들과 함께 남겨졌다. 세 자매는 서로 의논하여 큰 언니는 기도에 전념하는 생활을, 둘째 언니는 가정일을 돌보고, 막내인 크리스티나는 목장에서 가축을 돌보기로 결정했다고 한다. 고아로 남겨진 어린 크리스티나를 위해 그리스도께서는 늘 하늘의 위로와 신비를 자주 보여주셨다고 토마스는 기록하고 있다.[26] 어린 시절부터 외로웠던 크리스티나는 내면적인 명상에 집중하게 되었고 그러던 중 몸이 몹시 쇠약해져서 마침내 이름을 알 수 없는 병에 걸리게 되었고, 실제로 크리스티나가 죽었다(died)고 한다.[27] 죽은 크리스티나의 장례를 위해 두 언니들과 친구들이 함께 자리했고 죽은 크리스티나가 누운 관은 교회 안으로 옮겨졌다. 토마스의 기록에 따르면, 크리스티나의 영혼을 위해 장례 미사가 진행되는 동안 관 속에 있던 크리스티나의 육체가 갑자기 움직이며 마치 새처럼 공중으로 떠올라 교회 천장의 서까래 위까지 도달했다고 묘사된다. 예상치 못했던 갑작스럽게 발생한 상황에 장례 미사에 참석했던 사람들은 모두 혼비백산해서 교회 밖으로 도망가고 두려움과 공포로 인해 몸을 움직일 수 없었던 크리스티나의 첫째 언니만 그 자리에 있었다고 기록된다. 크리스티나의 몸은 미사가 끝날 때까지 교회 천장의 서까래 위에서 움직이지 않고 머물렀으며, 미사 후 사제가 내려오라 말하자 크리스티나의 몸이 아래로 내려왔다고 기

---

[26] Barbara Newman ed., *Thomas of Cantimpré*, 129. 크리스티나의 생애에 관한 이 글은 기본적으로 바바라 뉴먼이 편집한 The Life of Christina the Astonishing 전문에 의존하고 있음을 밝힌다.

[27] Ibid., 130. & Jennifer Brown, *Three Women of Liège*, 223. 두 책의 본문에서는 그저 젊은 나이(young age)에 죽었다고 기록하고 있으나 바바라 뉴먼이 정리한 연대기에는 크리스티나의 나이 32세 때인 1182년에 첫 번째 죽음을 맞았다고 기록된다.

록된다. 죽음에서 다시 살아난 크리스티나는 두 언니들과 함께 집으로 돌아가 식사하고 활기를 되찾았다고 기록된다. 여기서 기술되는 크리스티나의 죽음과 부활은 그녀의 전 생애에 걸친 3번의 죽음 가운데 첫 번째 죽음과 부활이었다.

죽음에 이르기 바로 직전에 다시 살아났다는 사람들의 체험을 임사체험이라고 한다. 이런 임사체험을 직접 했다고 증언하는 사람들의 이야기가 매우 드물기는 하지만 그래도 간혹 발생하고 있다는 소리가 들리기도 한다. 크리스티나가 죽음의 직전에서 다시 회복한 것인지 아니면 완전히 생명이 끊어지고 죽은 후에 다시 부활한 것인지에 대해 의아심 내지 의문점을 느끼는 독자들에게 토마스는 크리스티나가 실제로 죽었다(died)는 용어를 사용한다.[28] 그러나 크리스티나가 죽고 부활한 그 상황의 목격자가 아닌 토마스는 크리스티나가 죽음에서 다시 살아난 구체적인 과정에 대해서 납득할 만한 자세한 설명이나 장면을 자세히 묘사하지 않는다. 토마스는 그저 크리스티나가 죽음에서 부활했다고만 기록하고 있다. 제니퍼 브라운은 크리스티나가 죽고 다시 살아난 이 기적 사건에 대해 크리스티나의 주변 사람들은 하나님의 은혜로운 역사라고 자연스럽게 받아들이지 않았으며 오히려 의혹과 두려움을 가졌다고 지적한다.[29] 실제로 크리스티나의 장례 미사에 참여했던 사람들은 크리스티나의 몸이 움직이고 공중으로 떠올라 교회 천장 서까래 위로 도착했을 때 하나님의 기적과 경이로움에 감동하기보다는 오히려 두려움과 공포로 모두 도망갔다는 것을 알 수 있다. 바바라 뉴먼은 크리스티나의 장례 미사에서 발생했던 사건과 상황에 대해, 크리스티나는 하나님의 축복을 받은 것인가? 아니면 악마에게 사로잡힌 것인가? 하고 질문한다. 뉴먼에 의하면 크리스티나가 죽음에서부터 부활한 모든 사건과 현상들이 하나님의 은혜의 손이 인도하신 기적 사건이 아니라 오히려 크리스티나의 몸에 악령이 들어가 작용한 것으로 볼 수 있다는 말이다. 이는 뉴먼의 개인적인 생각만이 아니라 크리스티나의 장례 미사에 참여했다 도망간 모든 사람의 입장을 대변한 것으로 생각할 수 있다.

실제로 바바라 뉴먼은 관 속에 있던 크리스티나의 몸이 공중으로 떠올라 교회 천장의 서까래 위에 올라가 있을 때 미사를 마친 사제가 내려오라고 하자

---

[28] Barbara Newman ed., *Thomas of Cantimpre*, 130–131.
[29] Jennifer N. Brown, *Three Women of Liège*, 223.

크리스티나의 몸이 내려왔다는 표현을 분석하며 크리스티나의 몸에서 악령이 활동한 것이라고 주장한다.[30] 뉴먼의 분석에 따르면, 서까래 위에 있는 크리스티나의 몸을 향해 미사를 끝낸 사제가 '내려오라'고 말할 때 사용했던 단어 'conioure'가 크리스티나의 몸에서 작용하는 악령을 쫓아내는 데 사용한 단어로서 다소 애매한 의미를 가진 언어라고 설명한다. 뉴먼에 따르면, 중세영어에서 'conjuren'이라는 동사는 두 개의 다른 의미가 있는 단어다. 즉, 첫 번째 의미는 간청하다(beseech), 애원하다(implore)의 뜻이며, 두 번째 의미는 악령을 몰아내다(exorcise)라는 뜻을 갖는다고 한다. 만일 사제가 'conjuren'이란 단어를 첫 번째 의미로 사용했다면 서까래 위에 있는 크리스티나가 아래로 내려오기를 간청하는 것이지만, 두 번째 의미로 사용했다면 'conioure' 악령을 쫓아내는 뜻으로 사용했다는 의미다. 첫 번째 의미와 두 번째 의미 모두 사제가 크리스티나의 몸을 향해 말한 상황에 적용되어 해석할 수 있지만, 그 의미는 크게 달라질 수 있다는 것이다. 많은 사람이 첫 번째 의미로 해석하지만, 반면 뉴먼처럼 크리스티나의 몸 안에서 작동하는 악령을 쫓아내는 의미로 해석하는 경우도 있다는 것이다. 그러나 정작 크리스티나의 생애 전기 작가인 토마스 사제는 이에 대해 아무 견해도 표명하지 않은 채, 마치 객관적이며 중립적인 시각에서 사실을 진술하듯 내용을 전개한다.

크리스티나의 생애에서 첫 번째 죽음과 부활 기적의 중요성은 다른 어떤 기적 이야기보다 더 큰 비중과 그 의미가 있는데, 이는 크리스티나의 첫 부활 이후에 전개되는 작품의 전체적인 세계가 전적으로 기적들이 연이어 발생하는, 인간의 이성으로 이해할 수 없는 초자연적 현상이 파노라마처럼 펼쳐지기 때문이다.[31]

2. 연옥과 지옥, 천국 방문과 크리스티나의 소명

토마스가 전한 바에 따르면, 죽음에서 부활한 크리스티는 궁금해하는 영적 친구들에게 죽음 이후의 체험을 통해 연옥과 지옥, 천국의 경험을 소상히 설명

---

30 Barbara Newman ed., *Thomas of Cantimpre*, 131.
31 Anne-Marie Korte ed., *Women and Miracle Stories*, 148.

하면서 자신이 살아 돌아온 이유와 목적, 자신의 소명 등을 다음과 같이 설명한다. 크리스티나는 자신이 죽자마자 빛의 사자들인 하나님의 천사들이 자신의 영혼을 남자들의 영혼으로 가득 찬 어둡고 끔찍한 곳으로 안내했다. 그곳에서 마주한 고통의 상황은 어떤 말로도 표현할 수 없을 정도로 끔찍하고 잔인했으며 그곳에서 자신이 죽기 전 알고 지내던 사람들을 발견할 수 있었다고 말한다. 크리스티나는 그곳에서 고통당하는 영혼들에 대해 깊은 연민을 느꼈으며, 그 끔찍한 곳이 지옥(hell)이라고 생각했으나, 자신을 안내한 천사들이 말하기를 그곳은 지옥이 아니라 죽기 전에 저지른 죄악에 대해 속죄하는 사람들이 구제를 기다리는 연옥(purgatory)이라고 설명했다.[32] 그리고 하나님의 천사들은 크리스티나를 지옥으로 안내했으며 지옥에서도 역시 자신이 살아 있을 때 알았던 사람들을 발견할 수 있었다고 한다. 그 후에 천사들은 크리스티나를 하나님의 영광스러운 왕좌가 있는 천국으로 데리고 갔다.

크리스티나는 천사들이 인도한 천국에서 주님의 환대를 받았으며 자신을 기쁘게 바라보시며 반갑게 환대해 주시는 주님으로 인해 너무도 행복해서 주님과 더불어 천국에서 영원히 머무를 수 있다고 생각했다. 그러나 주님께서는 그런 크리스티나에게 두 가지 선택 사항을 제시했다고 설명한다. 크리스티나에게 제시된 두 가지 선택은, 주님과 함께 천국에서 행복하게 영원히 머무를 것인가, 아니면 육체로 다시 돌아가 연옥에서 고통당하는 영혼을 구원하기 위해 육신의 고통을 견뎌내는 모범을 보임으로써 사람들이 회개하도록 이끌어 주님께로 인도할 것인가였다고 한다. 주님께서는 이것을 다 이루면 크리스티나가 다시 주님께 돌아올 수 있으며 풍성한 보상을 받을 것이라는 약속을 주셨다고 한다. 크리스티나는 그런 주님의 말씀에 기뻐하며 조금도 주저함 없이 자기 육체로 돌아갈 것을 선택했으며 주님은 크리스티나의 선택을 기쁘게 여기시며 그녀의 영혼이 다시 몸으로 즉시 복원되도록 명령하셨다고 설명했다.[33]

크리스티나는 이어서 말하기를 자신을 위한 장례 미사가 진행되는 동안 첫 번째 신의 어린양을 불렀을 때 자신의 영혼은 하나님의 왕좌 앞에 있었고, '신

---

[32] Thomas of Cantimpré, "The Life of Christina the Astonishing" trans by Margot H. King and Barbara NewMan, in Thomas of Cantimpré: The Collected Saints Lives, edited and with an Introduction Barbara Newman ed., *Thomas of Cantimpre*, 131.

[33] Thomas of Cantimpré, "The Life of Christina the Astonishing", 131.

의 어린양'(Agnus Dei)을 세 번 부르는 동안 하나님의 천사들이 자신의 영혼을 몸으로 다시 데려왔다고 한다. 크리스티나는 이렇게 자신의 영혼이 육체를 떠났던 것과 다시 몸으로 귀환한 과정을 설명하며 자신은 사람들의 뉘우침과 회개를 위해 죽음에서 다시 삶으로 돌아왔다고 고백한다.[34] 크리스티나는 이어서 영적 친구들에게 말하기를 앞으로 하나님께서 자신에게 맡기신 과제들을 감당할 때 어려움을 겪을지라도 염려하지 말 것을 부탁하면서 이는 인간의 능력으로 이해할 수 있는 영역을 벗어난 일이라고 설명했다. 크리스티나의 이야기를 들은 친구들은 매우 놀라며 두려움과 경이감 속에서 앞으로 일어날 일에 대해 기대하게 되었다고 기록하고 있다.[35]

토마스 사제는 부활한 크리스티나가 전하는 죽음 너머의 지옥과 연옥, 그리고 천국 방문의 이야기를 기술하면서 앞으로 크리스티나의 삶을 통해 전개될 일들을 예시하고 있다는 것을 알 수 있다고 말한다. 크리스티나가 육신의 몸으로 다시 생을 살게 되는 이유는 오로지 연옥에서 고통당하는 영혼들을 구속하기 위한 것이며, 연옥의 영혼을 위해 크리스티나가 겪어야만 하는 육체의 고통은 비록 그 고통으로 인해 크리스티나가 직접 죽임을 당하는 일은 일어나지 않을지라도 인간으로서는 견딜 수 없을 만큼의 엄청난 고통일 것이라는 점을 미리 알리고 있다. 따라서 이후 전개되는 크리스티나의 전 삶은 연옥에서 고통당하는 영혼을 위한 사역이며 이후 크리스티나가 몸으로 경험해야 하는 모든 고통은 대속적인 고통이라는 것이 이 글을 읽는 독자들이 기억해야 할 해석학적 단서임을 알 수 있다. 비록 중세 당시 오로지 남성 사제들만이 인간 공동체 속에서 살아가는 사람들을 위해 목회할 수 있었다면, 베긴 여성신비가 크리스티나는 연옥에서 고통당하는 죽은 자를 위한 사역을 담당하는 여성 사제였음을 알 수 있다. 당시 중세 시대를 살아가는 사람들에게 지옥과 연옥, 그리고 천국은 죽음 이후 내세에서나 경험할 수 있지만 매우 실질적이고 구체적인 장소로 인식되었으며 특별히 연옥은 중세의 사람들에게 여전히 희망과 새로운 가능성의 영역으로 기능하고 있었다.[36] 영원한 천국과 영원한 지옥이라는 불멸의 영

---

[34] Ibd.
[35] Ibd.
[36] 자크 르 고프, 『연옥의 탄생』, 최애리 (서울: 문학과 지성사, 1995), 480.

역 사이에 하나님께서 제공하신 은혜와 희망의 중재적인 중간 장소가 연옥이며 바로 이 연옥의 사람들을 위해 스스로 고통당하며 구원하기 위해 대속적인 희생의 사역을 위임받은 중재자가 바로 크리스티나라는 점이다. 칸팀프레의 토마스 사제는 크리스티나가 연옥의 죽은 사람들을 위해 인간 이해의 영역을 벗어난 대속적 고통을 어떻게 감당하는지를 기술하고 있다.

3. 이미타티오 크리스티: 크리스티나의 죽은 자를 위한 대속적인 고통

토마스는 크리스티나의 생애 전기를 전개하면서 독자들을 더욱더 이해할 수 없는 환상의 세계로 이끌어가는 듯하다. 놀랍다기보다는 오히려 기이하고도 당혹스러운 일련의 일들을 사실처럼 묘사하고 서술하는 저자의 작품을 읽으며 독자들은 거룩한 성인전기를 읽는 것이 아니라 마치 판타지 소설을 읽는 느낌을 받게 된다. 죽음에서 다시 살아난 크리스티나가 살아가는 일상적인 삶이 보여주는, 평범한 일반인들과는 매우 다른 행동과 예측 불가능한 기이한 현상에 대해 주변 사람들이 어떻게 반응했는지를 토마스 사제는 가감 없이 묘사한다. 토마스 사제의 기록에 따르면, 크리스티나는 가족과 친지들을 떠나서 숲속, 나무 위, 탑 꼭대기로 날아다녔고 또는 교회나 다른 고지대로 도망 다녔으며 그런 크리스티나를 지켜보며 가족과 친구들은 죽음에서 살아온 그녀가 미쳤거나 악마에게 빙의 당한 것으로 여겨서 그녀를 잡아 쇠사슬로 묶었다고 한다.[37] 죽음으로부터 부활한 크리스티나의 경이롭고도 초자연적인 행위들에 대해 주변 사람들뿐만 아니라 친구들과 가족들까지 정상적이지 않은, 정신병자나 악령에 사로잡힌 사람이 하는 행동으로 취급했다는 것을 알 수 있다.

토마스는 그러던 어느 날 밤 크리스티나를 묶었던 사슬이 풀렸는데 이에 대해 주님이 도와주셔서 사슬을 풀어주셨다고 말한다. 사슬이 풀리자, 크리스티나는 빠르게 다시 도망쳐 광야를 통과해서 멀리 떨어진 숲으로 가서 새들처럼 나무에서 생활했다고 한다. 그런 생활을 하는 가운데 크리스티나는 굶주림으로 인해 크게 고통받았지만 그럼에도 크리스티나는 집으로 돌아가고 싶어 하

---

37 Thomas of Cantimpré, "The Life of Christina the Astonishing", 132.

지 않았으며 오히려 그렇게 주님과 함께 고립되어 살고 싶어 했다는 것이다. 크리스티나는 그런 자신의 고통을 돌봐주시기를 주님께 간절히 기도했고 그러자 처녀인 크리스티나의 가슴에서 젖이 떨어지는 기적 같은 일이 벌어졌다고 한다. 토마스 사제의 해석에 의하면 이러한 일은 거룩한 동정녀이신 성모 마리아 이후에는 어디서도 들어본 적이 없는 기적이라는 것이다. 크리스티나는 자기 가슴에서 나오는 젖을 먹고 9주를 견딜 수 있었다고 한다.[38] 그러는 동안 크리스티나의 가족과 친구들은 크리스티나를 찾아다녔고 마침내 그녀를 발견하여 집으로 함께 돌아오게 되었지만, 크리스티나를 사슬로 묶어두는 일은 의미 없는 헛수고임을 알게 되었다고 한다.[39]

크리스티나에게 발생한 놀라운 일은 이뿐만이 아니다. 토마스가 기록한 크리스티나의 생애에는 믿을 수 없을 만큼 경이롭고도 신비한 일들이 계속해서 소개되고 있다. 리에주(Liege)로 돌아온 크리스티나는 흠 없는 그리스도의 성체를 갈망하여 성 크리스토퍼(St Christopher) 성당의 사제에게 간청하여 성찬을 받은 후 강한 충동으로 즉시 도시를 떠났다고 한다. 날아가듯 빨리 떠난 크리스티나가 염려되어 그 사제는 다른 사제들과 함께 크리스티나를 찾아 나섰고 강가에 있는 그녀를 발견하고 강을 건너지 못할 것이라 안심했다고 한다. 그런데 갑자기 크리스티나가 깊은 강으로 유령처럼 들어가 반대편 강가로 올라오는 것을 보고 너무도 놀랐다고 한다.[40]

토마스는 크리스티나가 다시 소생한 이후 주님께서 부탁하신 일들을 계속해서 실행하고 있다고 기록한다. 크리스티나는 빵을 굽기 위해 준비된 뜨겁게 불이 올라온 오븐 속에 기어들어 갔으며 그 불과 열기로 인해 크리스티나는 마치 극심한 고문을 당하는 것처럼 큰 고통으로 인해 비명을 질렀다고 한다. 그런데 놀랍게도 크리스티나가 오븐에서 나왔을 때 그의 피부에는 상처나 그을린 자국이 없었다고 기록한다.[41] 크리스티나는 오븐이나 화덕이 없을 때도 집 안에 훨훨 타오르는 불 속으로 몸을 던지기도 하고 때로 자기 발과 손을 불 속에 넣고 오랫동안 있었는데 만일 하나님의 기적이 아니었다면 그녀의 온몸은

---

[38] Ibid., 132-133.
[39] Ibid.,133.
[40] Ibid.
[41] Ibid., 133-134.

다 타버려 재가 되었을 것이라고 기록된다. 크리스티나의 기이한 행동은 멈출 줄 몰랐고 끓는 물이 가득한 가마솥에 뛰어 들어가거나 때로 가슴까지 때로 허리까지 오는 뜨거운 물 속에 들어가기도 했다고 한다. 크리스티나는 고통으로 인해 마치 출산하는 임산부가 산고의 비명을 지르는 것처럼 소리쳤으나 가마솥에서 나올 때 보면 다치지 않았다고 기록된다.[42] 토마스는 이런 크리스티나의 기인한 행동들을 기록하면서도 그녀가 주님께서 부탁하신 일을 실행하고 있다고 적고 있다.

크리스티나의 기행에 대한 기록은 여기서 멈추지 않고 계속되고 있다. 빙글빙글 큰 소리를 내며 돌아가는 커다란 물레방아 위에 수직으로 서서 물레방아와 함께 도는가 하면, 얼음이 꽁꽁 어는 추운 날씨에도 크리스티나는 종종 메우스 강물(Meuse River)에 들어가 머물렀는데 어떤 때는 물속에서 6일 이상을 계속 머물렀을 정도로 오랜 시간 강물에 머물렀다고 한다. 크리스티나는 스스로 자기 다리와 팔을 뻗어서 강도들을 고문하던 형틀에 올려놓고 고문자처럼 고문을 가했으나 다른 사람들과는 달리 그녀의 팔다리는 부러지지 않고 온전했다고 한다. 그뿐 아니라 크리스티나는 나무로 만든 처형대 위에 매달린 범죄자처럼 처형대 위에서 자신에게 올가미를 씌우고 하루 또는 이틀 동안 매달려 있었다고 한다.[43] 토마스의 기록에 따르면, 크리스티나는 죽은 사람들의 무덤에 들어가서 사람들의 죄로 인해 애통해하고는 했다. 심지어 어떤 때는 크리스티나가 자정쯤에 일어나서 신트-트루이덴 마을의 모든 개를 자극해서 짖도록 만들고 자신이 개무리들에 앞서서 달려가면 개무리들이 크리스티나를 추격해서 덤불과 가시나무로 뒤덮인 곳으로 몰아갔다. 덤불과 가시로 인해 크리스티나의 몸에서는 피가 흘렀고 자기 몸을 가시와 찔레 덤불로 가해해서 온몸이 피로 뒤덮인 것처럼 보이기도 했다고 기록된다. 토마스에 따르면, 그 모습을 본 사람들은 인간의 몸에서 그렇게나 많은 피가 흐를 수 있다는 것에 놀랐다고 기록한다. 그러나 피를 닦아내고 보면 놀랍게도 크리스티나의 몸에는 상처가 전혀 남지 않았다고 한다.[44]

---

[42] Thomas of Cantimpré, "The Life of Christina the Astonishing", 134.
[43] Ibid., 135.
[44] Ibid., 135-136.

토마스 사제의 기술에 따르면, 크리스티나의 몸은 너무도 미묘하고도 가벼워서 아찔한 높이 위에서도 걸을 수 있었고 참새처럼 가장 가느다란 나뭇가지에도 매달릴 수 있었다고 한다.[45] 크리스티나는 사람들에게서 멀리 떨어진 나무 꼭대기와 탑 또는 고지대에서 기도하며 영혼의 안식을 찾을 수 있었다는 것이다. 크리스티나가 기도하면 하나님의 은혜로 따뜻한 온기를 느끼기 시작하고 그러면 크리스티나의 팔과 다리는 자기 몸을 감싸 작은 공 모양처럼 보였다. 이렇게 영적인 체험 이후에는 본래의 자연스러운 몸 상태로 돌아왔다고 한다. 비록 토마스 사제는 크리스티나의 이와 같은 기이한 행동들이 하나님의 일을 수행하는 것이라고 했지만, 정작 크리스티나의 행동을 지켜보던 자매들과 친구들은 크게 당황했으며 동네 사람들은 그녀가 악마에게 빙의되었다고 생각했다.[46] 크리스티나가 악마에게 빙의되었다고 생각한 동네 사람들은 마침내 모두의 동의하에 가장 강하고 악한 남자 한 사람을 시켜 크리스티나를 광야까지 쫓아가 그녀를 잡아서 더 도망가지 못하도록 몽둥이로 그녀의 다리를 부러뜨렸다고 한다. 이에 크리스티나의 자매들은 의사에게 동생 크리스티나를 치료해 주기를 간곡히 요청했고 의사는 자신이 감당할 수 없을 만큼 힘이 센 크리스티나를 지하실의 기둥에 묶고 문을 잠그고 밖으로 나갔다고 한다. 크리스티나는 그곳에서 치유의 주님을 기대했고, 그러자 성령이 크리스티나에게 임하면서 결박하고 있던 끈들이 풀렸으며 크리스티나의 모든 상처가 치유되었다고 기록된다. 크리스티나는 영적으로 충만한 상태에서 바닥에서 돌 하나를 주어서 그 돌로 벽을 뚫었고, 마치 활을 더 강하게 당길수록 화살이 더 빠르게 날아가듯이 그렇게 크리스티나의 영혼은 자기 육체와 함께 위로 올라갔는데 말하자면 공중에 새처럼 날아갔다고 한다.[47]

크리스티나를 이해할 수도, 감당할 수도 없었던 두 언니와 친구들은 크리스티나가 돌아왔을 때 더 이상 도망가지 못하도록 그를 묶고 거의 죽지 않을 정도의 빵과 물만을 주었는데 그럼으로써 크리스티나의 고통은 가중되었다. 이러한 상황에 대해 토마스는, 그리스도께서 크리스티나의 몸을 통해 그리스도의

---

[45] Ibid., 136.
[46] Ibid.
[47] Thomas of Cantimpré, "The Life of Christina the Astonishing", 138.

능력의 기적을 보여주고자 했기에 일시적으로 크리스티나가 지배당하고 고난 받는 것을 허락하신 것이라고 해석한다. 크리스티나는 심한 상처와 어깨의 마찰로 인한 염증으로 몸이 쇠약해져 음식을 전혀 섭취할 수 없었으나 누구도 크리스티나를 동정하지 않았다고 한다. 그렇지만 주님께서는 크리스티나에게 자비와 기적을 베풀어주셨고, 크리스티나의 가슴에서는 순결한 기름이 흘러나오기 시작했고 크리스티나는 이 기름을 단단해진 빵에 발라서 먹기도 하고 연고로 사용해서 상처에 바르기도 했다. 토마스는 크리스티나의 자매들과 친구들이 이 같은 놀라운 기적을 보면서 그동안 자신들이 하나님의 뜻에 반하는 행위를 했다는 것을 깨닫고 자신들의 잘못에 대해 눈물로 회개하며 상처 입힌 것에 용서를 구하며 크리스티나를 풀어줬다고 한다.[48] 토마스는 계속된 크리스티나의 기행에 대해서 주님이 맡긴 일을 수행하는 것이라고 변호하는 반면 크리스티나와 함께 했던 친지들, 동네 사람들, 심지어 자매들까지도 크리스티나를 미친 사람 취급하거나 악한 영에 빙의되었다고 생각한 것을 알 수 있다.

4. 크리스티나의 변화된 삶: 자비와 연민

크리스티나에게 일어난 하나님의 기적 사건을 경험하고 이해한 가족과 친구들이 자신들의 잘못을 뉘우치고 회개함으로 크리스티나는 자유로워졌으며 심지어 인근 각처에서 크리스티나 안에서 역사하시는 하나님의 기적과 신비를 보기 위해 수많은 사람이 방문했다고 한다. 신트–트루이덴의 여성과 남성 신도들은 인간의 이해를 넘어서는 크리스티나의 놀라운 행적에 대해 혹여 나쁜 의도를 가진 사람들이 하나님의 기적 사건이 아닌 악령의 행위로 왜곡시킬까 두려워했다고 한다. 따라서 그들은 크리스티나의 기적 행위가 너무 과하지 않도록 완화해 주시기를, 또한 그녀가 좀 더 평범해지기를 하나님께 간절히 기도했으며, 그들이 드리는 눈물의 기도를 하나님께서 외면하지 않으셨다고 한다.[49]

신트–트루이덴 신도들이 드린 기도의 응답은 크리스티나의 세례를 계기로 실현된 것으로 보인다. 크리스티나 생애 전기의 기록에 따르면, 어느 날 크리

---

48 Ibid.
49 Thomas of Cantimpré, "The Life of Christina the Astonishing", 139.

스티나가 영적으로 충만한 상태에서 웰렌(Wellen) 마을에 있는 한 교회 안에 덮개가 열린 커다란 세례대가 있었는데 갑자기 크리스티나가 세례대 속으로 뛰어 들어갔다는 것이다. 세례대의 물에 들어가서 나온 이후부터 크리스티나의 삶의 방식이 일반사람들과 같아지게 되었고 그 이후에는 차분해지고 다른 남성들과도 잘 조화를 이루며 생활하게 되었다고 기록된다.[50] 즉 크리스티나가 스스로 세례를 받은 이후로부터는 주일에는 경건하게 성체성사를 받았으며, 성체성사는 크리스티나의 육체에 큰 힘과 함께 영적인 기쁨을 주었다고 한다. 그리스도의 사랑을 위해서 자신이 가진 모든 재산을 포기한 크리스티나는 일상의 먹고 마시는 기본적인 음식에서도 절제하는 생활을 했다고 한다. 크리스티나는 매일 마을 집들을 다니며 탁발했으며 때로 하나님의 영의 강권적인 힘에 이끌려 죄인들의 집을 방문해 굶주린 사람들을 위한 구제와 후원을 하도록 호소했다. 크리스티나는 내키지는 않았으나 그렇게 함으로써 죄인들이 자신의 죄를 두려워하며 뉘우치는 삶으로 인도했다고 한다. 크리스티나는 죄인들이 하나님께 더 큰 자비를 받으려고 한다면 무엇보다 동료 그리스도인들에게 연민과 자비를 베풀어야 한다고 사람들에게 말했다.[51] 토마스는 세례받은 크리스티나가 이제 죄인들이 자기 잘못을 뉘우치고 회개하여 주님께로 인도될 수 있도록 크리스티나 자신이 주님을 따르는 모습을 실천함으로 사람들의 좋은 본이 되는 삶으로 바뀌었음을 강조한다.

토마스에 따르면, 어느 날 하나님께서 크리스티나를 견디기 힘들 정도로 목이 마르게 만드셨고 한다. 그래서 크리스티나는 매우 사악하다고 알려진 한 남성이 식사하는 테이블로 가서 음료수 한 잔을 청했다. 그 남자는 모두의 예상과는 달리 크리스티나에게 연민을 느껴 와인을 조금 나눠주었다. 크리스티나는 그 남자가 주는 음료를 마시고 이 남자의 임종 때 회개와 속죄의 은총이 임할 것이라고 말했다고 한다.[52] 토마스는 크리스티나가 악한 자들에게 구걸한 음식을 먹었을 때와 혹은 거절당했을 때 어떤 일이 발생했는지에 대해 구체적인 일화를 들어 기록한다. 크리스티나는 내키지 않음에도 불구하고 악한 자들

---

50 Ibid.
51 Thomas of Cantimpré, "The Life of Christina the Astonishing", 140.
52 Ibid.

로부터 구걸한 음식을 먹을 때면 개구리와 두꺼비의 창자, 살모사의 내장을 먹는 것과 같은 역겨움과 어려움을 느꼈다고 한다. 불의를 행하는 악한 자들로부터 얻은 양식을 먹는 동안 크리스티나는 아기를 분만하는 여성처럼 비명을 질렀고 "오, 주님, 당신은 나에게 무슨 일을 하시는 것입니까? 왜 이렇게 고문하시는 겁니까?"라고 하며 자기 몸과 가슴을 치면서 "오, 비참한 영혼아, 당신은 무엇을 원하십니까?"라고 말했다고 한다.[53] 왜냐하면 불의하게 축적한 사람에게서 얻은 음식을 먹는다는 것이 크리스티나에게 참을 수 없는 고통이었기 때문이다. 한편 악한 사람이 크리스티나의 요청을 거부할 때도 마찬가지로 크리스티나는 같은 고통을 받았다고 한다. 어떤 때는 악한 사람이 크리스티나가 요청한 것을 거부할 때 그녀는 억지로 가져가면서 그 악한 사람에게 말하기를, "당신은 지금 내게 주고 싶지 않을 수도 있지만 이후에는 당신이 내게 주었던 것을 후회하지 않을 것이고 비록 지금은 도움이 안 된다고 생각하지만, 이후에는 훨씬 도움이 될 것이다"라고 했다.[54]

    토마스는 크리스티나가 구원받을 자들을 위해서 기뻐하고 저주받을 이들로 인해 애통해하던 일상을 다음과 같이 기록하고 있다. 크리스티나는 하나님의 진리의 지식을 받은 사람들이 지옥이나 연옥에서 가장 큰 고통을 받는 이유는 사람들의 찬사와 칭찬을 즐겼기 때문이라고 말한다. 하나님께서는 매일 크리스티나에게 죽음이 임박한 사람들이 구원받을 것인지 저주받을 것인지에 대해 알려주셨기에 크리스티나는 마치 자신이 죽는 것처럼 항상 비통해하면서 주위를 돌아다녔다. 어느 날 마을의 한 사람이 죽었을 때 크리스티나는 그가 죄로 인해 저주받아 죽었다는 것을 영적으로 알았고 이에 크리스티나는 몸을 뒤틀거나 뒤로 굽히며 마치 팔과 손가락에 뼈가 없어서 휘어진 것처럼 자기 팔과 손가락을 비틀며 스스로를 고통스럽게 하며 슬피 울었다고 한다.[55] 크리스티나가 마치 자기 몸을 학대하듯이 고통스러워하는 모습을 본 사람들도 견딜 수 없을 정도로 괴로워했고 자신의 죄에 대해 회개하지 않는 냉정한 사람조차도 크리스티나의 고통받는 모습을 보면서 크게 회개했다고 한다. 토마스는 진실로

---

53 Thomas of Cantimpré, "The Life of Christina the Astonishing", 140–141.
54 Ibid., 141.
55 Ibid., 142.

구원받고 하늘나라로 갈 사람들을 볼 때마다 크리스티나가 너무도 행복하여 춤추고 기뻐하니 사람들은 그렇게까지 행복해하는 크리스티나를 보는 것 역시 큰 기적으로 여겼다고 말한다. 크리스티나의 영적인 능력을 알고 있는 사람들은 크리스티나의 기쁨과 슬픔을 통해서 그 도시에서 사망한 사람들에게 어떤 일이 일어날 것인지 알 수 있었다고 기록한다.

토마스는 크리스티나가 예언의 능력을 가지고 있어서 많은 것들에 대해 예언했다고 말하며 예언에 관한 일화들을 몇 가지 소개한다. 1213년 10월 스탭 지역에서 있었던 브라반트의 공작(the duke of Brabant)과 적들의 끔찍한 전투에서 수백 명의 남자들이 죽임을 당한 그날에 크리스티나는 마치 산고를 겪는 여인처럼 울부짖었다. "아, 아! 피와 검으로 가득 찬 하늘이 보인다. 서둘러라, 자매들이여, 주님께 기도하라. 주님께서 진노하셔서 그의 자비를 거두지 않도록 눈물로 기도하라." 그리고 크리스티나는 신트-트루이덴에 있는 성 카타르나(St Catherine) 수녀원의 한 수녀에게 다음과 같이 말했다. "빨리 뛰시오. 당신의 아버지가 큰 위험에 처했으니 빨리 뛰어가서 당신의 아버지를 위해 주님께 기도하시오."[56] 또 다른 경우 예루살렘 성지가 사라센인들(Saracens)에게 함락되기 오래전에 크리스티나는 이를 예언했다. 예루살렘이 페르시아 왕 살라딘(Saladin)에 의해 함락되던 날 크리스티나는 룬의 성(the castle of Loon)에 있었고 그 사건을 영으로 알고 있었다고 한다.[57] 곁에 있는 사람들이 크리스티나에게 이것이 무슨 일이냐 묻자, 그녀가 대답하기를 당신들은 오늘날 거룩한 땅이 경건치 아니한 자들의 손에 넘어간 것과 또 이로써 구원의 큰 기회가 있게 된 것을 알아야 한다고 말했다고 기록된다.[58] 토마스는 크리스티나가 예언의 능력으로 많은 일들을 예언했으며 약 1270년경에 발생할 큰 기근에 대해서도 오래전부터 예언했다고 전하며 이 예언 외에도 많은 예언을 했는데 그 가운데 일부는 이미 실현됐지만 일부는 아직 이루어지지 않았다고 전한다.[59]

---

[56] Thomas of Cantimpré, "The Life of Christina the Astonishing", 143.
[57] Ibid., 144.
[58] Ibid.
[59] Ibid., 145.

5. 노년의 삶: 루즈(Looze) 성에서 유타와 함께한 크리스티나

『경이로운 크리스티나의 생애』 후반부에서 토마스는 크리스티나 삶에서 발생한 또 다른 변화를 다음과 같이 묘사한다. 크리스티나는 자매와 친척을 떠나 독일국경에 있는 루즈(Looze) 성으로 가서 은둔자로서 신앙생활 하는 유타(Jutta)와 함께 9년 동안을 살게 되었다고 한다.[60] 그러나 토마스는 크리스티나가 왜 고향을 떠나 유타와 함께 살게 되었는지에 대해서는 구체적으로 설명하지 않는다. 토마스는 크리스티나의 생애에 관한 전기를 작성하는 데 필요한 정보와 자료를 얻기 위해 골(Gaul)에서부터 유타를 만나러 루스 성을 방문했으며 그로부터 크리스티나에 대해 많은 이야기를 들을 수 있었다고 적고 있다.[61] 루즈 성에서 크리스티나의 일상은 여느 신실한 신앙인과 마찬가지로 매우 독실하고 헌신적인 평범한 신앙인으로서의 모습을 보였지만 기적 사건도 자주 일어났다고 한다. 토마스의 기록에 따르면 크리스티나는 매일 밤 교회의 기도 모임에 갔으며 기도 후에는 교회에 홀로 남아 찬양을 했다고 한다. 크리스티나는 천사와 같은 목소리로 노래했으며 그녀의 목과 가슴 사이에서 나오는 노랫소리는 음악가의 목소리나 악기에서 나는 소리를 뛰어넘는 놀라운 소리로 너무도 아름다운 음악이었다는 것이다. 토마스의 설명에 따르면 크리스티나는 태어나서부터 평생 문맹이었지만 라틴어를 이해하고 라틴어로 찬양했으며 성경의 의미도 완전하게 이해하고 있었다고 한다.[62] 토마스는 덧붙이기를, 영적인 친구들이 가끔 크리스티나에게 성서의 의미를 질문했을 때도, 설사 그 질문이 애매했더라도 크리스티나는 매우 명쾌하게 대답했다고 한다. 그러나 성서의 해석은 사제들의 영역에 속하는 것이라는 점을 알고 있었던 크리스티나는 웬만한 상황에서는 성서에 관해 설명하지 않으려 했다고 토마스는 크리스티나를 교회 권력이나 사제들부터 보호하고자 하는 모습을 보인다.[63]

토마스는 크리스티나 인생의 마지막 한 해 동안에 일어났던 사건들에 관해 기술한다. 크리스티나의 생애 마지막 1년은 전적으로 성령에 사로잡혀 지낸 기

---

[60] Thomas of Cantimpré, "The Life of Christina the Astonishing", 147.
[61] Ibid.
[62] Ibid., 147-148.
[63] Ibid., 148.

간이라고 볼 수 있다. 크리스티나는 그 기간의 대부분을 광야와 한적한 곳에서 홀로 지냈으며 매우 드물게 사람들의 구원을 위해서 혹은 음식을 나누기 위해 성령에 이끌려 돌아왔다. 크리스티나는 마치 육체가 아닌 영이 지나가는 것처럼 거의 바닥에 발이 닿지 않는 것처럼 다녔기에 그녀가 다시 광야로 가고자 했을 때도 그리고 다시 돌아왔을 때도 크리스티나에게 감히 인사하거나 질문을 하는 사람이 없었다. 한번은 어느 저녁 시간에 크리스티나가 집에 돌아와 마치 영이 지나가듯 집 중앙을 통과해서 사람들은 영혼이 스쳐 간 것인지 몸이 지나간 것인지 거의 구별할 수 없었다고 한다. 실제로 크리스티나 생애의 마지막 한 해에는 크리스티나의 영이 그녀의 육체의 모든 부분을 거의 완전히 장악했기에 눈으로는 크리스티나 몸의 그림자를 포착하기 어려웠다고 한다. 크리스티나가 집에 돌아오면 신트-트루이덴의 성 카타르나 성당에서 머물렀다고 한다.[64]

토마스는 생의 마지막 날들이 다가온 크리스티나의 삶의 모습을 기록한다. 크리스티나는 음식을 조금밖에 먹을 수 없었고 그것조차도 자주 먹지 못할 때가 많았다. 크리스티나는 예전처럼 수녀와 수도사들과 앉아 이야기하지 않았으며 약간의 음식을 먹고 잠을 자고 나면 자정 직전에 광야로 갔다. 그 당시에는 그녀의 입가에서 웃음을 본 사람이 거의 없었으며, 과도한 슬픔으로 정신을 잃은 사람처럼 보였다고 한다. 크리스티나는 기도하며 슬퍼하고 탄식하는 모습으로 돌아다녔으며, 그래서 어떤 사람들은 하나님께서 크리스티나에게 세상의 상태와 사악함에 대해 이전보다 더 많은 것들을 계시하셨다고 믿었다. 크리스티나가 고통스러워하며 극도로 슬퍼했던 한 가지 일은 모든 인류가 음란함으로 부패하였으며, 따라서 하나님께서 모든 기독교 국가를 빠르게 심판하실 것이기 때문이었다고 한다.

6. 크리스티나의 두 번째 죽음과 마지막 죽음

죽음이 가까워졌을 때 크리스티나는 성 카르티나 성당의 수녀인 베아트리체에기 자기 죽음이 멀지 않다는 것을 알리며 비밀리에 방안에 침대 하나를 마

---

[64] Ibid., 150.

련해 달라고 부탁했다. 베아트리체가 크리스티나의 요청대로 빠르게 침대를 준비하자 심각한 질병이 그녀의 몸을 엄습해 끝내 크리스티나는 병상에 눕게 되었다. 그리고 사흘 후에 크리스티나는 임종을 위한 성찬과 성유를 요청했다. 크리스티나가 요청한 모든 일을 끝내고 베아트리체는 크리스티나에게 무릎을 꿇고 죽기 전에 몇 가지 사실을 알려달라고 간청했으나 크리스티나가 대답하지 않자 자기 말을 못 들은 것으로 생각하고 베아트리체는 크리스티나를 홀로 둔 채 잠시 자리를 비웠다. 토마스는 베아트리체가 없는 사이에 주님의 부르심에 순종해서 크리스티나가 자신의 영혼을 주님께 돌려드렸다고 기록한다. 크리스티나의 두 번째 죽음을 말하는 것이다. 토마스의 묘사에 따르면, 잠시 후 베아트리체가 어떤 자매와 함께 돌아오자마자 크리스티나의 몸이 시체처럼 바닥에 쓰러져 있는 것을 발견하고는 숨이 끊어진 크리스티나의 몸 위에 쓰러져 통곡하기 시작했다. 격렬하게 울부짖던 베아트리체는 이미 죽은 크리스티나의 얼굴을 한참을 바라보다 단호하게 자신감을 갖고 이렇게 말했다고 한다. "오, 크리스티나! 당신은 살아있는 동안 나에게 순종하였노라. 그러므로 내가 이제 간절히 간청하노니, 당신이 살아 있는 동안에 전심으로 사랑한 주 예수 그리스도로 말미암아 권하노니 지금도 내게 복종하기를 원하노라. 당신은 지금 연합한 그리스도를 통해 무슨 일이든 할 수 있는 능력이 있으니, 다시 살아나 내가 당신께 간절하게 요청했던 것을 보여주고 말해주기를 원하노라."

이렇게 베아트리체가 이미 죽은 크리스티나의 귀에다 외치자, 크리스티나의 영혼이 자기 몸으로 돌아왔고 큰 숨을 쉬며 초췌한 눈을 뜨고는 슬픔에 젖은 얼굴을 돌려 자신을 불러낸 베아트리체에게 말했다고 한다. "오 베아트리체 왜 나를 불렀나요. 왜 나를 괴롭게 하는가요. 지금 나는 그리스도의 면전에 인도되고 있었어요. 간청컨대 당신이 원하는 것을 빨리 질문하고 내가 간절히 원하는 바대로 주님께로 다시 돌아가도록 허락해 주세요." 토마스는 베아트리체가 크리스티나에게 무엇을 질문했는지, 그리고 어떤 답을 들었는지에 대해 자세히 기록하고 있지는 않으며, 단지 마침내 두 여인 사이에 질문과 답변이 오갔다고만 적고 있다. 토마스는 이어서, 그러는 동안 수도원의 수녀들이 모여들었고 그들을 향해 크리스티나는 말씀과 십자가 성호로 그들을 축복했다고 기록한다. 토마스는 말하기를, 이렇게 크리스티나가 세 번의 죽음을 경험하고 세 번을 죽었으며 영원한 세계로 갔다고 적고 있다. 크리스티나는 처음 죽음에서 살아난 이후 42년 동안 살았으며, 1224년에 세상을 떠났다고 한다.

크리스티나의 몸은 신트-트루이덴 마을 바깥에 있는 성 카타르나 수도원에 매장되었으며, 그곳에서 7년 동안 안식하였다. 후에 수도원 건물이 더 가깝고 더 나은 곳으로 이전되었다. 무덤을 옮길 때 사제들과 수사와 수녀들이 모두 모여서 성 크리스티나의 무덤으로 함께 갔다고 한다. 그들이 무덤을 열고 덮개를 한쪽에 놓자, 거기에 있는 모든 사람은 뭔가 감미로운 행복감을 느꼈으며 그들 모두가 한마음과 한목소리로 함께 크리스티나는 그녀의 생애 동안에도 놀라웠고, 그녀의 죽음 후에도 영광스럽다고 외쳤다. 그리고 토마스는 마지막으로 진실한 신앙으로 그녀의 무덤을 찾은 사람들은 그동안 크리스티나를 통해 일어났던 기적들에 대해 의심하지 않았다고 적고 있다.

칸팀프레의 토마스의 『성 경이로운 크리스티나의 생애』의 신학적 고찰: 이미타티오 크리스티 전통의 연옥과 크리스티나의 대속적 고통

●

『성 경이로운 크리스티나의 생애』를 접하는 현대의 독자들은 13세기 저지대 지역 신트-트루이덴에서 1150년부터 1224년까지 베긴 여성신비가 크리스티나라는 이름으로 실존했던 실제적인 한 인간, 한 여성이 누구인지에 대한 객관적인 지식을 가질 수 없다. 크리스티나의 생어 전기를 쓴 칸팀프레의 토마스조차 크리스티나를 대면한 적이 없었기에 정도의 차이는 있을지라도 어느 정도는 마찬가지일 것이다. 그러나 성서의 복음서에서 증언하는 예수 그리스도의 모습이 비록 이미 그리스도로 고백된 예수님의 모습이라 할지라도 오늘 복음서를 읽고 연구하는 신자들은 2000년 전 나사렛 예수의 삶과 인격, 그의 메시지를 만나고 느끼고 그려볼 수 있다. 그런 것처럼 토마스가 크리스티나의 성인전기를 통해 비록 이미 성인으로 진술된 크리스티나의 모습일지라도 현대의 독자들이 그녀의 생애 전기를 읽고 연구할 때 3번 죽었다는 한 베긴 여성 크리스티나를 만나고 느끼고 그려볼 수 있다. 이는 적어도 크리스티나에 대한 소문과 증언을 듣고 여러 정보를 얻고서 마침내 크리스티나의 성인 전기를 쓰도록 토마스 사제를 감동시키고 추동시킨 바로 그 실제적인 한 인물의 밑그림을 그릴 수 있다는 의미다.

주변 사람들 심지어는 친구들과 자매들까지도 미쳤거나 악령에 사로잡혔다는 말을 들을 정도로 행동이나 모습이 범상치 않았던 인물인 크리스티나에 대해 토마스 사제는 때로 성령의 역사이며 주님의 역사라고 표현하는가 하면, 때로 하나님의 역사인지 악령의 역사인지 해명하지 않은 상태에서 크리스티나가 주님께로부터 받은 과제를 수행한다고 설명한다. 크리스티나가 행하는 기적적인 행동 혹은 상황은 스스로 고통을 자초해서 괴로워하는 일이었으며 그러한 모습을 묘사하는 토마스의 표현은 매우 가학적이고 인간이 이해할 수 있는 범주를 벗어난 끔찍한 고통이었다. 이를 대하는 독자들의 불편함을 모르지 않았을 토마스 사제가 그럼에도 불구하고 인간의 한계를 벗어난 크리스티나의 가학적 고통을 왜 주님의 임무를 수행하는 것이라고 기술했는지에 고찰해 볼 필요가 있다. 필시 논란과 조롱의 대상이 되는 것을 감수하면서까지 기이한 크리스티나의 생애를 저술한 이유와 목적은 토마스 사제의 연옥 신앙에 대한 열정과 확신 때문이라고 추정할 수 있다. 토마스에게 어쩌면 그 당시의 많은 사람에게 연옥은 환상과 가상의 세계라기보다는 믿음과 소망의 영역이며 당위적으로 존재해야만 하는 희망의 장소였다는 것을 알 수 있다.[65] 연옥은 당시의 사람들에게 영원한 형벌을 벗어나 천국으로 갈 유일한 가능성과 희망의 실질적이고도 절실한 마지막 장소였다.

실제로 칸팀프레의 토마스 사제에게 "연옥"은 지속적인 관심의 주제였으며 그의 성인전기 작품을 통해서도 연옥에 관한 신학적 관심이 다양한 형태로 표출되는 것을 볼 수 있다.[66] 연옥이 중심적인 주제로 등장하지 않는 토마스의 작품은 『성 칸팀프레의 요한의 생애』이며 반대로 가장 핵심적인 주제로 자리 잡은 작품이 『성 경이로운 크리스티나의 생애』다. 연옥의 주제는 주로 여성 성인전기에 등장하며 크리스티나의 생애 외에도 오와니의 마리의 생애 부록과 루트가르

---

[65] Barbara Newman, *Thomas of Cantimpré*, 22-23.
[66] Ibid., 23.

트의 생애에도 등장한다.⁶⁷ 크리스티나와 루트카르트의 생애 이야기에서 연옥 신앙과 연관되어 기적 사건이 지배적으로 등장하는 반면 요한 수도원장의 생애에서 상대적으로 기적이 지배적이지 않은 이유가 연옥의 주제와 관련된다고도 볼 수 있다. 연옥의 신앙은 단지 중세 시대에만 활발하게 논의되었던 일시적인 관심에서 비롯된 주제가 아니라 유대교의 스올(sheol)이나 헬레니즘의 하데스(hades)와 같이 "이 세계가 전부가 아니며 모든 것이 죽음으로 끝나지 않는다"는 믿음에서 비롯된 '저승' 개념을 기독교가 이어받았다고 할 수 있다.⁶⁸ 연옥 신앙은 기독교 역사를 통해서 폭넓은 문화적 신앙적 지평으로 확장되어 변모되었으며, 고대 교부신학자들도 개인의 죽음 이후부터 최후의 심판 사이에 시련을 거쳐 구원될 수 있을 것이라 생각했으나 장소와 시련의 상황 등은 구체화하지 않았다.⁶⁹ 실제로 영토화된 장소로서의 '연옥'이라는 개념이 일반적으로 사용되기 시작된 시기는 1150-1200년 사이이며 그때부터 연옥 신앙이 심화되고 연옥 신학이 빠르게 발달하였다.⁷⁰ 추상적인 애매한 상상과 사고의 지평이었던 저승이 '연옥'이란 언어가 구체화되면서 구체적인 내세의 공간과 장소의 영역으로 변모되었고 마치 이 세상의 공간을 조성하는 방식으로 연옥은 내세의 공간으로 조성되었고 또한 내면화되었다. 그래서 서구 기독교 12세기부터 14세기를 살았던 중세의 사람들은 두 공간, 즉 죽은 자들의 사회와 산 자들의 사회, 지상과 천상, 이승과 저승을 동시에 살며 활동했다고 할 수 있다. 바로 이 시기가 칸팀프레의 토마스, 경이로운 크리스티나가 살았던 시기이며 특별히 연옥은 칸팀프레의 신앙과 신학에서 매우 중요한 주제였다.

  연옥은 상징적인 의미에서 중재적이며 중간적인 장소이다. 시간적으로 연옥은 개인의 죽음과 최후 심판 사이의 중간이며 공간적으로는 천국과 지옥의 중간에 위치한 장소이다. 또한 천국과 지옥은 불멸하는 데 비해서 연옥은 과도기적인 단계이며, 내세의 연옥이라는 시공은 현세의 시공과는 다른 이원화된 체계를 이어주는 중간 영역의 특징을 갖는다.⁷¹ 중간 처소로서의 연옥은 죽은 자

---

67 Ibid.
68 자크 르 고프, 『연옥의 탄생』, 최애리 (서울: 문학과 지성사, 1995), 20-21.
69 Ibid., 24.
70 Ibid., 26.
71 자크 르 고프, 『연옥의 탄생』, 31-32.

들이 살아서 저지른 죄를 회개하고 정화되는 곳으로, 용서될 수 없는 치명적인 죄가 아닌 사면 가능한 죄 곧 중간 죄를 심판하는 장소라는 의미도 갖는다. 연옥에서 불은 정화의 상징으로서 죄인들을 처벌하는 도구이자 죄를 정화하는 수단이다. 죽음을 통해 육체와 분리된 영혼들이지만 연옥에서의 형벌은 그 영혼들에도 육체적인 고통을 줄 수 있다고 믿었다. 따라서 크리스티나가 사후에 방문한 연옥에서 자신이 세상에서 잘 알던 사람들이 크게 고통받은 모습에 연민을 가졌다는 것을 본문에서 읽었다. 연옥은 저승과 이승, 산 자와 죽은 자를 연결해 주는 중재적 장소로서 연옥에서 고통당하는 사람들을 위해 살아있는 사람들이 여러 방법을 통해 중재할 수 있다고 믿었다. 기독교 초기부터 산 자들이 죽은 자들을 위한 기도의 효력을 믿었던 신앙이 이후 죽은 후에도 죄를 정화할 수 있다는 믿음과 결합해 서구 기독교 중세 시대에는 연옥에 있는 영혼들도 교회의 구성원들로 간주했고 죽은 자들의 고통을 단축시키기 위해 산 자들이 기도하고 중재하는 대도(代禱) 전통이 이어졌다.[72]

크리스티나의 첫 번째 죽음과 부활 이후 크리스티나의 이해할 수 없는 정도의 자학적인 고통은 토마스 사제의 연옥에 대한 신앙에 따른 신학적 기획이었다고 이해할 수 있다. 당시 연옥 신앙이 신학자들과 교회 권력자들에게 크게 확산됐을 뿐 아니라 대중들의 문화로도 확산됐고 특별히 토마스 사제의 주요 관심이었던 연옥의 주제가 생애 전기를 통해 크리스티나의 이야기로 기획되고 서술되었다고 할 수 있다. 토마스 사제가 크리스티나에 대한 소문들과 그녀의 주변 사람들의 증언과 자료들에 근거해서 크리스티나의 특별한 생애는 연옥 신앙이 구체적으로 표현된 삶이라고 판단했을 것으로 생각할 수 있다. 크리스티나의 자학적일 정도의 고통은 연옥에서 고통당하는 사람들에 대한 연민으로 그들의 고통을 경감시켜 주고 구속을 위한 대속적인 고통이었다는 것으로 짐작할 수 있다. 이승이 아닌 저승, 산 자가 아닌 죽은 사람들을 위한 크리스티나의 사역과 그들을 위한 행위는 초자연적인 기적의 현상으로 나타났을 것 또한 짐작할 수 있다.

『성 경이로운 크리스티나의 생애』를 통해 독자들은 저자인 토마스 사제의 연

---

[72] Ibid., 41.

옥 신학의 전개를 만날 수 있으며, 주인공인 크리스티나의 죽은 자들을 위한 대속적 고통은 남성들이 아닌 베긴 여성신비가인 크리스티나가 이미타티오 크리스티, 자신의 몸을 통해 그리스도의 십자가 고통에 동참하는 "그리스도를 따르는" 이미타티오 크리스티 전통 가운데 있다는 신학적 함의가 담겨있다. 부와 권력과 권위를 누릴 수 있는 이승에서의 사역은 남성 목회자가 담당한 반면 저승 세계의 연옥에서 고통당하는 죽은 자들을 위한 사역은 여성들이 담당했다는 것을 알 수 있다. 죽은 자들의 마지막 소망과 구원을 위해 대속적인 고통을 감당해야 했던 연옥의 사제는 성 경이로운 크리스티나였다. 칸팀프레의 토마스가 한 번도 직접 만나지 못한 크리스티나를 쟈크의 증언과 크리스티나를 아는 사람들의 증언과 소문에 의지해서 상상하고 기획하고 구성한 『성 경이로운 크리스티나의 생애』 속 죽은 자를 위한 연옥의 사제, 크리스티나가 얼마나 실존에 가까운 베긴 여성신비가 크리스티나인지 독자들은 결코 알 수가 없다. 그럼에도 불구하고 칸팀프레의 토마스가 자신의 저술을 읽는 독자들의 조롱과 불신을 감수하면서까지, '크리스티나의 생애 전기'를 저술하도록 감동시키고 자극을 준 신트-투르이덴의 한 여성 베긴 신비가, 죽은 자들을 위한 연옥의 사제, 크리스티나를 거울로 보는 것처럼 희미하게나마 만나고 느낄 수는 있지 않을까 기대해 본다.

5

첫 베긴 여성신비가

구원의 어머니
마리 드와니

제5장

첫 베긴 여성신비가
구원의 어머니
마리 드와니

첫 베긴 여성신비가: 구원의 어머니, 마리 드와니

마리 드와니(Marie D'Oignies)는 최초의 베긴 여성신비가로 알려진 인물이다. 마리는 베긴회에 속한 수많은 여성 가운데서 최초의 베긴 여성으로 명명된 것 이외에도 "구원의 어머니", 신비가, 수도자, 금욕가 등으로 불린다. 버나드 맥긴(Bernard McGinn) 역시 마리를 첫 번째 베긴이라고 칭하며 마리는 "새로운 종류의 성스러운 여성", "하나님의 은총을 세계에 전하는 살아있는 중재자"라는 평판을 얻었다고 말한다.[1] 이전에도, 그리고 당시에도 수많은 성스러운 여성들이 있었지만, 맥긴이 마리를 향해 '새로운' 종류의 성스러움이라고 묘사한 이유는 마리가 당시 수녀들처럼 세속과 격리된 삶을 살며 교권에서 규정한 규칙을 따르는 제도적 종교 생활을 선택하지 않고도 자신의 선택으로 자율적인 신앙생활을 했다는 점에 있다. 마리는 자유롭고 독립적이지만 더욱 경건하고 금욕적인 생활에 더해서 육체노동, 구제 생활, 그리고 새로운 신비적 은사를 특징으로 하는 성스러운 신앙을 선택하고 실행했다.[2]

---

[1] Bernard McGinn, ed. *The Essential Writings of Christian Mysticism* (New York: Random House, 2006), 60.
[2] Ibid.

마리 드와니가 최초의 베긴 여성신비가로 후대에 널리 알려질 수 있었던 근거는 마리의 고해 사제인 쟈크 비트리(Jacques de Vitry)가 쓴 최초의 성인전기(hagiography) 때문이며, 그 외 토마스 칸팀프레(Thomas of Cantimpré)가 마리의 성인전기에 추가한 부록 덕분이다. 이렇게 쟈크와 토마스, 두 사제의 유일한 저작물 덕분에 마리라는 한 베긴 여성의 행적이 세상에 널리 알려질 수 있었으나 그렇다고 해서 마리의 성인전기를 읽는 독자들이 역사적으로 실존했던 한 여성 마리를 만날 수 있다는 의미는 아니다. 독자들은 성인전기 작가인 쟈크 비트리가 실재한 인물 마리와 어떤 관계성 속에서 어떤 기획적 의도와 목표를 가지고 어느 정도의 구체성을 토대로 마리를 묘사하고 있는지를 정확히 파악할 수 없기 때문이다. 특히 성인전기라는 장르 자체는 한 인물을 의도성을 가지고 성인으로 추대하고 숭배(canonizing)하려는 목적과 더불어 독자들에게 교훈을 주고자 구성된 작품이라는 특징을 갖는다. 따라서 한 남성 사제의 펜에서 재창조된 한 여성의 생애는 실제적이고 구체적인 한 여성의 모습을 표현하기보다는 오히려 저자인 남성이 이상화시키는 여성상, 남성 사제가 추앙하는 거룩하고 신성한 여성상, 더 나아가 당시 일반 여성들도 모방할 수 있는 모범적인 여성의 이미지로 재탄생되기 때문이다. 그렇다고 해서 쟈크가 쓴 마리의 성인전기를 통해 실제의 마리를 전혀 발견할 수 없다는 의미는 아니다. 다만 여성신비가 자신이 직접 저술한 작품을 읽는 것과 남성 사제, 그것도 매번 자신의 죄를 낱낱이 고백해야만 하는 고해 사제가 자기 감독 아래 있는 여성을 대신해서 저술한 성인전기를 읽는 것은 커다란 차이가 있다는 것을 염두에 두고 읽어야 한다는 의미다. 저자가 왜 이렇게까지 한 여성을 칭송하고 있는지, 한 여성을 과도하다고 싶을 정도로 칭송해서 저자가 얻고자 하는 점이 무엇인지, 생애 전기를 읽을 때 이러한 관점이 고려되어야 한다. 더 나아가 독자들은 쟈크 비트리 사제가 어느 정도로 베긴 여성신비가 마리 드와니의 외적인 목소리만이 아니라 내면적인 소리까지도 대변하고 있는지에도 주의를 기울여야 한다.

쟈크 비트리의 작품, 마리의 생애를 현대 영어로 번역하고 서문을 쓴 마고 킹(Margot H. King)은 마리의 성인전기에 대해 평가하기를 13세기 초 영성의 역사에서 매우 중요한 자료 중의 하나라고 말한다. 마리의 성인전기가 그만큼 중요한 이유는 마리의 명성과 영향력이 유럽 전역으로 확산되고 프란체스코회

사상에 큰 영향을 끼친 주요 수단이 바로 쟈크의 저작 '마리의 생애'이기 때문이라고 한다.³ 제니퍼 브라운은 스펠베크의 엘리자베스의 생애를 쓴 클레르보의 필립이나 경이로운 크리스티나의 생애를 쓴 칸팀프레의 토마스에 비해, 쟈크 비트리는 뛰어난 문장 능력을 갖춘 작가로서 섬세하면서도 풍성한 수사학적 능력으로 인해 다른 두 작가의 전기보다 마리의 전기가 훨씬 폭넓게 읽히고 있으며 명성을 얻을 수 있었다고 평가한다.⁴

브라운은 쟈크 비트리가 마리의 생애전기를 쓰고자 했던 목적에 대해 다음과 같이 3가지로 요약해서 설명한다. 첫째, 쟈크 비트리는 자신의 저작인 마리의 생애 전기물을 통해 로마 교황청이 베긴회에 대해 가졌던 이단의 의심을 철회하고 베긴회를 공식적으로 인정하고 승인해 줄 것을 호소하려는 목적을 가졌다고 한다. 쟈크 비트리 당시의 로마 교황청은 사도운동(apostolic movement)과 함께 여러 이단에 대해 예민하게 반응하며 적대적으로 대응하던 시기였다. 베긴들의 경우 수녀원과 같이 교회의 공식적인 통제 아래 있지 않았기 때문에 서방 가톨릭교회는 베긴 여성들에 대한 감시와 경계를 늦추지 않았으며 이단이라 의심하며 주시하던 상황이었다. 쟈크 비트리는 '마리의 생애'를 통해 베긴들에 대한 교황청의 왜곡된 견해를 바로잡고 베긴회를 공식적인 공동체로 승인해 주기를 기대했던 것이라고 말한다. 둘째, 리에주 지역에 살고 있던 당시의 베긴 여성들과 주민들에게 마리 드와니를 성인으로 숭배할 것을 제의했으며 자신의 전기물이 실제로 마리를 성인으로 추대(canonization)하는 일에 큰 도움이 될 것이라고 믿었을 것이라고 한다. 셋째, 쟈크 비트리는 마리를 경건함과 정통교회를 수호하는 대표적 위상을 가진 여성 성인으로 대중들에게 각인시키고자 했다고 브라운은 정리한다.⁵ 브라운이 요약해서 정리한 바대로, 쟈크가 어떤 목적으로 혹은 어느 정도로 강력하게 마리를 성인으로 추대하고자 했는지 독자들이 정확히 알 수는 없겠으나, 쟈크가 원하고 기대했던 것과는 달리 로마 가톨릭교회가 마리 드와니를 공식적인 성인으로 추대하는 일은 일어나지 않았다.

본 글은 마리의 생애 전기를 저술한 쟈크 비트리의 목적을 3가지로 정리한

---

3 Arneke B. Mulder-Bakker, ed. *Mary of Oignies: Mother of Salvation*, 35.
4 Jennifer N. Brown, *Three Women of Liege*, 248.
5 Ibid., 248.

브라운의 설명에 전적으로 동의하고 전제하면서, 쟈크의 저술 의도에 대해 좀 더 구체적으로 보완하고자 한다. 쟈크 비트리가 생애 전기를 통해 마리 드와니를 성인(saint)으로 추대하며 로마 교황청과 대중들을 설득하고자 했던 암묵적인 배경에는 카타르 이단에 대한 경계와 통제를 강화하고자 했던 자크 비트리의 기획과 목적이 있었다는 점을 '마리의 생애'를 읽는 독자들에게 '해석학적 단서'로 제시하고자 한다. 철저하게 무소유 청빈을 실천하며 금욕적이고 경건한 영적 생활을 했던 카타르파 지도자들은 모든 면에서 '완전'하다는 의미에서 "완전한 자"(perfect)로 불렸으며 그러한 카타르파 지도자 중에는 여성지도자들도 있었다. 화려함과 권력을 추구하던 교황청과 사제들과 비교해, 가난과 금욕을 실천하고 도덕과 신앙에서 비교 우위로 보였던 카타르파 '완전자'들을 향해 대중들이 환호하며 추종했기 때문에 가톨릭교회에 큰 부담과 도전이 되던 상황이었다. 이단 척결에 열심이었던 쟈크 비트리는 생애 전기를 통해 카타르파의 '완전자'와는 비교 불가한 최고의 완전자로 마리 드와니를 부각시켜 경건성과 도덕성, 영성과 인격 등 모든 면에서 마리를 '완전자' 그 이상의 성인으로 추대하려는 쟈크의 의도를 읽을 수 있다. 베긴 여성신비가 마리 드와니를 최고의 완전자인 성인으로 추대하고 베긴회를 가톨릭교회의 수도회로 승인함으로써, 카타르 이단에 미혹되는 대중들을 가톨릭교회 신자로 전향시키고 카타르파의 교세를 꺾을 수 있다고 교황과 대중들에게 설득하려는 쟈크의 기획과 의도를 생애 전기를 통해 읽어낼 수 있다. 따라서 브라운이 제안한 3가지 쟈크 비트리의 생애 전기 저술의 목적에 더하여, 카타르 이단의 척결과, 이상적인 최고의 완전자로서 마리 드와니를 부각시키려는 쟈크의 기획 의도라는 해석학적 단서를 가지고 『성 마리 드와니의 생애』를 분석하고 그 의의를 고찰할 것이다.

    쟈크는 자신이 쓴 마리의 생애 작품을 특별히 풀크 주교(Bishop Fulk)에게 헌정했다. 당시 툴루즈의 주교였던 풀크(Fulk of Neuilly)는 1211년경에 마리를 직접 방문했으며 마리와의 만남에서 커다란 감동을 받았다고 한다. 마리에게 크게 감동한 풀크는 쟈크 비트리에게 마리의 생애 전기를 써달라고 부탁했으며 그 결과로 마리 드와니의 생애 전기물이 탄생하게 되었다. 쟈크는 이러한 풀크 주교의 이야기를 책 서문에 썼으나 중세 영어 번역본에는 이 내용이

삭제되었다.⁶

　마고 킹은 마리가 실제로 첫 번째 베긴인지에 대한 역사적인 진위는 논란의 여지가 있을 수 있으나, 가부장적인 중세 사회에서 평신도 여성들이 사도적인 삶을 재창조하기 위해 시작한 여성 사도운동인 베긴 운동을 이해하기 위해서 마리의 성인전기는 핵심적인 자료라고 설명한다.⁷

　독자들이 만나고 이해할 수 있는 마리 드와니에 관한 유일한 자료는 위에서 언급했듯이 『성 마리 드와니의 생애』 전기와 여기에 토마스가 추가한 부록뿐이다. 따라서 남성 사제들에 의해 가공되고 창조된 주인공 마리의 이야기를 통해서 중세에 실존했던 첫 베긴 여성신비가 마리를 얼마나 근접한 거리에서 보고 느낄 수 있을지는 오로지 독자들 각자의 몫이다. 그러나 적어도 마리가 살았던 12세기 후반에서 13세기 중반에 이르는 중세 유럽 사회의 생생한 삶의 정황을 떠나서는 쟈크의 성인 전기의 주인공인 마리조차도 이해하고 공감하는 일이 쉽지 않으리라고 생각된다. 때문에 『성 마리 드와니의 생애』를 탄생시킨 쟈크 비트리와 툴루즈 주교 풀크 뇌이(Fulk of Neuilly)가 처했던 역사적 정황과 함께 그들의 삶의 행적을 추적하는 일은 비록 여전히 한계가 있을지라도, 작품 속 주인공 마리 드와니의 행간 독해를 통해 실존했던 인물 마리 드와니에게로 접근하는 데 조금이나마 도움이 될 것으로 생각된다. 이를 위해 동시대를 살면서 특별한 관계를 맺었던 인물들, 마리 드와니와 쟈크 비트리, 그리고 풀크 뇌이, 그들이 살았던 역사적 상황과 사건을 살펴보고, 위에서 제시한 해석학적 단서를 통해 그 가운데서 마리의 생애 전기의 취지 내지는 목적을 추적해 보겠다. 그런 가운데 성인전기 행간 속의 한 여성 마리를 새롭게 만나게 되길 기대한다. 이를 위해 『성 마리 드와니의 생애』의 저자 쟈크 비트리에 대해 알아보도록 하겠다.

6　Ibid., 249. 그러나 마고 킹의 현대 번역본 *Mary of Oignies: Mother of Salvation*에는 풀크 주교에게 헌정하는 내용이 담긴 프롤로그가 포함되어 있다.

7　Arneke B. Mulder-Bakker, ed. *Mary of Oignies: Mother of Salvation*, 35.

『성 마리 드와니의 생애』의 저자 비트리의 쟈크

1198년부터 1216년에 이르는 13세기 초반, 인노센트 3세(Innocent III)는 자신이 교황으로 재임하던 20여 년에 걸쳐서 교황의 권한을 유럽 전체로 확장했으며 세속권력에 대한 영적 권위의 우월성을 확고히 했던 인물이다. 교황 인노센트 3세가 가장 중요하게 여겼던 두 가지 과업은 "성지의 회복과 교회의 개혁"이었다고 한다.[8] 교황으로서 필생의 과업으로 생각했던 두 가지는 세속적인 목적이라기보다는 영적인 목표였고, 이 영적인 과업을 이루기 위해 세속적 권력이 필요했던 인노센트 3세는 실제로 영적인 권위와 세속적 권력, 두 세력을 얻는 데 매우 탁월한 인물이었다고 평가된다. 인노센트 3세가 교황으로 치리하는 동안 실행한 주요 업적들은 우선, 십자군 원정에 대한 교황청의 주도권을 다시 회복시켰으며 결과적으로 콘스탄티노플에 라틴 성직제가 성립되었다. 둘째, 프란시스코 수도회와 도미니코 수도회, 새로운 두 수도회를 지원함으로 교회의 새로운 영적 세력과 교황청을 연합하였으며, 셋째, 이단들을 징벌하는 데 열심이었으며, 특별히 카타르파를 축출하는 정책을 통해 서방 교회의 통일성을 세우는 주요 역할을 했다. 그리고 마지막으로 1215년 제4차 라테란 공의회를 소집하는 커다란 업적을 이루었다.[9] 인노센트 3세 교황은 1216년 죽음을 맞음으로 그의 교황 직무는 끝났지만, 그가 다방면에 걸쳐 이룬 업적은 그의 사후에도 오랜 기간 큰 영향력을 미쳤다. 마리 드와니가 베긴 신비가로 살았던 오랜 기간을 인노센트 3세 교황의 영향권에서 보냈으며, 쟈크 비트리와 툴루즈의 주교 풀크가 사제로서 활동하던 오랜 기간 역시 직간접적으로 인노센트 3세 교황의 정치적 종교적인 영향권 아래서 활동한 것으로 추정할 수 있다.

"쟈크 비트리와 그 시대의 종교적 삶"[Jacques de Vitry (d.1240) and the Religious Life of his Time]이라는 논문에서 로버트 바틀렛(Robert Bartlett)은 쟈크 비트리에 관해 간략하게 소개한다. 13세기 학문연구의 모판이었던 프랑스 파리에서 수학했던 학자이자 설교자였으며 교회 감독으로 활동했던 쟈크 비트리야말로 그 시대의 종교적 상황이 어떠했는지를 연구하는 데 주요한 거

---

8 마가렛 단슬리, 『중세교회 역사』, 박희석 (서울: 기독교문서선교회, 1993), 174.
9 Ibid.

점이 되는 인물이라고 말한다. 그 이유는 쟈크는 당시 파리대학의 발생 초기에 개인적으로 연관된 사람이며, 저지대 국가에서 살던 종교적인 여성들, 곧 초기의 베긴들과도 매우 밀접하게 관계했던 인물이며, 초기 수도사들과도 함께 생활했으며, 그뿐만 아니라 이단들과 무슬림에 대항했던 십자군들을 위해 설교했던 인물이기 때문이다. 따라서 쟈크 비트리를 제대로 알고 이해한다는 것은 그가 살았던 12기 후반에서부터 13세기 중반에 이르는 중세 시대의 주요한 사건과 인물들, 그리고 당시의 사회적 상황과 움직임 등을 아우르는 역사적 맥락과 상황을 이해하게 된다는 의미다. 또 다른 관점에서, 쟈크가 살았던 시기는 중세 역사에서 매우 복잡하면서도 복합적으로 변화가 많았던 역동적인 시기로서 쟈크라는 인물의 탐구가 시대적 이해와 서로 맞물려 있다는 뜻이기도 하다. 이에 더해 쟈크 비트리는 수많은 서신과 역사서를 저술했으며, 한 권의 성인 전기 작가이며 400여 편의 설교 글을 남긴 인문 학자이자 역사학자, 그리고 설교자라고 할 수 있다.[10]

쟈크 비트리는 1170년경 프랑스 랭스(Reims)의 한 귀족 집안에서 태어났으며 1187년 파리에서 공부하면서 자국어로 설교했다고 한다.[11] 쟈크는 당시 사람들의 영혼의 성장과 영적 필요를 돌보는 "영혼의 돌봄"(cura animarum)이라는 새로운 사역을 했으며 이후에는 툴루즈(Toulouse)의 주교가 되는 풀크 뇌이(Fulk de Neuilly)를 만나 그에게서 영향받았다고 한다.[12] 쟈크는 1230년경에 저술한 『서양 역사』(The Historia Occidentalis)에서 서방 교회의 도덕 상태를 분석하며 자신이 공부했던 파리의 대학 생활에 대해서도 날카로운 관찰자로서 무질서했던 분위기를 비판하고 있으며,[13] 바틀렛은 쟈크 비트리가 표현한, 학생 시절 파리대학 주변의 분위기와 학생들의 이미지를 직접 인용하며 쟈크가 당시 파리 도시에 대해 도덕적으로 타락하고 문란했던 곳으로 부정적으로 평가했다고 알린다.[14] 쟈크는 파리에서의 학창 시절이 불만스러웠는지, 구

---

10 Robert Bartlett, "Jacques de Vitry (d. 1240) and the Religious Life of his Time," *History* (The Journal of the Historical Association and John Wiley & Sons Ltd., 2023), 3-4.
11 Anneke B. Mulder-Bakker, ed. *Mary of Oignies: Mother of Salvation*, 36.
12 Eernard McGinn, "Marie d'Oignies and the New Mysticism", 103.
13 Alfred J. Andrea, "Walter, Archdeacon of London, and the *Historia Occidentalis* of Jacques de Vitiry", 141.
14 Robert Bartlett, "Jacques de Vitry (d. 1240) and the Religious Life of his Time," 4.

체적인 이유를 밝히지 않은 채 학업을 중단하고 파리 도시로부터 북동쪽으로 160마일 떨어진 오와니로 이동했다. 사실 쟈크가 공부하던 시절에도 '살아있는 성인'이라는 마리의 명성은 파리까지 퍼졌으며 마리의 이야기에 쟈크는 상당히 매료되었다고 한다.

오와니로 오면서 쟈크와 마리의 만남이 성사되었고 두 사람은 상당한 기간을 함께 보내며 서로를 존경하며 지지하는 관계로 지냈다고 한다. 제도적인 기독교인이었던 쟈크를 사도적 열정에 불타는 기독교인으로 회심시킨 사람이 바로 마리였다.[15] 중단한 학업을 마치기 위해 파리로 갔다 돌아온 쟈크는 마리의 적극적인 권유로 1210년경 사제 안수를 받고 성직에 올랐으며 마리의 조언으로 쟈크는 대중들을 위한 설교자가 되었다. 다른 한편 쟈크는 마리의 고백 사제가 되었고 이후에는 대주교가 되어 교황청에서 베긴들을 위해 변호하기도 했다.[16] 마리 드와니와 쟈크 비트리가 함께 한 시간은 1208년~1213년 6월 마리가 사망한 때까지 약 5년 동안 지속되었다. 마리가 사망한 이후, 쟈크 비트리는 마리의 성인전기를 기록하기 시작해서 1216년에 완성했다. 맥긴에 따르면 쟈크가 마리의 성인전기를 쓰고자 했던 목적은 마리의 삶이 곧 베긴의 생활이며 더 나아가 새로운 신비주의와 금욕주의의 명시와 같다는 것을 알리고자 했다.[17] 그러나 『리에주의 세 여성』(Three Women of Liège)를 번역하고 해설한 제니퍼 브라운은 마리의 생애를 기록한 쟈크 비트리의 목적은 훨씬 복합적이었다고 말한다.

마리와 쟈크가 함께 동역했던 1208년~1213년의 약 5년의 기간은 인노센트 3세가 교황으로 집권하던 약 18년 기간(1198년~1216)의 후반기에 해당하는 시기이며, 십자군 원정이 서방 기독교 제국의 문화에 깊숙이 터를 잡는 시기이기도 했다. 무슬림이 점령한 예루살렘 성지를 탈환해야 한다는 소명감으로 시작된 제1차 십자군 원정(1095년~1099)을 기점으로, 다양한 명목으로 십자군 원정은 지속되었다. 더 많은 사람을 동원하기 위해 교황청은 십자군 원정에 참여하는 병사들은 그 대가로 죄가 감면된다고 선포함으로써 십자군에게 하나님

---

15 Anneke B. Mulder-Bakker, ed. *Mary of Oignies: Mother of Salvation*, 36.
16 Bernard McGinn, ed. *The Essential Writings of Christian Mysticism*, 61.
17 Ibid.

과 교회에 위협이 되는 대상은 그 누구라도 "거룩한 전쟁"이라는 이름으로 공격하고 무찔러야 할 적이 되었다. 처음에는 예루살렘 성지를 장악한 무슬림이 공격의 대상이었으나 점차 무찔러야 할 적들은 내외부로 확대되었고 그 가운데서도 급박하게 제거해야 할 적은 바로 이단들이었다. 이단들 가운데서도 당시 가장 큰 위세를 떨쳤던 카타르파(Cathars) 혹은 알비주의파(Albigensians)[18]라고 불리는 이단이었다. 교황 인노센트 3세는 카타르파를 이단으로 규정하며 카타르파 이단을 척결할 십자군을 결성하였다. 마리의 성인전기 내용에는 직접적으로 언급되지 않으나, 마리 드와니와 쟈크 비트리, 그리고 툴루즈 주교인 풀크 세 사람 모두가 카타르파 이단이라는 문제에 직간접적으로 서로 연결되어 있다. 쟈크 비트리가 성인전기를 기획되고 저술하여 『성 마리 드와니의 생애』가 작품으로 탄생되는 과정에서도 카타르파 이단의 문제는 유일한 요소라고는 할 수 없지만 적어도 핵심적인 요소로 작용했다.

버나드 맥긴에 따르면, 툴루즈의 주교인 풀크 뇌이는 1150년경 프로방스의 마르세유에서 태어났으며, 1196년에 개종하여 시토 수도회(Cistercian order)에 입회했다. 풀크 뇌이는 시토회에 입회하기 전에는 부자 상인이었으며 상당히 유명한 트루바도르(Troubadour) 곧 음유시인이었다.[19] 그 당시의 시토 수도회는 지방에 폭넓게 확산된 카타르 이단을 대항하기 위한 교황의 주요 공격수였다고 한다. 맥긴의 표현에 의하면, 13세기의 미디어 전문가와 같은 역할을 했던 풀크가 1205년 "죽은 교구"로 불리던 툴루즈(Toulouse)의 주교로 임명된 일은 결코 놀라운 일이 아니었다고 말한다.[20] 맥긴의 설명에 의하면, 풀크는 대단히 열정적인 종교인이었으며 특별히 이단에 빠진 사람들을 회심시키는 일과 이단에 대항하고 척결하는 일에 무척 열심이었던 인물이었다. 주교로 임명된 풀크는 즉시 평신도들을 모아 이단들을 공격하고 고리대금업을 막기 위해 평신도 단체를 조성했다. 1207년 풀크 주교는 도미니크와 함께 파미에(Pamiers)에서 개최된 이단주의자들과 함께 공개 토론회에 참석하여 설교했다고 한다.[21]

---

[18] 카타르파 이단은 일명 알비주의파, 혹은 알비파라고도 한다. 프랑스 남부 알비 지역에 번창했던 카타르파 이단들에 대해 지역 명칭을 따라 알비파란 명칭을 사용했다.
[19] Bernard McGinn, "Marie d'Oignies and the New Mysticism", 104.
[20] Ibid.
[21] Ibid.

맥긴의 설명에 따르면, 1208년 사태가 악화되는 사건이 발생한다. 프로방스에서 로마 교황의 대사인 피에르 드 아스테르노(Peter de Castelnau)가 카타르파 사람들에 의해 살해되는 사건이 일어났다. 이에 격분한 인노센트 3세 교황은 카타르 이단에 대한 십자군 전쟁을 선포했다. 풀크 주교는 이단을 척결하기 위해 설교자의 사명을 가지고 카타르 이단을 대항하기 위해 길을 떠난다. 풀크는 필요한 자금을 모으고 카타르파 이단과의 전쟁에 동참할 십자군 기사들을 모집하기 위해 북쪽으로 여행을 계속했으며 마침내 리에주 교구에 도착하게 되었다.[22] 그리고 그곳에서 쟈크 비트리와 마리 드와니를 함께 만나게 된다. 맥긴은 풀크 주교가 1213년과 1217년 리에주를 방문했다고 기록한다.

마고 킹은 마리의 사망 이후 쟈크 비트리의 행적을 다음과 같이 기록한다. 쟈크는 1213년 6월 마리 드와니가 죽은 후 마리의 생애 전기를 저술하는 작업을 시작했다. 마리의 생애 전기가 저술되는 계기는 풀크 주교의 요청 때문이었다고 알려졌다. 실제로 누가 먼저 제안했는지 정확한 사실은 알 수 없으나 결국 두 사람이 합의하고 결정한 결과임을 짐작할 수 있다. 이에 더해 쟈크가 마리의 생애 저작을 풀크 주교에게 헌정한다는 글을 성인전기 서문에 썼다는 사실을 감안할 때, 적어도 『성 마리 드와니의 생애』가 역사 속에 탄생한 계기에는 풀크 주교의 영향력이 컸다는 것을 추정할 수 있다. 맥긴은 마리의 생애 전기를 집필하는 데 시간이 오래 걸린 이유에 대해 쟈크는 마리가 죽은 해인 1213년에도 이단에 대항하는 설교를 해야 했기 때문이라고 설명한다. 마고에 따르면, 실제로 쟈크 비트리는 교황의 대사로부터 프랑스와 로타링기아(Lotharingia)에서 독일어를 사용하는 카타르 이단에 대항할 십자군을 위한 설교를 하도록 임명되었고, 1214년에도 프랑스에서 제5차 십자군을 위해 설교했다고 한다. 1215년 말 쟈크는 성지에 있는 아크레(Acre) 주교로 서임되었으며 그해 가을에는 예루살렘 왕국에서 임무를 수행했고 1216년 마리의 생애 전기를 완성했다. 그 이후에도 쟈크는 9년 동안 유럽의 교회 및 정치적 사건에 깊이 관여했다고 기록된다.[23] 그리고 1229년 여름, 쟈크는 투스쿨룸(Tusculum)의 주교로 임명되었고, 그 후로는 평생을 교황청의 충실한 구성원으로 지내다 1240년 5월에 사

---

22 Ibid.
23 Anneke B. Mulder-Bakker, ed. *Mary of Oignies: Mother of Salvation*, 37

망했다고 기록된다. 이로 볼 때 쟈크는 적어도 마리의 생애를 저술하기 시작한 1213년부터 작품을 완성한 1216년까지 계속해서 카타르 이단에 제재를 가하는 설교자로서 전적으로 활동해 왔다는 사실을 알 수 있다.

따라서 쟈크 비트리와 풀크 주교, 그리고 마리 드와니, 세 사람은 카타르파 이단 문제를 중심으로 서로 관련되어 있다는 것을 알 수 있다. 『성 마리 드와니의 생애』에서 기술하는 마리의 과도해 보이는 경건성과 금욕주의, 도덕성과 신비적 능력 등의 표현은 카타르파 지도자들의 잘못된 가르침과 왜곡된 교리 등을 견제하고 반박하면서 대안적인 지도자의 모습과 자질을 제시하고자 하는 기획 의도를 담고 있다고 볼 수 있다. 그렇다고 해서 쟈크 비트리나 풀크 주교가 마리 드와니를 존경하는 마음과 성인으로 추대하고자 하는 진심은 허구이며 단지 자신들의 의도된 기획에 따라 마리를 이용했다고 단정적으로 주장하는 것은 아니다. 다만, 마리 드와니의 성인전기를 기획하고 저술하는 목적이 단순히 마리 드와니라는 한 인물의 뛰어난 경건성과 영성을 칭송하며 대중들에게 교훈을 주고자 하는 신앙적인 목적에만 제한된 것은 아니라는 의미다. 쟈크 비트리는 마리의 성인 전기에서 카타르파의 지도자와의 비교 우위를 통해 마리 드와니가 참된 지도자로서 최고의 이상적인 완전자라는 것을 각인시키고자 했으며 이를 통해 베긴 평신도 여성들이 실현하는 새로운 종교성과 새로운 삶의 방식을 제시하고자 했던 것으로 이해할 수 있다. 따라서 쟈크 비트리가 저술한 마리 드와니의 생애를 더 포괄적이면서도 심층적으로 이해하기 위해 카타르파 이단에 대해 살펴보겠다.

"서양의 모든 이단은 본질적으로 마니교적이라고 주장하는 학파"가 있다. 그런가 하면 이단에 대한 상향된 견해로서, 로버트 이안 무어(Robert Ian Moore)가 『유럽 분파의 기원』(the Origins of European Dissent)에서 주장한, 서양의 모든 이단의 주장과 삶의 태도는 가톨릭교회의 부패와 세속성에 의해 촉발된 성서의 복음에 기초한 복음주의라는 견해도 있다.[24] 교황 인노센트 3세에 의해 이단으로 규정되어 십자군까지 동원된 카타르파의 경우는 이단에 대한 두 견해가 모두 부합되는 경우라고 하겠다. 카타르(Cathar)라는 이름의 뜻은 순수(pure)를

---

[24] Jeffrey Richards, Sex, Dissidence and Damnation: Minority Groups in the Middle Ages (London and New York: Routledge, 1990), 43.

의미하는 그리스 용어로서 필시 콘스탄티노플 지역에서 그리스어를 말하는 보고밀(Bogomil) 신자들에게서 유래되었을 것으로 추측된다.[25] 서방세계에서 카타르파는 1140년경 독일의 라인 지방, 1160년경 랑그도크 지역, 그리고 1170년경 이탈리아 북동 지역, 1190년에는 이탈리아 남쪽 지방에 등장했다고 알려진다.[26] 카타르파는 짧은 시간 내에 산발적으로 확산, 전파되었고 점차 프랑스 남부 지방에서 그 위력을 떨치게 되었다.

카타르 선교사들은 1170년에 카타르 교회를 조직했으며 프랑스 남부의 알비(Albi) 지역을 중심으로 한 카타르파 신도들은 지역 이름을 따라 알비파(Albigensians)라고도 부른다. 카타르파는 기본적으로 반성직주의자들(anti-clericalism)이지만 가톨릭교회의 제도에 대응하기 위한 전략으로 카타르 주교들, 카타르 교구, 카타르 공의회, 심지어 카타르 교황제도까지 만들어 선교에 힘썼다.[27] 카타르파는 내적 분열에 따라 교리적인 차이가 다소 있었지만, 가장 기본적인 가르침은 모두 동일하다고 알려진다. 카타르파는 마니교나 보고밀교[28]의 가르침처럼 육체는 악하고 영은 선한 것이라고 믿었기에 물질세계는 악한 신이 창조했으며 영의 세계는 선한 신이 창조했다고 믿었다. 따라서 그들은 물질적인 모든 것, 예를 들어 육식, 성욕, 그리고 부(wealth)를 본질적으로 악한 것으로 거부했다. 그들은 또한 지옥과 연옥도 믿지 않았으며 죽은 사람들을 위한 미사도 거부하였고 육체의 부활도 믿지 않았으며 성만찬의 떡과 포도주가 실제 주님의 살과 피로 변한다는 실체의 변화(transubstantiation) 곧 화체설도 거부했다.[29] 카타르주의자들은 가톨릭교회에서 지키는 성례전을 실행하지 않았으며 그들이 지키는 유일한 예전은 손을 얹어서 진행하는 성령 위안 안수식(the Consolamentum)이었고 이는 죽음이 임박한 사람에게 위안식을 거행함으로써 속세에 윤회하지 않고 영혼이 해방되기를 기원하는 의식이다.

25 Ibid., 49.
26 Miri Rubin and Walter Simons eds., *The Cambridge History of Christianity: Christianity in Western Europe c. 1100–c. 1500* (New York: Cambridge University press, 2009), 179–180.
27 Jeffrey Richards, *Sex, Dissidence and Damnation*, 49–50
28 Ibid. 카타르파는 10세기경 불가리아에서 처음 등장한 보고밀리즘(Bogomilism)에서 영향을 받은 것이라고 한다. 보고밀리즘은 보고밀이라는 설교자가 창시한 단체로 그의 가르침은 철저히 성서에 기초한 것을 가르치며 성서에 기술되지 않은 고해성사, 성례전, 유아세례, 예전 등은 거부한다. 보고밀은 십자가를 미워하는데 이유는 주님의 고통의 상징이기 때문이라고 한다. 보고밀리즘은 신약성서의 가르침 외에도 영육 이원론적 세계관을 가지고 있으며 영의 세계는 선한 반면 물질세계는 루시퍼의 영역이라고 믿는다.
29 Ibid.

그들은 엄격한 금식을 강조하는 금욕주의를 실천했으며 그들의 지도자들인 사제들을 '완전한 자'(perfects)라고 불렀다.[30] 카타르 사제들, 완전한 자들은 결혼하지 않고 독신 생활을 했으며 사유재산을 갖지 않는 등 철저히 금욕적인 생활을 했다. 일반 평신도 신자들은 스스로를 '좋은 사람들'(good men), '좋은 그리스도인들'(good Christians), 혹은 그리스도의 가난한 사람들(the poor of Christ)이라고 지칭했다. 카타르파는 가톨릭교회에 대응하는 제도적 위계 체제가 있었으나 반성직주의를 지향했으므로 필시 권력적인 의미에서의 위계 체제는 아니었던 것으로 보인다. 카타르파의 또 하나의 특징은 중세 가톨릭교회나 사회에서와는 달리 남녀평등이 이루어졌다는 사실이다. 중세 가톨릭교회는 여성들에게 성직 안수를 금했던 것은 물론이고 오염되고 불결해지는 것을 막기 위해 성례전 시에 수녀들이 성찬기에 손을 대는 것조차 허용하지 않을 정도로 여성에 대한 차별이 심했다. 반면에 카타르파의 여성들은 남성과 평등한 대우를 받았으며, 가톨릭교회보다 여성의 역할과 지위가 높았다. 여성들도 누구든지 카타르파 지도자의 삶의 양식을 따르기만 한다면 카타르파 지도자인 완전자가 될 수 있었다.[31] 이런 점들에서 카타르파는 여성들에게 매력적으로 다가왔으며 이에 따라 여성 신도 숫자가 남성의 숫자보다 훨씬 많았으며 필시 가톨릭교회 여성 신도들도 카타르파로 많이 전향했다고 한다. 카타르파 여성 신도들은 자기 집에서 서로에게 설교하고 교육했으며 치유와 교육 등을 통해 사역했으며 여성 완전자들도 남성과 마찬가지로 손을 얹어 성령 위안 안수식을 행할 수 있었다고 한다. 이런 점들을 감안한다면 쟈크 비트리가 마리 드와니를 가톨릭교회의 이상적인 여성 지도자상으로 부각하려 했던 의도를 이해할 수 있다.

강력한 중앙집권적인 권력을 행사하던 교황 인노센트 3세의 집권 시절에 이단들이 가장 번창했으며 활기를 띠었다. 카타르파가 어떻게 짧은 시간에 가톨릭교회를 위협하는 강력한 세력으로 발전했는가 하는 문제에 대해 죠셉 린치는 카타르 지도자들이 엄격한 금욕생활을 실천하며 청빈했던 반면 당시 가톨릭 성직자들과 사제들은 편안한 삶을 추구하는 상반된 모습에 일반 대중들이 카타르

---

[30] 조셉 린치, 『중세 교회사』, 심창섭 & 채천석 (서울: 솔로몬, 2010), 370.
[31] Jeffrey Richards, *Sex, Dissidence and Damnation*, 50.

파에 열광했다고 설명한다.³² 이에 더해 카타르파의 평등하고 자유로운 신자들의 관계, 여성과 남성의 관계 등, 여성을 존중하고 여성의 지위와 역할에 있어 자유로운 지도자의 위치와 역할이 가능했던 점들이 대중들의 관심을 이끌어냈을 것이라고 짐작할 수 있다. 위에서 설명한 카타르파의 특성들, 특별히 가톨릭교회에 결여된 자유로운 종교성, 금욕주의에 근거한 도덕성, 지도자와 평신도 여성과 남성의 자유롭고도 평등한 관계, 이 모든 점이, 필시 마리 드와니를 만나서 감동받았던 두 사제, 즉 풀크 주교가 요청하고 쟈크 비트리가 저술한『성 마리 드와니의 생애』를 기획하고 구성하고 저술한 내용들의 중요한 배경적인 요소들로 함축되어 있다고 할 수 있다. 이러한 해석학적 단서를 전제로 하면서 쟈크 비트리의 작품『성 마리 드와니의 생애』본문을 읽고 분석하며 행간 속에서 자신을 드러내는 마리 드와니를 만날 수 있기를 기대한다.

『성 마리 드와니의 생애』제1권: 경건생활, 하나님을 향한 완전한 회심

『성 마리 드와니의 생애』는 전반부와 후반부의 두 부분으로 구성되었다. 전반부 제1권은 "마리의 종교적인 삶"과 "하나님을 향한 마리의 완전한 회심"을 주제로 다룬다. 이 주제를 중심으로 13개의 장으로 나누어 각각의 소주제를 다루고 있다. 후반부 제2권은 "내면생활"과 "마리의 거룩한 죽음"을 주제로 역시 13개의 장으로 나누어 각각의 소주제를 다루고 있다.

1. 마리의 성장 배경과 결혼생활

마리 드와니(Marie D'Oignies)³³는 1177년 현 벨기에에 위치한 소도시 니벨레스(Nivelles) 리에주(Liége) 교구의 한 부유한 가문에서 태어났다. 마리가 태어

---

32 Ibid., 370-371.
33 마리 드와니(불어, Marie D'Oignies, 영어, Mary of Oignies)는 각 나라의 언어에 따라 다르게 발음된다. 현 벨기에 나라의 니벨레스(Nivelles) 지역은 주로 프랑스어와 네덜란드어를 사용하였다고 알려진다. 불어로는 마리, 영어로는 메리, 한국어로는 마리아로 번역될 수 있으니 여기서는 당시에 사용된 이름으로 마리로 쓰고자 한다. 그 외는 지명 등 용어는 영어식 발음 표기를 따르고 있다.

나고 자란 당시의 니벨레스는 전통과 변화가 함께 아름답게 조화를 이룬 도시로서 옛 수도원 생활의 정취와 동시에 새로운 도시적인 영성이 함께 아우러진 중심지였다고 알려진다. 마리의 집은 당시 메로빙거 왕조의 공주(Merovingian princess)로서 니벨레스 수녀원 원장이 되었던 성인 제르트루다(St. Gertrude)를 숭배하던 곳으로 유명한 베네딕트 수도원 근처에 위치하여, 어린 마리가 살았던 주변 환경도 매우 종교적이었다는 것을 알 수 있다.[34] 쟈크는 마리가 어린 시절부터 풍족한 가정에서 자랐지만 화려한 것에 전혀 유혹받지 않았으며 기도 생활에 충실했다는 것을 지적한다. 유복한 가정에서 딸을 양육한 부모가 어린 마리에게 어느 정도 수준의 교육을 했는지는 알려지지 않으나 최소한 기본적인 글을 읽는 것만큼은 충분히 가능한 교육을 받았다고 한다.[35] 쟈크는 어린 시절 마리가 행한 일을 하나의 예시로 제시하면서 마리가 어떤 소명을 가지고 있었는지를 보여준다.

니벨스 동쪽으로부터 약 20km 떨어진 빌르(Villers)에는 클레르보의 베르나르드(Bernard of Clairvaux) 시기에 세워진 시토회 수도원이 있었으며, 당시에 새로운 수도원주의를 대표하는 시토회 수도사들이 마리가 사는 집 앞을 통과했다고 한다. 이를 지켜본 마리는 수도사들의 삶을 경외하는 마음으로 수도사들이 걸으며 남긴 발자국 위에 자기 발을 얹고 살금살금 따라 걸었다고 한다.[36] 이렇게 수도사들의 발자국을 따라 걸었다는 사실은 비록 어린 마리였지만 수도사들을 동경하는 마음이 있었다는 것과 수도사들처럼 마리 자신도 하나님을 섬기며 헌신하는 삶을 살겠다는 어린 시절 마리의 각오 역시 읽어낼 수 있다. 이렇게 종교적인 환경에서 자라나 어린 시절부터 하나님께 헌신하는 삶을 살기 원했던 마리가 자연스럽게 수녀가 되기 위해 수녀원을 선택했을 것이라는 독자들의 기대와는 달리 마리는 14세에 결혼했다. 당시 좋은 가문에서 신앙교육을 받으며 자란 젊은 여성들 가운데서 많은 여성이 수녀가 되기 위해 수녀원을 선택한 것과는 달리 마리가 결혼을 택했던 이유는 부모님의 의사가 개입되었다는 것 외에 다른 사유는 밝혀지지 않았다. 마리는 그렇게 14살이던 1190

---

[34] Anneke B. Mulder-Bakker, ed. *Mary of Oignies: Mother of Salvation*, 5.
[35] Bernard McGinn, "Marie d'Oignies and the New Mysticism", *Svensk Teologik Kvartalskrift*, Årg 72, (1996), 102.
[36] Anneke B. Mulder-Bakker, ed. *Mary of Oignies: Mother of Salvation*, 52.

년에 니벨레스의 훌륭한 가문의 아들인 존(John)과 결혼했다고 한다.[37] 두 사람의 구체적인 결혼생활이 어떠했는지 상세히 기록되지는 않으나 그들의 결혼생활에서 남다른 점을 발견할 수 있다. 마리 드와니는 남편인 존을 설득해서 순결 서약을 하고 철저히 하나님과 이웃에게 헌신하면서 사도적인 삶을 함께 살아가는 영적 결혼(spiritual matrimony)의 삶을 살기로 약속했다고 한다.[38] 마리와 존은 기도하고 예배하며 사회에서 소외되고 버림받은 병자들, 가난한 자들과 함께하고 돌보면서 노동하는 생활, 경건하고 헌신하는 삶과 철저히 금욕적인 삶을 함께 실천했다. 이들 젊은 부부의 자발적인 경건과 헌신의 삶은 주변 사람들에게 큰 영향을 주었다. 존의 친형제이며 사제인 귀도(Guido)와, 그리고 마리와 존의 삶을 지켜보던 많은 사람이 감동받고 마리와 존, 귀도와 함께하는 생활에 합류하면서 자연스럽게 공동체를 이루게 되었다. 이들은 공동체 생활에서 사도들의 삶을 본받기 위해 자신의 선택으로 안락하고 쉬운 삶을 포기하면서 당시 니벨리스 주변의 윌리암브루크(Williambrouck) 지역에 거처하는 나병환자들을 돌보며 어떤 사람들은 사회적으로 소외된 계층의 사람들을 교육하는 일을 했으며, 어떤 사람들은 기도하고 연구하는 일을 담당했다고 기록된다.[39] 안네크 멀더바커(Anneke B. Mulder-Bakker)에 따르면, 이러한 공동체적 삶으로 체화된 철저히 자발적이고 실천적인 종교적 유형의 삶이 베긴회의 초기 모습이었다.[40] 이로써 쟈크 비트리는 베긴 여성신비가 마리 드와니가 처음부터 하나님과 이웃을 위해 자발적으로 모든 사적인 소유와 삶을 포기하고 무소유의 청빈한 삶을 실행하며 자신보다 더 어려운 사람들과 모든 것을 공유하며 실천하는 사도적 삶을 살았다는 사실을 입증하고 있다.

2. 그리스도의 고난과 마리 드와니의 회개

쟈크의 기록에 따르면, 마리 드와니가 회심하게 된 근본적인 계기는 주님의 십자가와 고난이었다고 한다. 어느 날 그리스도께서 마리를 찾아오심으로 마

[37] Ibid., 54.
[38] Ibid., 55.
[39] Ibid., 5.
[40] Ibid.

리는 인간의 육체로 오신 하나님께서 인류에게 행하신 모든 선한 일들을 기억하게 되었다고 기록한다. 성육하신 하나님의 사랑과 십자가에서의 고통을 기억하게 된 마리는 그리스도 앞에서 회개하기 시작한다. 마리의 회개는 그리스도의 십자가 고난을 생각하며 주체할 수 없이 쏟아지는 눈물로 나타난다. 마리의 눈물이 그저 뺨을 흐르는 데 그친 것이 아니라 바닥으로 흘러내려 모두 적셔서 교회 바닥은 온통 마리의 발자국과 함께 진흙투성이가 되었다고 묘사한다. 마리는 주님을 만난 후 한동안 십자가를 응시하거나, 그리스도의 십자가 고난에 관한 이야기를 하거나 들을 때면 심장의 고통을 느끼며 황홀경에 빠져들었다고 기록된다. 마리는 자신의 슬픔을 잘 조절하며 쏟아지는 눈물을 억제하기 위해서 성육하시고 고난당하신 그리스도가 아니라 고통하지 않는 신성으로서의 그리스도를 생각함으로 위로를 얻고자 했다.

   쟈크는 성금요일 바로 전인 어느 날, 마리가 교회에서 통곡의 눈물과 한숨과 애통으로 자신을 제물로 하나님께 드리기 시작했을 때의 일화를 소개한다. 그 날도 마리는 통곡의 눈물로 애통하며 기도하고 있었는데 그 교회의 사제가 마리에게 다가와서 눈물을 절제하고 침묵 기도를 하라고 부드럽지만 엄중하게 권고했다. 비둘기처럼 순수함을 가진 마리는 사제가 말한 대로 순종하고자 했으나 자신의 힘으로는 흐르는 눈물과 애통함을 억누를 수 없어 교회 문밖으로 빠져나와 아무도 없는 장소로 옮겨가 눈물로 주님께 호소했고, 주님께서는 마리에게 훈계한 그 사제에게 말씀하시되, 격렬한 성령의 흐름으로 솟구치는 눈물을 억제하는 것은 인간의 힘으로 되는 것이 아니라고 하셨다고 기록된다.[41] 그리스도께서 사제에게 경험하게 하신 일을 기록하면서, 쟈크 비트리는 이사야서 22:22 "주께서 여시면 누구도 닫을 자가 없으며"와 욥기서 12:15 "그가 물을 보내신즉, 곧 땅을 뒤집나니"를 인용하며 그 사제는 영적인 경험 가운데 눈물의 홍수에 잠겨 거의 숨이 막힐 지경이었으며, 그 강도를 억제하려 애를 쓰면 쓸수록 더 눈물에 젖어 들었고 책도 제단의 천도 젖었다고 기록하고 있다.[42] 겸손함과 공감의 능력이 부족했던 그 사제는 이전에는 알지 못했던 놀라운 경험을 한 후에야 마리의 눈물이 인간의 힘이 아닌 하나님의 은총이었다는 것을

---

[41] Anneke B. Mulder-Bakker, ed. *Mary of Oignies: Mother of Salvation*, 57.
[42] Ibid.

깨닫게 되었다고 한다.

쟈크 비트리는 성육하신 그리스도께서 인간을 위해 행하신 모든 것, 특히 인간을 구원하시기 위해 온갖 고난과 고통을 온몸으로 겪으신 일을 온몸과 마음으로 느끼고 경험한 그때에야 비로소, 마리 드와니는 진정으로 회개하게 되었다고 기록한다. 카타르파, 곧 알비파는 영육 이원론의 세계관을 가지고 있기에 실제로 예수 그리스도는 인간의 몸으로 성육할 수 없는 분이라고 믿었다. 따라서 가톨릭교회에서 고백하는 참된 하나님이자 참된 인간이신 예수 그리스도는, 알비파에게는 참된 하나님일 뿐이고 참된 인간은 아니었다. 알비파가 고백하는 그리스도는 비록 육체를 가진 인간으로 보였을 뿐 실제로는 신성만을 가진 하나님이라고 믿는다. 카타리파 신자들에게 선하신 하나님께서는 악한 육체를 입고 세상에 오실 수 없는 분이시기 때문이었다. 그리스도의 성육신을 부인하는 것은 인간을 구원하신 그리스도의 고난과 십자가를 부인하는 것이기에 카타르파 사람들은 진정으로 회개할 수도 따라서 구원받을 수도 없다는 것을 의미한다. 마리의 엄청난 뉘우침과 회개의 눈물은 성육하신 하나님의 사랑과 십자가에서의 고통에 대한 회개와 감사로부터 비롯된 눈물이다.

3. 마리 드와니의 경건성과 엄격한 금욕주의적 삶

쟈크 비트리는 마리의 눈물의 회개를 소개한 후에 마리 드와니의 고해 생활을 설명하며 마리의 경건성에 대해 증언하며 칭송한다. 마리가 자기 죄의 문제로 얼마나 심각하게 고뇌하고 괴로워했는지를 쟈크는 증인의 입장에서 설명한다. 쟈크에 따르면, 마리의 모든 생활에서도, 그리고 그녀가 발언한 말에서도 치명적인 어떤 죄도 발견하지 못했으며 심지어 이에 대해 하나님이 증인이 되신다고 말한다.[43] 마리는 자신의 행위와 마음을 항상 돌아보고 우연히 경미한 죄를 저질렀다고 생각할 때는 슬퍼하는 마음으로 사제 앞에 와서 죄를 고백했으며 마치 산고의 고통을 치르는 여성처럼 괴로워하며 큰 소리로 통회 자복했다고 기록하고 있다.[44]

[43] Ibid., 58.
[44] Ibid.

회개와 고해를 통해 어린 시절에 우연히 저지른 경미한 죄를 포함해 크고 작은 죄로부터 자유로워진 마리는 항상 자신의 영혼을 돌보고 감각적인 모든 것을 엄중하게 살피며 마음의 순결을 유지하기 위해 자신의 모든 것을 주의 깊게 돌아봤다고 한다. 일상에서의 행위뿐만 아니라 마음가짐까지도 섬세하게 조심하면서 매사에 신중한 마리에 대해 쟈크는 찬사를 아끼지 않는다. 그는 마리에게서 가벼운 말, 불순한 모습, 부적절한 복장, 지나친 시선, 혹은 합당하지 않은 불순한 신체적 동작을 전혀 찾아볼 수 없었으며 즐거움을 표현할 때도 겸손하고 진중한 몸가짐을 가지고 있었다고 증언한다.[45]

쟈크 비트리는 마리의 생애 1권 2장 21절을 시작하면서, 자신의 경미한 죄까지도 모두 고백한 마리가 이제 위대한 사랑과 경이로운 기쁨을 가지고 어떻게 자기 몸을 그리스도에게 희생물로 드렸는지를 설명한다.[46] 이를 위해 쟈크는 먼저 누가복음 9장 23절 "나를 따라오려는 사람은 자신을 부인하고 자기 십자가를 지고 나를 따르라"는 그리스도의 말씀을 인용하며, 마리가 행한 모든 실천과 구체적인 행위는 바로 하나님의 말씀이 마리의 마음을 사로잡아 그리스도를 따르기 위해 고통을 감당했던 발걸음들이었다고 말하며 하나의 일화를 소개하고 있다.

어느 날 마리는 이전에 자신이 심각한 질병을 앓고 난 후 기력을 회복하기 위해 고기를 먹고 물과 희석한 포도주를 마셨던 일을 기억했다고 한다. 영의 음식이 육체를 위한 양식보다 더 중요하다고 여겼던 마리는 자신이 육체적인 욕구를 충족했다는 사실에 혐오감이 들었으며 이에 대해 자기 육체에 고통을 주는 방식으로 자신의 불편한 영혼의 문제를 해결하고자 했다. 쟈크는 마리가 자신의 육체에서 일부의 살을 잘라내서 땅속에 묻었다고 기술하며 극심한 육체의 고통을 감내하며 이겨내는 가운데 황홀경 속에서 천사가 마리 곁에 서 있는 모습을 보았다고 기록한다.[47] 후에 마리가 사망한 후 마리의 사체를 씻어주던 여성들이 마리의 몸에 있는 상처를 보고 매우 놀랐으며, 마리가 사망 이전에 고백했던 말을 기억하는 사람들은 그녀의 몸에 난 상처 자국이 왜 생겼는지를 이

---

[45] Anneke B. Mulder-Bakker, ed. *Mary of Oignies: Mother of Salvation*, 58.
[46] Ibid., 59.
[47] Ibid., 60.

해했다고 한다. 앞서 기술한 것처럼 쟈크는 마리가 사망한 이후 약 3년에 걸쳐 마리의 성인전기를 기록하기 시작했고 저술을 위해 자신의 기억만이 아니라 마리를 아는 주변 사람의 기억과 증언에 의존했음을 알 수 있다.

  현대 독자들로서는 이해하기 어려운 마리의 행위는 결벽증 내지 완벽주의적인 강박증 혹은 극도의 자학적 행위로 보인다. 쟈크가 기록한 글의 내용을 독해할 때, 마리의 자해 행위가 쟈크의 직접적인 경험을 기록한 이야기라기보다는 오히려 마리와 함께한 사람들이 마리에 대해 증언한 이야기를 기반으로 간접적인 경험에 의존해서 서술한 이야기임을 알 수 있다. 쟈크가 소개한 일화에 대한 사실 여부를 떠나서 쟈크가 무슨 이유로 이러한 불편한 이야기를 저술에 포함시켰는가를 이해하는 것이 더 중요할 것이다. 쟈크 비트리가 마리의 성인전기에 위의 일화를 포함시킨 이유는, 필시 마리 드오니 이전의 존경받던 성인들의 이야기와의 연속적인 관계성을 드러내고자 했던 의도에서 비롯되었을 것이라고 이해할 수 있다. 쟈크 비트리는 마리의 이야기와 연속선상에서 사막의 교부들 가운데 성 시메온 스타일리트(St Simeon Stylites)와 성 안토니(St Antonius)의 이야기를 언급한다.

  성 시메온은 약 390년경에 태어나 459년에 사망한 시리아 사막에서 고행 생활을 했던 성자다. 스타일리트(stylites)는 그리스어로 기둥이란 뜻을 가지고 있는데 그는 약 37년간을 높은 기둥 꼭대기에서 머물며 극단적인 고행과 금욕 생활을 함으로써 많은 사람에게 존경과 숭배를 받은 성인이다. 쟈크에 따르면, 시메온 장로는 2미터, 15미터, 100미터 높이의 기둥들에서 37년간 생활하면서 다치고 급기야 상처에서 벌레가 쏟아져 나왔다고 한다. 또한 이집트 사막에서 고행한 성 안토니우스(251-356년경)가 자기 발을 불로 태웠던 일화도 소개한다.[48] 쟈크는 그리스도의 고난에 동참하는 두 성인의 용기에 경이로움을 느끼는 사람들이라면 연약한 여성인 마리가 그리스도의 고난을 따르고자 한 용기에 경이로움을 표하지 않겠는가 말한다. 고통이란 추상이나 상상의 차원에서 알고 느낄 수 있는 것이 아니며 그리스도의 십자가 고통에 동참하고 따른다는 것은 감정적인 연민의 차원이 아닌 자기 육체로 직접 고통을 경험하고 느끼는

---

[48] Anneke B. Mulder-Bakker, ed. *Mary of Oignies: Mother of Salvation*, 59.
    시므온 상처에서 쏟아져 나온 구더기 이야기, 그리고 불에 발을 태우는 안토니의 이야기를 책 60쪽 각주에서 설명하고 있다.

것이라고 믿었던 고대 성인들의 고행이 마리에게도 계속된다는 것을 설명하고 싶었던 쟈크의 심정을 알 수 있다. 따라서 쟈크 비트리가 기술하는 이야기의 핵심은 마리가 실제로 자신의 살점을 잘라냈는지의 사실 여부 혹은 자학적인지 아닌지를 규명하는 데 있는 것이 아니다. 쟈크는 다만 사도적인 삶을 살며 주님의 고통에 동참하고자 하는 마리 드와니의 구체적인 고행 사건을 성 시메온과 성 안토니 등의 "교부들의 생애"(Vitas patrum)라는 오랜 전통의 계보 속에 위치시키고자 했던 것이다. 적어도 쟈크의 판단에 따르면 마리의 삶은 성 시메온과 안토니우스 등 그동안 성인의 계보를 이어온 교부들의 전통을 충분히 이어가고 있다고 판단한 것으로 보인다.

쟈크 비트리는 이어서 마리가 식사뿐만 아니라 수면조차도 극도로 절제하는 모습을 세세하게 묘사한다. 마리는 고기와 와인을 금했고 약간의 과일과 허브와 콩으로 하루 한 끼의 식사로 연명했으며, 때로 오랜 금식으로 인해 음식을 먹을 수 없는 지경에도 이르게 되었던 상태를 구체적으로 기술하고 있다. 그런가 하면 마리는 성 십자가 축제일부터 부활절에 이르기까지 3년 동안 빵과 물로만 살았으며 그 외의 다른 음식은 먹지 않았지만 마리의 건강은 전혀 상하지 않았으며 하는 일에도 지장을 받지 않았다고 기록한다.[49] 쟈크는 마리가 마음을 다해 사랑하는 성 요한과 식사 테이블에 함께 했다는 일화를 전한다. 성 요한의 존재가 마리의 식욕도 잠재워 음식을 거의 먹을 수 없었다고 설명하면서 쟈크는 그리스도께서 마리가 육적인 기쁨을 모두 잃어버린 것에 대해 영적인 기쁨으로 보상하신 것이라고 설명한다. 쟈크는 계속해서 마리는 때로 8일을 금식하기도 하고 때로 11일을 금식하기도 했으나 육체적으로 큰 어려움을 겪지 않았다고 한다. 또한 마리는 35일 동안 어떤 음식도 먹지 않았다고 기록한다. 마리는 음식을 입에 대지 않았을 뿐만 아니라 "나는 우리 주 예수 그리스도의 몸을 원합니다"라는 기도 외에는 일절 말하지 않았으며 온전한 침묵과 온전한 금식으로 35일을 지냈다고 기록한다.[50] 쟈크는 일반인들은 감히 흉내조차 낼 수 없는 마리의 금식과 고행을 실천하는 엄격한 금욕주의적인 생활을 구체적으로 기술하면서 마리의 신앙심을 부각한다. 쟈크 비트리는 이렇게 한

---

[49] Anneke B. Mulder-Bakker, ed. *Mary of Oignies*, 61–62.
[50] Ibd., 62.

편으로, 12세기와 13세기의 중세 시대에도 고대 기독교에서와 마찬가지로 엄격한 금욕주의적 수행을 성인됨의 증표로 성스럽게 여기는 종교적인 측면이 있다는 것을 알려준다. 또 다른 한편, 쟈크는 엄격한 금욕생활과 금식을 강조하는 카타르파의 지도자들인 '완전자'의 금욕주의적인 삶을 염두에 두면서, 마리 드와니 역시 금욕주의자로서 '완전자'보다도 더 완전하게 금욕주의적인 수행의 삶을 살고 있다는 사실을 보여주고자 했다고 이해할 수 있다. 마리의 생애 전기를 저술하는 동안 카타르파 십자군을 위해 열정적으로 설교하며 사역했던 쟈크 비트리의 실존적 상황을 성찰할 때 충분히 납득 가능한 해석이라고 할 수 있다. 이어서 쟈크 비트리가 마리 드와니의 영적 능력에 관해 설명하는 부분을 살펴보도록 하겠다.

4. 마리의 영적 능력

쟈크는 마리의 기도 생활과 영적 능력에 대해 기록한다. 마리의 기도 생활 역시 일반 신도들이 할 수 있는 기도 생활의 범주를 넘어서는 모습이었다. 쟈크는 마리가 그리스도로부터 특별한 기도의 은사를 받았다고 말하며 기도 중에 주님의 음성을 듣기도 하고 환상을 보기도 하며 기도로 마귀를 물리치기도 하는 마리의 모습을 묘사한다. 이 부분에서 쟈크는 연옥과 지옥에 대해 짧게 언급한다. 카타르파는 연옥도 지옥도 인정하지 않는 데 반해 쟈크는 연옥과 지옥의 실재를 인정하면서 이야기를 전개한다. 경이로운 크리스티나의 생애를 저술한 토마스 칸팀프레의 경우 연옥이 생애 전기에서 중심 주제라고 할 정도로 연옥 신학을 중심으로 전개하는 반면 쟈크는 연옥이란 경미한 죄, 용서받을 수 있는 죄를 지은 사람들이 죽음 이후에 영원한 천국과 지옥으로 결정되기 전에 거치는 중간 장소로서 실재하는 곳으로 전제하는 모습을 발견할 수 있다. 연옥을 믿지 않은 카타르파 이단들을 비롯한 이단들에게 대부분의 사람이 죽음 이후 가야 하는 연옥의 실재를 알리며 경고하는 기록으로 볼 수 있다.

쟈크 비트리는 마리의 기도 생활을 설명하면서 마리가 기도 중에 체험한 몇 가지 일화를 소개한다. 쟈크는 여기서 연옥의 실재를 알리며 그곳에서 고통당하는 영혼들과 이들을 위한 마리의 중보기도를 소개하면서 죽은 자를 위한 산

자의 중보기도의 중요성에 대해 알리는 역할을 한다. 쟈크가 소개하는 일화에 따르면, 늘 그랬던 것처럼 시간을 허비하지 않고 잠을 줄여가면서 기도에 힘썼던 어느 날, 마리는 고인이 된 어떤 사람의 영혼을 위해 주님께 간절히 기도하는 중에 '그 사람을 위해 너의 기도를 쏟아내지 말라. 그는 하나님께 정죄되었다' 하는 말씀이 들렸다고 한다.[51] 이는 용서받지 못할 치명적인 죄를 범한 사람들은 연옥에서 중보기도를 받을 수 있는 여지도 없이 곧장 영원한 지옥으로 가게 되기에 구원받을 기회조차 없다는 것을 알려주는 것이다. 또 다른 일화에 따르면, 어느 날 마리가 오와니 예배당의 옆에 딸린 작은 방에서 기도하는 중에 갑자기 수많은 손이 나타나 무엇인가를 간청하는 듯이 움직이는 것을 보았다고 한다. 갑작스러운 상황에 너무도 놀란 마리는 예배당으로 피신했다고 한다. 다음 날 마리가 같은 방에서 기도할 때도 또다시 뭔가를 요청하는 듯 많은 손이 나타났고 이에 놀란 마리가 다시 예배당으로 피신하고자 할 때 그 손들이 마리를 막았다고 한다. 마리가 예배당으로 이동해서 이해할 수 없는 손들의 등장에 대해서 주님께 기도하며 물었을 때 주님께서 대답하시기를, 그 손들은 연옥에서 고통당하고 있는 사람들의 손이며 자신들의 고통을 줄일 수 있도록 중보기도를 부탁하는 것이라고 말씀하셨다고 한다.[52] 이를 계기로 마리는 연옥에서 고통당하는 자들에게 연민을 가지게 되었고 일상적인 기도를 잠시 멈추고 오로지 연옥에서 고통당하는 자들을 위한 중보의 기도를 드렸다고 기록된다. 마리가 기도의 제물을 더 풍성하게 하나님께 드릴 때, 마리의 영혼이 영화로운 기름으로 가득 채워지게 되고 마리의 기도는 멈추지 않고 계속되었다. 이렇게 기도에 충만할 때면 마리는 밤낮으로 성모 마리아께 1100번을 무릎 꿇고 경배를 드리며 40일 동안 전례 없는 헌신의 기도를 했다고 기록하고 있다.[53]

쟈크는 한 수녀의 이야기를 길게 다루고 있다. 시토 수녀원에 다른 수녀들과 더불어 주님을 헌신적으로 섬기는 한 수녀가 있었다고 소개한다. 고대로부터 뱀인 마귀는 그 수녀를 공격하고자 주시하고 있었다. 소녀가 순결하고 겁이 많다는 것을 파악한 마귀는 그 수녀에게 불경하고 부정한 생각을 넣어 절망에 빠

---

[51] Anneke B. Mulder-Bakker, ed. *Mary of Oignies*, 64.
[52] Ibid.
[53] Ibid.

뜨리고자 했다. 마귀의 공격으로 불경하고 부정적인 생각이 마음에 떠오르게 된 수녀는 몹시 당황하며 자신이 믿음을 잃어버린 것이라고 생각했고 혼자서 고민하다 절망에 빠지게 되었다. 이를 본 마귀는 그 절망하는 수녀의 마음을 더욱 공격해서 그 수녀는 마침내 주기도문도 사도신경도 읽을 수 없게 되었으며, 죄에 대해 고해성사를 하고서도 용서를 구하지 않았다는 것이다. 더 나아가 교회의 성만찬에서 그리스도의 몸인 성체를 받기를 거부했고 급기야 극도의 정신적인 불안 상태에서 종종 자살까지 시도하는 지경에 이르게 되었다. 급기야 하나님의 말씀도 무시하고 주변 사람들의 권면조차 경멸했으며 악마들이 하는 험한 말과 경멸적인 말을 했다고 한다. 동료 수녀들은 그 수녀를 위해 주께서 구원해 주시기를 기도로 간청했지만, 그 수녀의 상태는 나아지지 않았고 금식 기도조차 마귀를 쫓아낼 수 없었다. 쟈크는 동료 수녀들이 금식하면서 드린 의로운 기도를 주님께서 받지 않으신 이유에 대해 설명하기를, 주님께서는 마리의 영성과 기도의 능력으로 마귀의 잔혹성을 처단하고 고통당하는 수녀를 마귀의 손아귀에서 구해내는 것이 주님의 계획이라고 알렸다.[54] 마침내 마귀에게 고통당하는 수녀가 마리에게로 인도되었고 마리가 40일 동안의 금식기도를 마쳤을 때 비로소 마귀는 그 수녀를 떠나며 마리에게 자비를 구하면서 속죄할 수 있도록 해달라고 간청했다. 마귀의 속성을 아는 마리는 마귀에게 지옥으로 떨어질 것을 명령했고 그 즉시 마귀는 비명을 지르며 지옥으로 떨어졌다고 한다. 그 순간 마귀로 인해 고통당하던 수녀는 즉시 해방되었다. 지옥에 있던 마귀들은 가장 강력한 마귀 왕이 지옥으로 오는 것을 보고 소리쳤고 마리는 마귀들이 외치는 소리를 영혼으로 들을 수 있었다고 기록된다.[55] 쟈크는 이렇게 카타르파 이단이 거부하는 연옥과 지옥의 실재를 확증하며 그 실상을 증언하고 있다.

5. 마리의 지혜로움과 그녀의 성품

쟈크는 마리의 지혜로움과 검소하고 겸손한 성품과 품행에 대해 칭송한다. 쟈크가 지혜롭다고 말하는 이유는 마리가 인간이란 어떤 존재인지에 대해 정

---

[54] Anneke B. Mulder-Bakker, ed. *Mary of Oignies*, 68.
[55] Ibid., 69.

확히 알고 있기 때문이라고 말한다. 마리는 인간이 유한한 존재로서 살아갈 날들이 제한되어 있는 시간적 존재임을 절실하게 인식한 현자로서 소유보다는 존재가 더 중요한 것을 알았다고 말한다. 마리는 한번 흘러간 시간은 다시는 돌아오지 않기에 그 어떤 재물의 손실보다 시간을 낭비하는 것이 더 큰 손실임을 깊이 깨닫고 밤에도 편히 잠을 잘 수 없었으며 게으름은 죄악이라고 여겼다는 것이다. 수면이란 인간의 약함을 회복하기 위한 수단으로 주신 하나님의 은혜임에도 불구하고 인간이 잠을 자는 동안에는 도덕적인 판단을 할 수도 의지를 사용해서 도덕적인 선택을 할 수도 없으며, 따라서 주님을 올바르게 섬길 수 없기에 마리는 가능한 범위에서 수면을 피하려 했다고 한다.[56] 쟈크에 따르면 마리가 잠을 자는 동안에도 그녀의 마음은 늘 주님께 깨어 있으면서 오직 주님만을 꿈꿨다고 한다. 마치 배고픈 사람이 잠을 잘 때도 먹고 싶은 음식을 꿈꾸는 것처럼, 목마른 사람이 자는 동안 샘물에서 물을 마시는 꿈을 꾸는 것처럼, 허기진 사람이 눈앞에 차려진 잔칫상을 상상하는 것처럼 그렇게 마리는 꿈속에서도 자신의 눈앞에 계신 주님을 볼 수 있다는 것이다. 왜냐하면 그 사람의 사랑이 있는 곳에는 항상 그 사람의 눈이 머물고 보물이 있는 곳에는 그의 마음이 있기 때문이라(마 6:21)고 한다.[57] 때때로 주님께서는 마치 요셉과 다른 성인들에게 그러셨던 것처럼 마리의 꿈에서 자신을 계시하셨다는 것이다.

쟈크는 4장 36절에서 마리를 향한 칭찬과는 대조적으로 쟈크 자신의 목소리로 쾌락에 빠진 사람들을 향해 경고하며 저주를 퍼붓는다. 쟈크의 신랄한 표현을 인용하면 다음과 같다. 쟈크의 격정적인 경고와 책망의 표현을 보면 쟈크 비트리가 어떤 성품 혹은 성향을 가진 사람인지를 다소나마 짐작할 수 있을 것이다.

> 상아 침대와 부드러운 시트 사이에서 자며 음탕하게 누워서 부드러운 이불을 덮고 있는 너희들은 화 있을진저! 너희는 죽게 될 것이며 너희는 관능의 쾌락 속으로 묻힐 것이다. 너희는 행운의 날들을 보내지만, 한순간에 지옥의 끝으로 떨어질 것이다. 거기에는 구더기가 너의 자리가 될 것이고 벌레가 너의 덮개가

---
[56] Ibid.
[57] Ibid., 70.

될 것이다.(이사야 14:11) 이것을 주의하라. 마리는 주님을 헌신적으로 섬겼기 때문에 대지도 그리스도의 딸인 마리를 다치지 않도록 섬겼다. 겨울은 마리가 추위로 인해 고통받지 않도록 하며 거룩한 천사들은 그녀가 상함을 당하지 않도록 시중을 든다. 온 세계의 땅들은 너희를 대항해서 싸울 것이다. 어리석은 너희들아, 주님을 위해서 그의 피조물들이 적들에게 복수하기 위해 무장할 것이다. 창조주를 대항하는 사람들은 고통 가운데서 태워질 것이다.[58]

쟈크는 이어서 마치 두 종류의 여성들만 있는 것처럼, 사치하며 허영에 빠진 세속적인 여성들과 반대로 마리라고 하는 거룩하고 검소한 여성을 그들이 입는 의복과 연관시켜 대조하여 책망과 경외의 두 유형의 다른 언어를 사용하여 구별하고 있다. 쟈크는 수사학적 용법을 사용하여 여성들을 다음과 같이 훈계한다. 이 사치스럽고 허세 부리는 여성들이여, 여러 가지 많은 옷으로 자기 몸을 치장하고, 드레스로 일군의 사람들을 몰고 다니는 여성들이여, 마치 자기 몸이 거룩한 성전인 것처럼 포장하는 동안 타락한 행위를 행하는 당신들이여, 당신들의 의복은 좀이 먹을 것이며 그 옷에서는 악취가 풍길 것이다.[59] 이와는 반대로 거룩한 여성의 옷은 아름다운 향기를 풍기며 유물로 보존될 것이다. 그 옷들은 비록 얇을지라도 추위가 틈타지 못할 것이기에 그 옷들은 소중한 것이다. 결국 마리가 입은 옷들은 신성시되었고 마리가 죽은 이후에도 헌신적인 신앙의 사람들에 의해서 순결한 사랑으로 그 옷들은 거룩하게 다뤄지고 있다.[60]

쟈크에 따르면, 마리는 인류의 첫 조상 아담과 이브의 불순종으로 인해 후손에게 내려진 벌의 결과로 인간의 노동을 이해했다. "너희는 네 이마에서 흐르는 땀의 대가로 빵을 먹을 것이다."(창 3:19) 이 말씀의 의미를 깨달은 마리는 가능한 한 오래 자기 손으로 노동하고자 했으며, 노동을 통해 자신과 가난한 자들에게 필요한 물품을 제공하고자 하였다. 특별히 마리는 하늘에 계시는 만왕의 독생자이신 그리스도께서 목수인 요셉의 노동과 가난했던 마리아의 노동으로 양육되었다는 사실을 깊이 깨달았을 때 모든 노동과 수고를 기쁘게 여

---

[58] Anneke B. Mulder-Bakker, ed. *Mary of Oignies*, 71.
[59] Ibid., 72.
[60] Ibid., 72-73.

졌다고 한다.[61] 마리는 고요함과 침묵 속에서 "너희에게 명한 것 같이 종용하여 자기 일을 하고 너희 손으로 일하기를 힘쓰라"(데살로니가전서 4:11)고 말씀하신 사도 바울의 권고를 따라, 자기 손으로 얻은 노동의 대가로 얻은 열매를 감사함으로 먹었다고 기록된다.

이 부분에서 쟈크는 한 여성으로서의 마리에 대해 면밀히 평가하는 듯이 묘사한다. 마리 드와니는 내면과 외면이 다르지 않은 신뢰할 만한 인품을 가진 여인, 눈에 잘 드러나지 않는 내면적 상태와 외적인 의복과 태도와 행동이 항상 일관되어 신뢰할 수 있는 여성으로 그리고 있다. 쟈크는 마치 마리의 일거수일투족을 세세히 관찰한 사람인 양 마리의 일상적인 태도를 독자들에게 그림으로 그리듯이 묘사한다. 쟈크의 표현을 보자면, 마리의 얼굴에서 느껴지는 거룩한 은총의 빛은 마음의 충만함으로부터 반사되어 사람들은 마리의 모습에서 영적인 소생함을 얻고 감동을 받았다고 한다. 사람들은 마리의 얼굴에서부터 성령의 기름 부음을 읽어낼 수 있었고 주님의 능력이 마리를 통해 나온다는 것을 느낄 수 있었다고 한다.[62] 쟈크 비트리는 이와 같이 마리의 종교성과 영적 능력, 그 지혜로움과 검소하고 겸손한 성품과 행동, 그리고 노동관과 인격에 이르기까지 마리를 내면과 외면 모든 면을 아우르며 도덕성에 이르기까지 사람들에게 귀감이 되는 참되고 완전한 사람으로 소개하고 있다. 이로써 이전에 없던 새롭고 선하며 지적으로나 도덕적으로, 그리고 영적으로 충만한 완전한 여성 지도자 마리의 모습을 독자들에게 소개하고 싶은 쟈크의 의도를 알 수 있다. 쟈크는 평신도 베긴 여성신비가인 마리를 살아있는 성인의 모습으로 가톨릭교회의 여성들과 남성들뿐만 아니라 여성신도들이 대다수인 카타르파 신자들에게도 존경하고 숭배할 수 있는 모범으로 제시하고자 했던 것으로 보인다. 이제 쟈크 비트리는 제2권에서 마리 드와니의 내적이고 영적인 열매들에 대해 다룰 것이라고 말한다. 이제 『성 마리 드와니의 생애』 제2권을 분석하고 신학적으로 성찰하도록 하겠다.

---

61 Ibid., 73.
62 Ibid., 74.

『성 마리 드와니의 생애』 제2권: 마리의 내적인 삶과 거룩한 죽음

쟈크 비트리의 『성 마리 드와니의 생애』 제2권의 소제목은 "마리의 내적 삶과 그의 거룩한 죽음"이다. 제1권에서 마리의 출생에서부터 결혼과 일상에서의 외적 삶을 주로 다루었다고 한다면, 제2권에서는 마리의 내면적인 삶과 죽음까지 다루고 있다. 제1권에 이어 제2권은 1장부터 13장까지 각각의 소주제로 나누어 저술하고 있다.

1. 왕의 딸의 다양한 미덕과 성령의 일곱 선물

쟈크 비트리는 마리를 "왕의 딸"이라고 호칭하며, 내적 위대함을 나타내는 마리의 수많은 덕목은 하나님이 선물하신 성령의 7가지 선물 때문이라고 말한다. 성령의 7가지 선물이란 지혜(wisdom)의 영, 이해(understanding)의 영, 충고(counsel)의 영, 강건함(fortitude)의 영, 지식(knowledge)의 영과 정의(righteousness)의 영, 그리고 경외(fear of the Lord)의 영으로 하나님께서 선물로 주심으로 마리를 충만하게 하셨다고 말한다. 지혜의 영으로는 마리를 기쁨으로 넘치게 하고(아가 8:5) 자선과 구제에 열정인 자애로운 사람으로 만들었고, 이해의 영은 마리가 높은 가치를 숙고하게 했다고 한다. 충고의 영은 마리에게 선견지명을 부여했고, 강건함의 영은 인내력과 오래 견디는 힘을 갖춘 사람으로 만들었으며, 지식의 영은 마리가 분별력을 갖춘 사람이 되도록 했고, 정의의 영은 마리의 마음을 자비로 가득 채우게 했으며, 주님을 경외하는 영은 마리가 매사에 신중하며 겸손하게 했다고 설명한다.[63] 쟈크는 7가지 성령의 선물 가운데 먼저 경외의 영에 대해서 설명한다.

쟈크 비트리는 제2권을 시작하면서 마리 드와니를 새로운 덕목과 영성을 지닌 새로운 성인(saint)으로 추대하면서 독자들이 과도하다고 느낄 정도로 마리를 이상화시키고 있다. 하나님으로부터 7가지 성령의 선물을 받아 완벽한 덕을 실행하는 완벽한 인간, 곧 완전한 사람 그 이상의 지도자의 모습으로 부각

---

[63] Anneke B. Mulder-Bakker, ed. *Mary of Oignies*, 79–80.

시키고 있음을 볼 수 있다. 카타르파는 자신들의 지도자들을 '완전자', 곧 '완전한 사람'(perfects)이라고 부른다. 카타르파, 곧 알비파 신자들은 일반신자들을 스스로 '좋은 사람', '좋은 그리스도인' 혹은 '하나님의 가난한 사람들'이라고 부르는 반면, 일반신자들보다 더 철저하게 금욕적인 삶을 실천하며 더 엄격하게 덕을 실현하는 지도자인 카타르파 사제들을 '완전자'라고 불렀다. 카타르파는 서로의 관계가 권력을 기반으로 하는 계층구조라기보다는 상대적으로 평등한 관계 구조를 갖는다. 특별히 여성들의 지위와 역할도 남성과 평등해서 여성들도 완전자로서의 지위와 역할을 한다. 알비파 십자군들을 위해 설교하는 적극적인 반이단주의자인 쟈크 비트리가 카타르파 지도자인 완전자보다도 도덕적으로 영적으로 더 뛰어난 지도자의 위상과 역할을 하는 마리 드와니의 모습을 부각시키고자 했음을 알 수 있다. 쟈크는 이어서 하나님이 마리에게 선물로 주신 7가지 성령의 선물이 어떤 것인지를 세세하게 묘사하며 완벽한 지도자 마리 드와니의 모든 것을 보여주고자 한다.

2. 주님을 경외하는 영(the spirit of the fear of the Lord)

쟈크는 마리가 하나님께로부터 받은 7가지 성령의 선물들 가운데서 "주님을 경외하는 영"을 가장 먼저 이야기한다. 그 이유는 모든 지혜의 근본이 주님을 경외함에 있기 때문이며 하나님을 경외하는 것이 모든 은혜의 안내자이기 때문이라고 말한다. 쟈크 비트리가 생애 전기 제2권에서 기술하는 내용을 요약해서 소개하도록 하겠다. 마리는 주님을 사랑하고 경외하는 마음으로부터 자신의 모든 행동과 말과 태도, 그리고 작은 일에도 소홀하지 않으려는 두려움이 있었다고 한다. '항상 주님을 내 앞에 두었으며'(시편 16:8; 사도행전 2:25), '모든 길에서 주님을 생각하며'(잠언 3:6), 주님을 기쁘시게 하려 했다고 한다. 마리는 설령 사소한 죄일지라도 이를 가벼이 여기거나 혹여 죄짓는 것이 즐거워지면 결국 영원한 지옥으로 이끌 수 있다는 것을 알았다. 마리는 크고 작은 모든 일들에 대해 주님을 경외하고 두려워하는 마음으로 언제든 중도를 지키려고 조심했다.[64] 쟈크는 아가서 4장 12절을 인용하여 "마리는 '폐쇄된 동산'이었

---

[64] Anneke B. Mulder-Bakker, ed. *Mary of Oignies*, 80.

고 '가려진 샘물'"이라고 표현하며 그녀가 그리스도와 그리스도에 속한 것들을 제외하고는 그 어떤 것도 쉽게 받아들이지 않았다고 한다. 마리에게 그리스도는 가슴속에 새겨진 묵상이며, 입술의 말씀이고, 행동을 위한 푯대였다는 것이다. 쟈크는 마리의 입술에서 세속적인 말을 하는 것을 들은 기억이 한 번도 없다고 회고한다.[65] 하나님을 향한 마리의 순결한 경외감은 가슴의 띠처럼 마리의 생각을 통제했으며, 입의 굴레처럼 혀를 억제했으며, 게으름을 방지하기 위한 채찍처럼 그녀의 행동을 이끌었다고 한다. 마리 드와니는 하나님을 경외하는 마음이 그녀가 하는 모든 것을 지배하게 하였다. 이렇게 주를 경외하는 영은 마리의 마음으로부터 이중적인 경향, 즉 그의 입에서 거짓을, 그리고 그의 행위에서 허영심을 마치 빗자루처럼 쓸어냈다고 밝힌다.[66]

쟈크 비트리는 마리가 나병환자를 돌볼 때에도 주님을 향한 거룩한 두려움으로 환자들을 대했다고 설명한다. 마리가 니벨스 근처 윌램브루(Willambroux near Nivelles)에서 사는 동안에도 마리는 땅에서 자연적으로 자란 식물들을 모아 음식을 만들었는데, 짐작건대 이는 마리가 악한 일의 대가로 얻은 물질을 받지 않으려 했기 때문이었다. 즉, 도둑과 고리대금업자들이 나병환자들의 집에 내는 구호금으로 식량을 얻지 않으려 했던 것이었다. 주님을 두려워하는 마리의 마음은 불법적인 일뿐만 아니라 합법적인 일들조차 조심하며 자제하였다. 왜냐하면 무절제한 영적 태만으로 인해 의도하지 않은 불법적인 행동에 빠지지 않도록 하려는 것이었다.[67] 쟈크에 따르면 마리는 철저하게 가난을 추구하는 생활을 했는데 그 이유 역시 주님을 두려워하는 경외의 영으로부터 비롯되었다고 한다. 마리는 기본적인 생활필수품조차 갖는 것을 꺼렸으며 무엇보다도 탁발하면서 헐벗었던 그리스도와 제자들의 삶을 따르기 위해 자신도 가난하고 헐벗은 삶을 살고자 했다. 마리는 요셉(창 39:15, 18)처럼 세상의 재물을 버리고, 사마리아 여인이 물동이를 뒤에 남겨 두고 떠났던 것처럼 그렇게 살기를 소망했다고 한다. 마구간에서 태어나 머리 둘 곳 없이 사셨던 주님의 가난하고 어려웠던 삶을 늘 마음에 간직한 마리는 자신도 구걸한 음식을 넣을 작은

---

65 Ibid., 81.
66 Ibid., 80.
67 Ibid., 81.

주머니와 작은 잔을 늘 몸에 지니고 다녔다고 한다.[68]

쟈크는 성경 말씀을 인용하여 부자에 대해 경고하면서 쟈크 자신의 주장을 다음과 같이 피력한다. 너희는 "돈으로 만족할 수 없으며 그것으로 어떠한 열매도 거두지 못할 것이다"(전도서 5:9), "좀이 먹고 녹이 슬며, 도적이 뚫는 땅위에 너희의 보물을 쌓아두는 너희들아, 너희는 항상 궁핍하고 빈곤할 것이다." 이어서 쟈크는 마리가 언제나 가난을 사랑하였기에 주님께서 그녀에게 필요한 것을 제공하셨다고 말한다. 마리는 주님을 경외하며 두려워하는 영을 통해 부를 경멸하였을 뿐만 아니라 경외의 영을 통해 자기 자신을 작은 자로 여겼으며 설사 어떤 일을 잘 성취해 냈을 때라도 스스로가 한 것이 아니라는 것을 자기 심장으로 느꼈다고 한다.[69] 쟈크는 '우리'라는 복수대명사 일인칭을 사용하여, 어느 날 '우리는' 마리에게 한 가지 질문을 하였다고 진술한다. 그들이 마리에게 했던 질문은, 사람들이 칭찬하거나 혹은 당신이 하나님의 신성한 계시를 경험할 때 혹여 자만심이나 자부심을 느낀 적이 있느냐는 것이었다. 이 질문을 받은 마리는 자신이 진정으로 추구하는 참된 영광을 생각한다면, 인간의 칭찬은 아무것도 아닐 것이며 실제로 아무런 가치도 없다고 대답했다.[70] 마리의 대답을 들은 쟈크는 "마리는 진리에 뿌리를 두고 주님 안에 굳게 서 있으므로, 그녀의 내면은 진정한 선함으로 채워져 있으며 영적인 양식으로 늘 새로워지고 풍요로웠다"고 감탄한다. 쟈크는 부연하여 설명하기를, 온갖 종류의 맛있는 음식에 배부르고 만족한 사람은 맛없고 신선하지 않은 냄새 나는 고기를 뱉어버리는 것처럼, 마리는 인간의 칭찬을 헛되이 여기고 마음속으로 혐오했다고 말한다.[71] 실제로, 세상의 달콤함에 취한 사람에게는 그리스도가 불만족스러운 것처럼, 그리스도의 선하심과 충만하심이 마리의 마음을 가득 채웠기에 마리에게는 오직 그리스도만이 전부였다는 것이다.

---

[68] Ibid., 81-82.
[69] Anneke B. Mulder-Bakker, ed. *Mary of Oignies*, 82.
[70] Ibid., 85.
[71] Ibid.

3. 경건의 영(the spirit of piety)

쟈크 비트리는 이어서 주님께로부터 받은 7가지 선물 가운데서 경건의 영에 대해 설명한다. 경건의 영에 대해 설명하면서 쟈크는 마치 경건의 영이 가장 중요한 것인 양 가장 많은 지면을 할애하여 매우 상세하게 설명한다. 쟈크는 마리가 어려운 사람들을 구제하고 병자들을 치유한 사건들, 마지막 임종을 앞둔 사람의 회개를 위해서 함께 했던 일화들, 장례식에 참여하여 하나님의 계시를 통해 하늘의 비밀을 받은 일[72] 등 이런 과정에서 마리가 악령과 악마들을 상대하여 싸우고 쫓아내는 초자연적인 기적의 사건들 모두가 하나님께서 마리에게 주신 선물, 경건의 영을 통해 수행할 수 있었다고 설명한다. 마리 드와니의 생애와 경이로운 크리스나의 생애 두 저술을 반이단적인(antiheretical) 문헌으로 해석하는 많지 않은 학자들 가운데, 패트리샤 디어리 커츠(Patricia Deery Kurtz)는 쟈크 비트리가 경건의 영의 일화를 설명하면서 특별히 카타르파 이단이 사용하는 개념이나 이미지, 그리고 기본적인 사상을 반박하거나 공격하는 관점으로 글을 전개하고 있다고 주장한다.

패트리샤 커츠의 주장에 따르면, 생애 전기 2권 '경건의 영' 부분에서 쟈크가 소개하는 병든 자들을 치유했던 마리의 기적 이야기들에 등장하는 더러운 악령, 악마, 천사, 그리고 연옥 등의 이미지와 일화는 쟈크 자신이 카타르파 이단을 겨냥해서 카타르파의 교리와 가르침을 반박하기 위해 글을 쓴 것이라고 주장한다.[73] 커츠가 주장한 것처럼 다음에 소개하는 3가지 일화에서 쟈크는 의도적으로 카타르파를 겨냥한 악마의 이야기, 속죄와 연옥, 그리고 천국, 죽음에 관한 내용을 드라마의 시리즈처럼 서술한다. 쟈크 비트리가 서술하는 마리 드와니의 치유와 연옥, 임종과 천국의 이야기를 살펴보도록 하겠다.

어느 날 마리가 자신의 방에 쉬고 있을 때 마리와 친분이 있는 한 수도사의 여동생이 마지막 고비를 앞두고 임종을 위한 기도가 진행되는 소리를 듣게 되었다. 마리는 즉각 병든 그 자매의 침상 주위에서 울부짖고 있는 악마들(demons)

---

[72] Ibid., 85–86.
[73] Patricia Deery Kurtz, "Mary of Oignies, Christine the Marvelous, and Medieval Heresy", *Mystics Quarterly*, Vol. 14, No. 4 (December 1988), 188.

을 인식할 수 있었고 곧장 임종의 문턱에 있는 자매의 침상으로 달려가 더러운 악마들을 대적하기 시작했다. 마리가 기도하며 망토를 사용하여 마치 파리를 쫓듯 악마들을 쫓아내자, 악마들은 더욱 힘을 내서 저항하며 그 자매의 영혼을 자신들의 것으로 만들려 했다. 마침내 마리는 그리스도께 부르짖으며 십자가에서의 죽음과 죄인을 위해 흘린 그의 피를 끊임없이 부르짖었다. 그러자 마리는 하나님의 영이 있는 곳에 자유가 있다는 확신을 얻고 "주여 비록 이 자매가 죄를 지었더라도 그는 자신의 죄를 고백했고 나는 이 자매를 위해 보증인으로 섰습니다. 비록 이 자매가 말할 수는 없지만, 혹시라도 이 자매에게 부주의나 무지로 인해 여전히 남아있는 죄가 있다면 그에게 회개할 시간을 남겨" 주시기를 주님께 기도했다.[74] 쟈크의 기록에 따르면, 그 자매의 형제들은 마리의 목소리와 악마들에 맞서는 마리의 행동을 지켜보면서 함께 주님께 간절한 기도를 드렸고 마침내 악마들은 도망갔다. 그리고 거룩한 천사들이 오고 그 자매는 하나님께 찬양을 드렸다.

그때에야 비로소 마리는 자신의 방으로 돌아와 혼자만의 시간을 가졌다고 한다. 이후 얼마 안 되어 성 베드로와 바울의 절기에 마리는 자신이 보증인으로 나섰던 그 자매의 상태를 염려하여 진심으로 주님께 기도했고, 성 베드로가 마리에게 그 자매가 고통받은 이유와 상태를 보여주었다고 한다.[75] 베드로는 그 자매의 영혼이 연옥에서 격렬하게 고문받고 고통당하는 것을 마리에게 보여주었는데, 그 이유는 그 자매가 세상의 기쁨을 지나치게 사랑했고 너무 많은 시간을 술을 마시며 낭비했기 때문에 고문받은 것이라고 설명했다. 마리의 마음은 연옥에서 고통받은 자들에 대한 깊은 연민과 자비로 가득했기에 자기 기도만으로 만족하지 않고 주변의 사람들과 미사를 통해 중보를 얻었다고 기록한다.[76]

쟈크는 이어서 또 다른 일화를 소개한다. 이번 사례는 한 신실한 과부의 죽음과 그 이후의 신비한 체험 이야기를 서술하고 있다. 니벨레 근처의 윌램브루에서 하나님을 잘 섬기는 신실한 과부가 생애 마지막 순간의 고통을 겪고 있었다. 마리는 임종이 다가온 그 과부와 함께 있었는데 과부 곁에서 성모 마리

---

[74] Anneke B. Mulder-Bakker, ed. *Mary of Oignies*, 86-87.
[75] Ibid., 87.
[76] Ibid.

아가 부채질하면서 과부의 고통스러운 열병을 진정시키고 있는 모습을 보았다고 한다. 과부의 영혼이 몸 밖으로 나가려고 할 때 숨어있던 악마들의 무리가 나타났고 이에 마리의 간절한 기도에도 물러나지 않았으나 천국의 열쇠지기가 십자가의 휘장으로 악마들을 쫓아내면서 악마들이 흩어지게 되었다.[77] 마침내 그 과부는 죽었고 마리는 성모 마리아와 함께 천사들이 죽은 과부를 둘러서 있는 것을 보았고 마치 두 개의 합창단으로 나누어 하나님을 찬양하고 시편을 노래하고 있는 듯이 보였다고 한다. 죽은 과부를 매장하려고 할 때 마리는 아직 세계에서 완전히 정화되지 못한 부인의 영혼이 연옥에서 부족한 면이 채워지는 것을 환상으로 보았다고 한다.[78] 죽은 과부의 남편이 살아있을 때 그는 상인이었고, 상인들의 습관대로 거짓으로 많은 재물을 얻었다고 한다. 과부 자신도 남편이 부당하게 얻은 재산을 낭비하였고 죽기 전에 이에 대해 완벽한 보상을 하지 않았기 때문에 과부 자신도 연옥에 머물러야 한다고 말했다. 이 소식을 듣고 과부의 딸이자 헌신적인 신자였던 윌램브루의 마가렛과 그녀의 자매들은 어머니를 위해 진심을 다해 기도하며 어머니가 다 하지 못했던 어머니가 하지 못했던 미진한 보상을 하기 위해 열심히 노력했다. 그 후 얼마 지나지 않아, 과부의 영혼이 마리에게 나타났는데 과부의 모습은 유리보다 더 투명하고 눈보다 더 희고, 태양보다 더 밝았다고 묘사된다. 과부는 환대받은 뒤에 그의 영혼이 하늘로 올라가 하나님의 영원한 연회에서 기쁨을 누리며 감사를 드리고 있다고 말한다.[79]

쟈크가 전하는 또 다른 예화는 어느 노인의 죽음과 관련된 이야기다. 어느 날 디낭의 요한이라는 노인이 죽음이 가까워졌을 때 마리는 그를 도와주었다고 한다. 요한은 정원사로 일했던 사람으로 어린 시절부터 순결을 지키며 독신으로 살아왔으며 그리스도를 위해 모든 것을 포기하고 모든 일에 좋은 모범을 보임으로 많은 영혼을 주님께로 인도하였다고 한다. 마리는 많은 천사들이 노인과 함께 기뻐하고 있는 모습을 보았다. 마리는 그 노인을 사랑했고 거의 아버지처럼 생각했다고 한다. 성령이 마리에게 계시함으로 요한이 살아있을 때 그리스

---

[77] Ibid., 88.
[78] Ibid.
[79] Anneke B. Mulder-Bakker, ed. *Mary of Oignies*, 88.

도를 위해 고통과 박해를 견뎠고 하나님을 두려워하며 경외심 속에서 회개하며 살아왔기에 연옥의 모든 고통에서 해방되어 주님께로 갔다는 것을 알게 되었다.[80] 그 때문에 마리가 요한 노인의 무덤을 지날 때마다 겸손하게 인사를 드렸으며, 나중에 병으로 마리 자신의 마지막을 준비하며 고생하고 있을 때, 그 노인의 영혼과 지인의 영혼이 그녀를 방문하여 영적 위로를 주었다고 기술한다. 그리스도의 종이었던 마리는 경건의 영으로 병든 이에 대한 연민으로 가득 차 있었으며, 그들을 위해 수많은 밤을 지새우며 기도했다고 한다.

위에서 열거한 쟈크 비트리의 3가지 일화들은 모두 죽음 직전의 임종과 사후의 이야기를 중점적으로 다루고 있다. 우선, 세상에서의 쾌락을 사랑하며 술로 시간을 낭비한 자매의 죽음, 남편이 부정한 방법으로 번 돈을 자신을 위해 낭비하고도 보상하지 않은 과부의 죽음, 그리고 정원사로 일했던 신실했던 노인 요한의 죽음을 다루며 누가 무슨 이유로 지옥과 연옥과 천국을 가게 되는지를 보여준다. 쟈크의 기록에 따르면, 죽음을 앞둔 이들의 임종 시기에 마귀, 악마의 악한 영들이 등장해 이들의 영혼을 데리고 가려는 모습이 묘사되고 마리의 중보기도와 영적 능력으로 저지하는 모습이 그려진다. 카타르주의자들은 연옥의 존재도 지옥의 존재도 믿지 않았으며 죽음을 통해 육체로부터 영혼이 해방되는 것을 구원이라고 믿었다. 고해성사나 종부성사 등 모든 성례전을 거부했던 카타르주의자들은 구원을 위해 그들의 사제 '완전자'가 임종 시 환자에게 손을 얹어 안수하는 '성령 위안 안수식'을 통해 영혼이 해방되는 반면, 해방되지 못한 영혼은 다시 육체를 입고 다른 삶으로 윤회한다고 믿었다. 쟈크 비트리는 이러한 잘못된 카타르파의 가르침을 정면으로 반박하며 죽음 이후에는 반드시 지옥과 천국, 연옥이 존재한다는 사실을 강조하고 있다. 쟈크는 죽음 이후 천국행과 지옥행, 그리고 연옥행을 결정하는 관건은 이 세계에서 어떻게 살았는가에 달려있다는 인과응보의 예시를 보여준다. 여기서 마리 드와니의 역할은 지옥으로 가게 될 자매를 마리의 영적 능력과 중보기도를 통해 연옥으로 가도록 중재하며 연옥에서 고통당하는 과부를 위해 과부의 딸들의 보상 행위와 마리의 중보기도를 통해 연옥에서 천국으로 가게 되는 드라마와 같은 일화를 소개하고 있다.

80　Ibid., 89.

쟈크는 경건의 영을 통해 마리가 행한 기적적인 치유, 죽은 자와의 교류, 악마와의 대결 등의 이야기 등, 위에서 소개한 이야기 외에도 다양한 이야기를 많은 지면을 할애하며 설명한다. 쟈크에 따르면, 주님은 마리의 존재만으로도 많은 사람에게 위로와 인내를 베푸셨고 마리 때문에 몸의 병을 치유해 준 경우도 종종 있었다고 한다. 뼈가 부러진 소년들, 귀에서 계속 피가 나는 소년, 목에 심각한 염증으로 고통받았던 여인, 그리고 심각한 병에 걸린 오와니의 사제 람베르트(Lambert)와 벨레스의 사제 게릭(Guerric) 등은 마리가 손을 얹어 안수기도를 하니 치유가 되었다고 기록한다. 많은 의사들이 도왔지만 절망 속에서 죽음만을 기다리고 있던 익명의 사람은 마리의 머리카락을 만지고 건강을 되찾았다.[81] 경건의 선물로 인한 마리의 치유사건, 마리의 기적 사건의 이야기를 기술한 쟈크는 이렇게 반문한다. 이토록 위대하고 놀라운 일들이 여전히 계속되고 있는 동안 우리의 관심은 왜 사소한 일에 머무르고 있는가? 쟈크는 이러한 질문에 스스로 대답하기를, 육체의 병을 완화하는 것은 경건의 표시나 영혼의 이익을 위해 치유하는 것은 훨씬 더 중요한 일로서 하나님께 기쁨을 줄 수 있는 일이다. 영혼을 위한 일만큼 하나님께 더 큰 기쁨이 되는 일은 없다고 쟈크는 마리의 치유하는 능력을 칭송한다.[82]

4. 지식의 영(the spirit of knowledge)

쟈크 비트리는 하나님께서 마리에게 지식의 영을 더하셔서 신중하고 분별력이 있으며 언제 어떻게 무엇을 해야 하고 피해야 하는지를 잘 분별할 수 있었다고 칭송한다. 쟈크에 따르면 하나님이 주시는 지식의 영이 없으면 사태를 파악하고 실재를 분별하는 것이 쉽지 않다고 말하며 예를 들어 설명한다. 선악을 분별하기 어렵기 때문에 악을 피하려 했으나 오히려 악에 빠지게 되고 사치를 피하고자 했으나 반대로 탐욕에 빠지기도 하고, 때로 세속적인 화려한 옷은 피하나 낡은 옷차림에 자만심을 갖게 된다. 악이 미덕의 모습을 가질 수 있어서 미덕을 따라 사는 사람들을 속이고 잔인함을 정의로움으로 가장하기도 하며

---

[81] Anneke B. Mulder-Bakker, ed. *Mary of Oignies*, 90.
[82] Ibid.

때로 게으름은 온건함으로 생각되기도 하며 부주의로 인한 일들이 때로 방종으로 생각되기도 한다고 열거한다.[83] 이렇게 지식의 영이 없어 신중함이 부족한 사람은 사리를 분별하기가 매우 어려워 의도와는 전혀 다른 방향으로 치우치지만 반대로 지식의 영을 선물로 받은 마리 드와니는 그렇지 않다는 것이다.

쟈크에 따르면, 지식의 영을 선물로 받은 마리는 좌우로 치우지 않고 매우 조심스럽게 중용의 길을 걸어갔으며, 하나님께 속한 것은 하나님께 바치며(마태복음 22:21; 마가복음 12:17; 누가복음 20:25), 이웃들과는 될 수 있는 한 최대한으로 평화를 유지했다고 한다. 마리는 타락한 사람들 사이에서 사려 깊게 살아가면서 모든 사람을 하나님께로 인도하기 위해 "모든 사람에게 모든 것이 되도록 하였다."(고린도전서 12:6) 마리는 성령께서 직접 가르치는 일이 아니면 자신을 위한 일은 어떤 것도 실행하지 않았으며 자신에 대해서는 매우 엄격해서 자신을 낮추고 매우 신중했다고 말한다.[84] 마리 드와니는 불의와 죄악에 대한 분노 때문에 죄인들을 버리지 않았으며 오히려 동정심을 느끼며 신중한 훈계로 많은 사람을 죄악의 길에서 돌아오게 하였다. 그렇다고 사람들의 죄를 용납하거나 죄인들과 어울려서 스스로를 기만하지 않았다고 한다.[85]

한 번은 마리가 윌램브루(Willambroux)에 있는 친구들을 방문하고 돌아오는 길에 니벨레스의 중심가를 통과하던 중 갑자기 세속적인 사람들이 그 도시에서 저지른 죄와 더러운 행위들이 마리의 마음에 떠올랐다. 순간 마리는 분노와 혐오감이 가슴 속에 밀려와 소리내어 울기 시작했다. 그 도시를 빠져나온 후 마리는 자신의 하녀에게 작은 칼을 달라고 요청하여 자기 발의 피부를 잘라냈다. 그 이유는 그 도시의 가증스러운 사람들이 너무나도 추한 불경스러운 일로 창조주이신 하나님께 상처를 드리며 노엽게 했기에 하나님이 느끼실 그 고통을 느꼈고 그 고통을 마리 자신의 발의 상처를 통해 육신으로도 느꼈다고 한다.[86]

---

[83] Ibid., 96.
[84] Ibid.
[85] Ibid., 98.
[86] Ibid.

5. 강건함의 영과 충고의 영, 이해의 영과 지혜의 영

쟈크는 계속해서 하나님께서 마리에게 선물로 주신 7가지의 영이 무엇인지, 그리고 선물로 받은 영을 통해 마리는 어떤 삶을 살았는지를 기록한다. 앞에서 설명한 경외의 영, 경건의 영, 그리고 지식의 영, 외에도 쟈크 비트리는 계속해서 강건함의 영과 충고의 영과 이해의 영, 그리고 마지막으로 지혜의 영에 대해서 설명한다. 쟈크는 처음 3가지 영의 선물에 대해서는 상당히 많은 페이지를 할애하며 긴 예화와 설명을 제공했지만, 나머지 4가지 영의 선물들에 대해서는 상대적으로 간략하게 다음과 같이 기술한다.

쟈크는 강건함 혹은 용기의 영(the spirit of fortitude)의 중요성을 말하면서, 만일 우리가 강인함의 영이 없다면 사실 경건의 영도, 경외의 영도, 지식의 영도 별반 소용이 없다고 말하며 실제로 7가지의 영들은 모두 상호 연결되어 있다고 한다. 쟈크에 따르면, 만일 강인함을 통해 위협적인 악에 저항하지 않는다면, 인내를 가지고 계속해서 선을 행하지 않는다면, 한결같은 마음으로 끝까지 견뎌내지 않는다면, 그리고 오랜 수고를 통해 영생의 열매를 기다리지 않는다면, 실상에 있어 경외의 영을 통해 악을 피하는 것도, 경건한 영으로 선을 행하는 것도, 지혜의 영으로 모든 것을 분별하는 것도 아무 소용이 없다.[87] 그렇기에 하나님께서는 마리에게 용기의 영, 곧 강인함의 영을 주셔서 마리는 적의 공격에 쉽게 무너지지 않고 평정심을 유지할 수 있었으며 악을 악으로 갚지 않고 오히려 악한 말을 하는 사람을 축복하며 무례한 사람에게도 선을 행할 수 있었다는 것이다. 하나님이 선물로 주신 용기의 영으로 인해 마리는 박해와 상처를 견뎌낼 수 있었으며 주님이 허락하신 훈련을 기쁨으로 받아들이고 고난조차 즐겼다고 한다.[88]

이어서 쟈크는 하나님께로부터 선물로 받은 충고 혹은 조언(counsel)의 영에 대해 설명한다. 마리는 하나님이 주시는 도움의 조언 없이 자기 뜻만을 주장하지 않았으며 마리의 주변 친구들 역시 마리에게 조언 얻기를 무엇보다 기쁘게 여겼다고 한다. 하나님이 주신 조언의 영을 통해 마리는 항상 선견지명을 가지

---

[87] Anneke B. Mulder-Bakker, ed. *Mary of Oignies*, 101.
[88] Ibid.

고 예측하며 모든 일을 성실하게 행했으며 무분별하거나 성급한 마음으로 행하지 않도록 항상 신중을 기했다고 한다. 마리는 성령의 깊은 체험을 한 사람으로 성서의 말씀으로 충분히 훈련받았지만, 다른 사람들의 관계에서 자신의 의지만을 고집하지 않고 주변 사람들의 조언을 구하며 겸손하게 행동해서 다른 사람들의 반감을 사지 않도록 했다고 한다. 또한 마리는 자신에게 조언을 구하는 사람에게 성급하게 대답하지 않고 먼저 하나님의 영감을 기도로 구했으며 하나님께 응답받은 후에 도움을 청한 사람에게 대답했다고 한다.[89]

6번째 영의 선물로 '이해의 영'을 설명한다. '이해의 영'을 통해 마리는 이제 정화된 마음으로 땅의 일뿐 아니라 하늘의 일도 보게 되었다고 한다. 눈에 보이는 것뿐 아니라 눈에 보이지 않는 것까지도 인식하고 이해하며, 초월적인 능력으로 예시하고 예언하는 마리의 능력에 대해 쟈크는 구체적인 사례를 들어 설명한다. 마리는 이해의 영을 통해 얻는 초월적인 능력으로, 한 수녀를 향해 전투를 벌이는 악마를 보기도 하고 주님이 그 수녀를 도우셔서 악마가 패배하여 떠나는 것도 볼 수 있었다. 쟈크는 매우 수려한 문체와 수사학적 기법을 사용하여 시편과 아가서의 구절을 인용하여 마치 궁정 시처럼 아름다운 문장을 구사하며 이 같은 사례들을 서술한다. 이에 더해 쟈크 비트리는 '이해의 영'을 통해 마리가 카타르 십자군 전쟁에 대해 예언한 사건을 기록하고 있다. 로버트 바틀렛 역시 쟈크 비크리가 마리의 특별한 능력인 예언의 능력을 이야기하며 알비파 십자군에 대해 예언한 것을 중요한 사안으로 지적한다. 즉 바틀렛은 알비파 십자군이 쟈크의 마리의 생애 기획과 형성에 중요한 부분을 차지하고 있다는 것을 강조한다.[90] 쟈크는 마리가 알비파 십자군을 예언한 때는 실제로 알비파 십자군 전쟁이 발생하기 3년 전이었다며 그 시점을 분명히 하고 있다. 알비파 십자군 전쟁에 대한 마리의 예언을 기록한 쟈크의 발언은 다음과 같다.

> 프로방스에서 이단과 전쟁을 벌이기 3년 전에, 그녀는 하늘에서 십자가들이 수많은 사람에게 쏟아지는 것을 보았다고 했다. 이 사건이 발생할 당시 우리 지역에서는 이단에 대한 언급이 없었지만, 그때 하나님께서 종종 그녀에게 영감

---

89 Ibid., 103.
90 Robert Bartlett, "Jacques de Vitry (d. 1240) and the Religious Life of his Time", 10.

을 주셨고, 영감을 통해 마리는 하나님께서 마치 자신의 국토를 완전히 잃어 버리고 그 지역에서 추방당한 것처럼 한탄하시는 것이 느껴졌다고 한다. 그리스도의 성화된 순교자들이 십자가를 사랑하여 먼 곳에서 몽가우시(Mongausy)라는 곳으로 찾아와 그리스도의 십자가에 대한 배신을 복수하려다가 십자가의 원수들에게 죽임을 당했다. 마리는 거룩한 천사들이 기뻐하며 여기서 죽임 당한 이들의 영혼을, 연옥을 거치지 않고 즉시 데리고 가는 것을 보았다고 한다. 마리는 비록 그 장소에서 먼 곳에 있었음에도 불구하고 이 모든 것을 보았다고 한다.[91]

이제 마지막으로 쟈크는 마리의 영적인 선물로 지혜의 영을 소개한다. 예술가가 자기 작품을 완성하는 것처럼, 최고의 대제사장이 성전을 풍부하게 장식하는 것처럼, 그렇게 최고의 왕은 성령의 일곱 가지 선물 중 마지막 선물인 지혜의 영으로 자신의 딸인 마리를 장식하였다고 쟈크는 묘사한다.[92] 쟈크 비트리는 뛰어난 수사학적 문체를 사용하여 아가서의 신랑과 신부처럼, 사랑하는 사람들 사이에서의 정서적인 교류를 묘사하는 것처럼, 그리고 궁중 로맨스를 다루는 궁중 시가의 분위기로 하나님을 향한 그녀의 갈망과 열망을 감각적으로 묘사하고 있다.[93] 쟈크는 마치 마리와 주님을 신랑과 신부처럼, 때로는 엄마와 아기처럼, 때로는 딸과 아버지처럼 은유적인 표현을 통해 주님을 향한 마리의 사랑과 마리를 향한 주님의 사랑과 자비를 아름답게 표현한다. 각 성인의 축일에는 주님께서 그 기념일에 적합한 모습으로 자기 자신을 마리에게 나타내셨고 그 모습에 마리가 너무도 기뻐하는 모습을 묘사한다. 더욱 관심을 끄는 것은 쟈크가 성인 축일에서의 축제를 묘사하며 해당 성인 당사자가 천사들과 함께 마리를 찾아와 대화를 나누었으며, 마리는 한 이웃을 다른 이웃과 구별하는 것처럼 천사들과 성인들을 각각 구별할 수 있었다고 한다.[94]

쟈크는 주님의 마지막 선물인 지혜의 영을 설명하면서 유독 성인들에 관한 이야기를 많이 하고 있다. 독자로서 마리를 성인으로 추대하고자 하는 쟈크의

---

[91] Anneke B. Mulder-Bakker, ed. *Mary of Oignies*, 107.
[92] Ibid., 110.
[93] Ibid.
[94] Ibid., 111.

의도가 분명하게 읽히는 부분이기도 하다. 마리는 외로운 여정 가운데 주님으로부터 큰 위로와 말씀을 들었으며 천사들과 성인들이 인사하러 마리를 방문하기도 했다고 기록한다. 모두 마리의 영적인 이해와 지혜의 영을 통해서 경험할 수 있는 일이었다. 쟈크 비트리는 마리 드와니의 생애 제2권의 긴 지면을 할애하면서 하나님께서 마리에게 주신 영의 선물 7가지를 매우 심혈을 기울여서 섬세하고도 구체적인 일화와 이야기 등으로 채우고 있다. 이로 볼 때 쟈크에게 성령의 7가지 선물은 매우 중요한 가치를 지니고 있다는 것을 알 수 있다. 쟈크 비트리는 제1권을 통해서 마리 드와니의 외적인 삶과 신앙생활을 기술했으며 제2권에서는 마리에게 주신 7가지 하나님의 영의 선물을 기술하며 마리가 가진 내적 덕목들이 모두 하나님의 선물의 영에 의한 것임을 기술한다. 쟈크 비트리는 마리 드와니가 단순히 신실한 평신도 여성이 아니라 하나님의 7가지 영으로 세워진 하나님의 사람이라는 것을 강조하고 있다. 마리 드와니는 하나님의 선물로 부족함이 없이 완벽하게 구비한 완성된 완전자로서 위대한 성인이라는 것을 독자들에게 각인시키고자 한다.

6. 마리 드와니의 예전적인 성가: 장례 예식의 삼위일체 성가의 신학

1) 마리 드와니의 오와니 이전

이제 쟈크는 마리 생애의 마지막 단계를 기술하고자 한다. 쟈크는 그동안 서술한 7가지 영의 선물을 왕의 딸이자 그리스도의 신부를 위한 귀한 장신구와 향기로운 옷차림으로 은유적으로 묘사했다면, 이제 마리 생애의 마지막 기간을 '옷자락'이라며 상징적으로 표현한다. 그러면서 우리는 이제 그동안 주님께 바친 마리 생애의 마지막 부분을 '희생제의'로 헌정한다고 하면서 글을 시작한다.[95]

쟈크는 마리 드와니의 지난 삶을 돌이켜 보는 듯, 생의 마지막 단계에 다다른 마리가 삶을 정리하며 죽음을 준비하는 모습을 기술한다. 마리 드와니는 길지 않은 자신의 인생에서 상당한 시간을 윌램브루(Williambroux)에서 나병환자들

---

[95] Anneke B. Mulder-Bakker, ed. *Mary of Oignies*, 115.

을 돌보며 병들고 고통에 처한 사람들을 위해 희생하고 헌신하는 삶으로 하나님께 자신을 희생 제물로 드렸다. 이제 마리는 자기 삶과 주변을 정리하고 전심으로 하나님께만 집중하며 마지막 삶을 정리하고자 했다. 그동안 마리는 너무도 많은 방문객과 주변의 사람들을 돌아보느라 홀로 하나님과의 시간을 충분히 갖지 못했다는 안타까움에 하나님과 함께할 장소와 동료를 제공해 주십사고 오랜 기간 기도로 간구해 왔다고 한다. 마침내 하나님께서 마리의 기도에 응답하셔서 마리가 단 한 번도 가본 적이 없을 뿐만 아니라 일반 사람들에게도 낯선 조용하면서도 낙후된 오와니의 한 지역으로 가게 된다. 마리는 너무도 낯선 장소에 심사숙고하면서도 하나님의 약속과 인도를 믿었기에 남편 존과 귀도 사제에게 오와니에 머물겠다고 말했다. 존과 귀도는 남편과 남편의 형제로 가족관계이기도 하지만 윌램브루에서 나병환자를 돌보고 봉사하는 공동체의 일원이기에 마리는 자신의 거취를 이들에게 알렸던 것이다. 어쩌면 14세 이래로 거주하던 지역을 떠나 생애 마지막을 낯선 곳에서 홀로 지내고자 하는 마리의 결정은 이전 성인들이 또 다른 고행과 수도 생활하던 모습을 연상시킨다. 존과 귀도 역시 마리를 깊이 존경하고 신뢰하기에 말리지는 못했으나 그래도 마리가 그곳에 머물 것이라고는 생각하지 않았다고 한다.[96]

하나님께서 예정하신 곳으로 주님의 인도를 따라가는 중에 오와니 마을의 수호성인인 성 니콜라우스[97]가 미리 마리를 마중 나와 마리를 만났다고 기록된다. 성인 니콜라우스는 3세기 후반에서부터 4세기 중반까지 살았던 성인으로 마리와 니콜라우스의 만남은 신비적인 영적 만남으로 이루어졌다는 것을 알 수 있다. 필시 마리가 겪은 경험을 쟈크에게 공유함으로 기록되었을 것이라 짐작할 수 있다. 마침내 오와니에 도착한 날은 성 니콜라우스 축제가 있는 날이었고 도착한 순간부터 마리는 하나님께서 미리 보여주셨기에 수도원과 수도회원이 누구인지를 파악할 수 있었다고 한다. 쟈크에 따르면, 마리는 바로 그곳이 자신이 마지막 머물 곳임을 알았으며, 오와니 수도원에서 죽을 것이라고 예언했다고 한다. 마리는 자기 시신이 오와니 교회 안 어느 장소에 묻힐 것인지도

---

[96] Ibid., 115-116.
[97] 여기서 말하는 성 니콜라우스는 내용과 연대를 살펴볼 때, 270년 3월 15일 탄생하고 343년 12월 6일 사망한 3-4세기 동로마 제국에서 활동하였던 기독교의 성자를 말하는 것으로 파악할 수 있다. 산타클로스의 유래가 된 인물이기도 하다. 성인으로 시성 되었으며 축일은 12월 6일 이다. 마리를 마중 나왔다는 것은 역사적 사실 기록이라기보다는 신비 가운데 만난 것으로 이해할 수 있다.

쟈크에게 직접 이야기했고 이후 그 예언은 사실로 입증되었다고 한다.[98] 쟈크는 하나님의 명령에 따라 아브람이 고향과 친척들을 떠난 것을 은유적으로 비교하는 양 마리가 자신의 고향과 친척을 떠나 오와니에 도착하여 하나님의 그늘 아래 안전하게 정착했다고 기술한다. 오와니로의 이동은 마리가 자신의 생애 마지막 시간이 다가온다는 것을 느꼈기 때문이라고 한다. 쟈크의 설명에 따르면, 사실 마리는 6년 전에도 비록 정확한 날짜는 이야기하지 않았지만, 마리 자신이 죽을 연도와 시기를 귀도와 쟈크 자신에게 예언했다는 것이다. 따라서 마리는 더 이상 세속적인 세계에서 시간을 소비하지 않고 오로지 주님과 함께 시간을 보내고자 했다고 말한다.

쟈크는 마리가 주님께로 떠나기로 한 그해에 마리와 자신 사이에서 있었던 일에 대해 상세히 설명한다. 즉 마리가 세상을 떠난 해 쟈크 자신은 교황이 맡긴 사역 곧 이단과 맞서 싸울 사람들을 위해 설교하고 도움을 줄 일들을 준비하고 있었다고 한다. 쟈크는 그저 이단이라고 표명했지만 실제 역사적 자료를 검토할 때 그 이단은 카타르파, 곧 알비파 이단임을 알 수 있다. 마리가 죽은 이후에 마리의 생애 전기를 저술하기 시작하였고 3년 후에 완성되었으니, 쟈크는 마리가 임종하기 훨씬 이전부터 이단을 방어하고 회심시키고자 노력했으며 급기야 알비파 십자군을 위해 설교하는 일 등으로 카타르파 이단 척결에 깊이 몸담아 온 것을 알 수 있다. 따라서 마리의 생애 전기가 바로 이단 척결의 목적과 깊은 관계가 있다고 전제하는 것은 당연한 일이라고 할 수 있다.

쟈크에 따르면, 그때만 해도 마리의 몸 상태는 좋은 편이었음에도 불구하고 마리는 자신의 죽음을 준비하고 있었다고 한다. 마리는 자신이 죽기 전에 병으로 몸이 쇠약해지면 자신을 돌보는 사람과 다른 사람들에게 짐이 될까를 늘 염려하며 두려워했다고 한다. 그리고는 자신이 월요일에 죽을 것이라고 예언했기 때문에 월요일에는 고기를 먹지 않았다는 것이다.[99] 마리는 자기 죽음이 가까이 올수록 밤낮으로 주님을 섬기는 일에 최선을 다했으며 음식은 최소의 양으로 줄였다고 한다. 3월 15일 성모 수태고지 축일에서부터 세례요한 축일을 보통 5월 초부터 시작한다고 할 때 약 1달 반 동안 식사한 횟수가 오직 11번뿐

98　Anneke B. Mulder-Bakker, ed. *Mary of Oignies*, 116.
99　Ibid., 118.

이었다고 한다. 자신의 죽음을 준비하기 위함이었다는 것을 알 수 있다. 쟈크의 증언에 따르면, 마리가 사도들 가운데 가장 사랑했던 사도는 성 안드레 사도(Apostle Andrew)라고 한다. 안드레 사도를 자신의 가장 친한 친구로 생각하고 사랑한 이유는 주님을 향한 그의 사랑을 너무 닮고 싶었기 때문이란다. 안드레 사도가 십자가에 매달려 주님을 떠나지 않으려 했던 모습이 너무 사랑스럽고 자신이 닮고 싶었던 모습이기 때문이라고 한다. 쟈크는 그런 안드레 사도가 마리가 병에 걸리기 직전에 마리에게 나타나 마리를 위해 다음과 같이 예언했다고 한다. "확신을 가져라, 딸아! 나는 너를 버리지 않을 것이다. 내가 주님의 증인이었고 주님을 부인하지 않았던 것처럼 그대가 하나님 앞에 서는 날, 내가 그대 옆에 함께 있을 것이고 그대의 성품을 증언하고 그대의 증인이 되리라"[100]고 약속했다는 말을 전한다.

2) 마리가 부르는 장례 예식을 위한 예전적인 찬양

쟈크의 기록에 따르면, 마리는 약속된 생의 마지막 시간이 가까워지고 있음을 느끼며 하나님의 음성을 듣고서 높고 맑은 목소리로 3박 3일 동안 계속해서 멈추지 않고 찬양하며 감사했다고 한다. 죽음을 앞두고 감사와 찬양을 하는 마리의 모습과 장면은 다음과 같이 묘사된다.

> 마리는 아름다운 화음으로 하나님과 거룩한 천사들과 성모님, 성인들과 그녀의 친구들, 그리고 거룩한 성서에 대해 노래하며 쉬지 않고 감사하며 찬양했다. 마리는 찬양하면서 의도적으로 문법에 맞는 문장을 구성하려고 하지 않았으며, 리듬을 맞추려고도 하지 않았지만, 주님이 도와주셔서 마치 노래를 부르는 동시에 작사 된 것처럼 아름답고도 리듬감이 있는 영감 어린 찬양을 계속해서 부를 수 있었다. 그녀는 계속해서 눈물을 흘리면서도 기뻐했으며 노래의 가사나 리듬에 숙고하지도 않았으며 각 부분을 정렬하기 위해 중단할 필요도 없었다. 마치 천사 중의 하나가 양 날개를 그녀의 가슴 위로 펼쳐서 보좌하여 돕

---

[100] Ibid.

는 듯, 마리는 어떠한 어려움도 없이 노래를 부를 수 있었다.[101]

쟈크는 임박한 죽음을 앞두고 마치 독자들의 눈앞에서 공연하고 있는 것처럼 마리가 찬양하는 모습을 섬세하게 묘사하고 있다. 라오 왕(Luo Wang)은 쟈크가 삽입한 마리의 찬양하는 내용은 일반적인 성인전기의 형태라고 볼 수 없다고 지적한다.[102] 이어서 라오 왕은 쟈크가 기술한 성가 찬양의 이야기가 상대적으로 길다는 점과 마리의 전적인 통제하에 이루어진 예전의 최고 절정이 상당한 시간 진행된 마리의 단독 공연으로 이루진 점이 그 특징이라고 한다. 이러한 점들을 감안할 때 생애 전기 작가 쟈크는 일반적으로 지역에 기반을 둔 예전들에 비해, 죽음에 임박한 마리에게 예외적으로 강하고 적극적인 주체성을 부여하고 있다고 말한다. 이러한 점들은 보통 임종을 앞둔 성인들을 위한 전형적인 예전의 위상을 훨씬 넘어서는 수사학적 목적에 기여하고 있다는 것이다. 이런 점들을 근거로 라오 왕은, 쟈크가 기술한 마리의 신비적인 성가 찬양은 단순히 생애 전기의 한 부분으로 삽입한 것이 아니라, 산 자와 죽은 자, 이승의 세계와 저승의 세계를 연결하는 강력한 중재자의 위상과 기능을 성스러운 여성인 마리에게 부여하고자 하는 의도적인 구성이라고 주장한다.[103]

12세기-13세기에는 죽음 이후 연옥에서의 죄의 정화에 대한 믿음이 성직자들 사이에도 중요한 요소로 강조되고 있었으며, 여성들의 중재적인 기도의 영향력 역시 중요하게 생각되었다. 이러한 연옥에 대한 신앙과 신학이 대중화되던 시기, 지역에서 거행되는 장례 예식에서 여성들의 기도와 함께 여성들의 성가 찬양은 죽음과 사후의 세계, 그리고 부활한 몸과 고통 등의 사유와 연결되어 중재적 역할에서 매우 주요한 의미가 있다.[104] 라오 왕 역시 쟈크가 기술한 마리의 성가 찬양은 유일한 상황은 아니라고 말하며 다양한 형태와 다양한 강

---

101 Anneke B. Mulder-Bakker, ed. *Mary of Oignies*, 119.
102 라오 왕에 따르면, 쟈크가 마리의 성가 찬양을 삽입하면서 강조하는 점은 무엇보다도, 성가 찬양을 중심적인 매개로 해서 목소리를 내는 마리의 뛰어난 재능과 방대한 가사의 내용을 섭렵하는 마리의 능력뿐만 아니라 마리의 영적인 지식에 대해 강조하고 있다고 지적한다. Lao Wang, "Medieval Saints and Their Miraculous Songs: Ritual Singing, Funerary Piety, and the Construction of Female Sanctity in Thirteenth-Century Liege", *Church History* (2020) 89, 511.
103 Ibid.
104 Ibid.

도를 가지고 중세 유럽의 다양한 지역에서 발견할 수 있다고 한다. 임박한 죽음을 준비하는 마리가 수행하는 신비적인 성가 찬양에 대한 쟈크의 묘사는 그럼에도 중세 유럽에서도 상당히 초기의 현상이라고 말한다.[105] 따라서 쟈크가 기술하는 생애 전기에서 임종을 앞둔 마리가 자신의 지휘하에 진행하는 예전에서 긴 시간을 할애하며 실행한 성가 찬양은 마리 드와니에게 성인으로서 죽은 자와 산 자를 연결하고 이승과 저승을 중재하는 카리스마적인 지도자로서의 위상을 부여하기 위한 쟈크 비트리의 특별한 구성이라고 생각할 수 있다.

쟈크는 마리의 생애 전기 제1권과 제2권에서 외면의 덕과 내면의 영성을 통해 일반 그리스도인이 본받고 존경할 만한 성인으로서의 모습뿐만 아니라 이단들, 특별히 카타르, 알비파 이단들의 지도자인 완전한 자들보다 더 완벽한 지도자인 하나님의 사람 마리 드와니의 모습을 그려냈다. 이제 죽음을 목전에 둔 마리를 위한 예식에서, 마리의 성가 찬양을 넣어서 구성함으로써 현실의 세계와 죽음의 세계를 잇는 사역자로서의 특별한 역량과 지위를 확인시키고자 하는 것을 볼 수 있다. 마리 드와니가 사망한 후 쟈크 비트리는 생애 전기 말미에 마리는 죽었으나 죽지 않았다고 이야기한다. 쟈크 비트리는 알비파 십자군들을 위해 설교하려고 전투 현장에 갈 때도 언제나 마리의 손가락뼈를 담은 작은 주머니를 목에 걸고 다녔다는 이야기만 하더라도 쟈크가 생애 전기 속에 기술한 대로 죽음과 삶을 중재하는 중재자요 사역자로서 마리의 위상을 굳게 믿었음을 알 수 있다.

다음 날 다시 마리는 최고조의 톤으로 성 삼위일체, 그리고 일체성 가운데서의 삼위와 삼위 가운데서의 일체성에 관하여 노래했다고 한다.[106] 마리는 이렇게 삼위일체에 관한 찬양을 노래했으며 놀랍게도 언어로 표현할 수 없는 심오하고도 신비한 것들을 노래로 표현해서 불렀다. 마리는 성경을 전적으로 새롭고도 낯선 방법으로 해석했으며 복음서, 시편, 구약과 신약성서를 이전에는 결코 들어보지 못한 다양한 방식으로 세밀하게 해석했다고 한다. 마리는 삼위일체로부터 시작해서 그리스도의 성육신으로, 성육신에서부터 성모 마리아로, 거룩한 천사들, 사도들, 그런 다음 이어서 다른 성인들로 점차로 하향해서 내

---

105 Lao Wang, "Medieval Saints and Their Miraculous Songs," 511.
106 Anneke B. Mulder-Bakker, ed. *Mary of Oignies*, 120.

려갔다고 한다. 마지막 단계에서는 세상에 있는 친구들을 차례로 한 사람씩 언급했는데 친구들을 위해서는 리듬감 있게 낭만적인 언어로 주님께 기도했다고 기술된다. 쟈크는 마리가 삼위일체와 성육신에 대해서, 성모와 천사들에 대해서, 그리고 성인들에 대해서도 심층적이고 신비로운 내용을 노래 형식으로 표현했다고 함으로써 신학자와 설교자로서의 마리를 기술하고 있는 것을 볼 수 있다. 실제로 마리는 자신의 "신학적 진술"(the theological statements)을 찬양이라는 형식으로 표현한 것이라고 할 수 있다.[107] 마리는 성모 마리아 찬가(Magnificat)를 찬양하며 리듬 있는 산문으로 반복적으로 노래하면서 기쁨과 행복감을 발견했다고 한다. 마리는 성모 마리아 찬가가 끝나고 이어서 시므온의 찬가(Canticle of Simeon)를 노래했고 그 이후에는 리에주 수도회에 사는 마리의 친구들이자 종교적인 여성들의 평화를 위한 기도가 이어졌다. 마리는 니벨스 지역의 신앙인들과 리에주 교구에 사는 많은 사람을 위해 기도드릴 때는 노래의 첫 번째 절과 각 절의 끝에서 항상 시므온의 고별 노래인 넛 디미티스(Nunc dimittis)를 반복했다고 한다.[108]

이로써 쟈크 비트리는 마리가 자기 죽음을 목전에 두고 3일 동안 밤낮으로 계속해서 신학적 진술을 담은 성가 찬양을 수행한 모습과 내용 등을 긴 지면을 할애하며 서술하고 있다.『성 마리 드와니의 생애』의 거의 마지막 부분에 쟈크가 기록한 마리의 신학적 성가는 성인전기를 연구하는 학자들이 왜 쟈크 비트리의 작품에 대해 찬사를 아끼지 않는지 알게 해준다. 쟈크가 기록한 마리의 성가 찬양은 라오 왕이 주장한 것처럼 전형적인 예배나 예식에서 실행되는 단순한 성가 찬양을 넘어선다는 것을 그가 기술한 찬양의 길이와 내용에서 보여준다. 이 또한 마리 드와니가 죽은 자와 산 자, 저승과 이승을 이어주고 중재하는 중보자요 사역자로서의 위상을 가지고 있다는 것을 보여주고자 하는 쟈크 비트리의 의도적인 구성이라고 할 수 있다. 또한 마리의 찬양을 통해서 전달하는 삼위일체와 성육신과 성모와 천사, 그리고 성인에 대한 방대한 신학적 진술은 마리의 신학자로서의 위상과 설교자로서의 위상을 보여주려는 쟈크의 기획 의

---

[107] Ibid., 8.
[108] Ibid., 121-122. 넛 디미티스(Nunc dimittis)는 성 시메온의 노래로 "주여 말씀하신대로" 눅 2:29-32절의 라틴어 첫마디다. 이 노래는 4세기부터 매일 기도의 일부를 이루고 초대교회 사도 법전에 기도문으로 들어있다. 가톨릭에 관한 모든 것, Nunc Dimittis, https://terms.naver.com/entry.naver?docId=2367325&cid=69168&categoryId=51340, 2023. 9. 4.

도를 알려준다. 카타르, 알비파 이단의 여성들은 설교하고 가르치기도 하는 지위와 역할을 부여받지만, 가톨릭교회에서는 마리와 같은 베긴 여성은 물론 수녀들에게도 설교할 수 있는 권한이 없으며 오직 남성 사제들, 성직자들에게만 허용되는 특별한 권한이었다. 따라서 마리가 찬양의 형식을 빌려 전달하는 심오한 신학적 진술은 실제로 사람들에게 전달하는 설교였으며 사제들의 설교권을 침해하지 않으면서 은혜롭고도 감동적인 신학적 진술을 통한 하나님 말씀을 대중들에게 전하는 설교적 수단이었음을 쟈크 비트리가 알려준다.

3) 마리 드와니의 죽음

삼일간의 찬양과 경배로 즐겁고 행복한 시간을 보낸 후에 마리는 자신의 침상을 성당 제단 앞으로 옮기고 자신이 드렸던 기도문과 성모님의 노래가 담긴 작은 책, 그리고 가까이하던 작은 책자들을 수도사들에게 건네주었다.[109] 쟈크는 마리가 죽기 전 어느 목요일 오후 마리와 함께 기도드린 일에 관해 설명한다. 쟈크를 포함한 여러 사람이 오후 기도를 하고 있을 때 마리는 사람들을 보지도 않고 말도 하지 않은 채 고요하게 하늘을 응시하고 있었으며 편안함으로 얼굴이 밝아지기 시작했다고 한다. 마리는 미소를 지으며 낮은 목소리로 한참동안 노래를 불렀다고 한다. 쟈크는 마리 곁으로 가까이 다가가 귀를 기울였고 그 노래의 일부분이 "우리의 왕이신 주님, 당신은 얼마나 아름다우신지"였다고 기록한다.[110]

쟈크 비트리는 성 세례 요한의 축일 오후 예배 시간이 거의 되었을 때, 십자가의 고통 속에서 주님의 영혼이 떠나간 제9시에 마리는 이 세상을 떠나 주님께로 갔다고 적고 있다. 죽음의 고통은 미소를 머금은 마리의 표정을 바꾸지 못했으며 사망 후에도 마리의 얼굴은 천사와 같이 깨끗하고 맑은 표정을 띠고 있어서 그 모습을 본 사람들은 숭고함을 느꼈다고 한다. 마리의 작고 거룩한 몸은 질병과 금식으로 인해 아주 작고 마른 상태였다고 한다. 쟈크 비트리는 마리는 죽었지만 죽지 않은 양 여전히 활동하고 있다고 적고 있다. 마리는 죽어

---

[109] Anneke B. Mulder-Bakker, ed. *Mary of Oignies*, 122.
[110] Ibid., 125.

서도 생전에 사랑했던 이들을 버리지 않고 돌보고 있으며 쟈크도 마리의 도움을 받고 있다고 믿는다고 기록한다.

1213년 7월 23일 마리 드와니는 36세의 나이로 영원한 하나님 나라로 옮겨갔다고 쟈크는 적고 있다. 마리가 떠나간 하나님 나라는 죽음이 없는 생명의 나라, 밤이 없는 빛의 나라이며, 거짓이 없고 진리가 가득하고, 슬픔이 없고 기쁨이 넘치며 두려움이 없이 언제나 안전하며 쉼이 있는 곳이며, 영원함이 있는 곳이라고 쟈크는 말한다. 그곳은 근심도 고통도 없으며 하나님의 거룩한 뜻이 모든 것을 가득하게 채우며 모두가 만족할 수 있는 자유로운 영이 충만한 곳이라고 한다.[111] 그때는 하나님께서 모든 것의 모든 것이 되시며(고린도전서 15:28) 우리 주 예수 그리스도께서 만물을 하나님 아버지께 바칠 것이며(고린도전서 15:24), 예수 그리스도께서는 동일한 성부 하나님과 성령님과 함께 이 세계를 끝까지 다스리실 것이라 고백하며 쟈크 비트리는 성 마리 드와니의 생애를 맺는다.[112]

쟈크 비트리는 마리가 죽은 후, 계속해서 카타르 십자군을 위해 설교했으며 성지(Holy Land)의 아크레(Acre)의 주교로서 활동하고 이후에는 로마에 있는 투스룰룸(Tusculum)의 추기경(Cardinal Bishop)으로 지내다가 마리가 사망한 지 약 30년 후에 오와니로 돌아와 마리 묘소 옆에 묻혔다고 한다. 쟈크 비트리에게 마리 드와니는 누구보다도 훌륭하고 헌신적인 성스러운 여성이었기에 모든 그리스도인들이 존경하고 따르며 숭배하기에 합당한 최고의 성인일 뿐만 아니라 심지어 카타르파, 알비파 이단들까지도 존경하고 숭배하고 따르기에 부족함이 없는 완전한 사람들 중에서도 가장 최고의 완전자라고 알리고 싶었던 신앙의 사람이었다.

---

[111] Ibid., 127.
[112] Ibid., 127.

참고 문헌

Audi, Robert. ed. *The Cambridge Dictionary of Philosophy*. Cambridge: the University of Cambridge. 1999.

Barron, Caroline. & Nigel Saul. ed. *England and the Low Countries in the Late Middle Ages*. Phoenix Mill: Sutton. 1998.

Beckman Patricia Z. & Amy Hollywood Y. eds. *The Cambridge Companion to Christian Mysticism*. Cambridge University Press. 2012.

Bennett, Judith M. & Karras Ruth Mazo. *The Oxford Handbook of Women & Gender in Medieval Europe*. Oxford University Press. 2013.

Breyer, Elisabeth A. *Passionate Spirituality: Hildegard of Bingen and Hadewijch of Brabant*. New York: Paulist Press. 2005.

Brown, Jennifer N. *Three Women of Liège: A Critical Edition of and Commentary on the Middle English Lives of Elisabeth of Sapalbeek, Christina Mirabilis and Maire d'Oignies*. Belgium, Turnhout: Brepols Publishers, 2008.

Brunn, Emilie Zum. & Georgette Epiney-Burgard. Women Mystics in Medieval Europe. Belgium, Turnhout : Brepols Publishers, 2008.

Burnham, Louisa A. *So Great A Light, So Great A Smoke: The Beguine Heretics of Languedoc*. Ithaca and London: Cornell University Press. 2008.

Deane, Jennifer Kolpacoff., Hildo van Engen & Letha Böhringer. *Labels and Libels: Naming Beguines in Northern Medieval Europe*. Belgium, Turnhout : Brepols Publishers, 2008.

Dickens, Andrea Janelle. *The Female Mystic: Great Women Thinkers of the Middle Ages*. London & New York: I. B. Tauris. 2009.

Elliott, Dyan. *Proving Woman: Female Spirituality and Inquisitional Culture in the Later Middle Ages*. Princeton University Press. 2004.

Farley, Wendy. *The Thirst of God*. Kentucky, Louisville: Westminster John Knox Press. 2015.

Field, Sean L. *Courting Sanctity: Holy Women and the Capetians*. Ithaca and London: Cornell University Press. 2019.

Furlong, Monica. *Visions and Longings: Medieval Women Mystics*. Boston: Shambhala Publications. 1996.

Grundmann, Herbert. *Religious Movement in the Middle Ages*, University of Notre Dame Press. 1995.

Hadewijch of Magdeburg. *Hadewijch: The Complete Works*, trans. & introduced by Mother Columba Hart. O.S.B. New York: Paulist Press. 1980.

Hollywood, Amy. *The Soul as Virgin Wife*. Notre Dame & London: University of Notre Dame Press. 2001.

Howells, Edward & McIntosh Mark A. *The Oxford Handbook of Mystical Theology*. Oxford University Press. 2020.

Irigaray, Luce. *Speculum of the Other Woman*. Ithaca, NY: Cornell University Pres. 1974.

James, William. *The Varieties of Religious Experience: A Study in Human Nature*. Matthew Bradley trans. Oxford University Press. 2012.

J. M. Robinson. *Nobility and Annihilation in Marguerite Porete's 'Mirror of Simple Souls'*. SUNY Press. 2001.

Jantzen, Grace M. Power, *Gender and Christian Mysticism*. Cambridge University Press. 2000.

Korte, Anne-Marie. ed. *Women and Miracle Stories: a Multidisciplinary Exploration*. Leiden & Boston: Brill. 2004.

Lanzetta, Beverly J. *Radical Wisdom: A Feminist Mystical Theology*. Minneapolis: Fortress Press. 2005.

Lerner, Gerda. *The Creation of Feminist Consciousness: From the Middle Ages to Eighteen-Seventy*. New York: Oxford University. 1993.

Lomperis Linda & Sarah Stanbury, *Feminist Approaches to the Body in Medieval Literature*. Philadelphia: University of Pennsylvania Press. 1993.

McDonnell, Ernest W. *The Beguines and Beghards in Medieval Culture: With Special Emphasis on the Belgian Scene*. New Jersey: Rutgers University Press. 1954.

McGinn, Bernard. *The Flowering Mysticism: Men and Women in the New Mysticism 1200-1350*. New York: A Herder and Herder Book. 1988.

_____. ed. *Meister Eckhart and the Beguine Mystics: Hadewijch of Brabant, Mechthild of Magdeburg, and Marguerite Porete*. New York: Continuum Publishing Company. 1994.

McIntosh, Mark A. *Mystical Theology*. Malden & Oxford: Blackwell Publishing. 2003.

Mechthild of Magdeburg. *The Flowing Light of the Godhead*. Trans. & Intro. Frank Tobin. Preface by Margot Schmidt. New York: Paulist. 1998.

Mommaers, Paul. & Elisabeth Dutton. *Hadewijch:Writer-Beguine-Love Mystic*. Belgium: Peteers. 2004.

Monney, Catherine M. ed. *Gendered Voices: Medieval Saints and Their Interpreters*. Philadelpia: University of Pennsylvania Press. 1999.

Mulder-Bakker, Anneke B. ed. *Mary of Oignies: Mother of Salvation*. Belgium, Turnhout: Brepols Publishers. 2007.

Murk-Jansen, Saskia. *Brides in the Desert: The Spirituality of the Beguines*, London: Darton, Longman and Todd Ltd, 1998.

Nelstrop, Louise, Kevin Magill and Brdley B. Onishi. *Christian Mysticism: An Introduction to Contemporary Theoretical Approaches*, Burlington, AshGate Publishing. 2009.

Newman, Barbara. *Thomas of Cantimpré the Collected Saints' Lives*. Belgium, Turnhout: Brepols Publishers. 2008.

Petroff, Elizabeth Alvilda. *Body & Soul: Essays on Medieval Women and Mysticism*. New York, Oxford: Oxford University Press. 1994.

Poor, Sara. *Mechthild of Magdeburg and Her Book: Gender and the Making of Textual Authority*. University of Pennsylvania Press. 2004.

Porete, Marguerite. *The Mirror of Simple Souls*, translated and introduced by Ellen L. Babinsky, New York: Paulist Press, 1993.

Richards, Jeffrey. *Sex, Dissidence and Damnation: Minority Groups in the Middle Ages*. London & New York: Routledge. 1990.

Rubin, Miri. & Water Simons. eds. *The Cambridge History of Christianity in Western Europe c. 1100-c. 1500*. Cambridge University Press. 2014.

Sells, Michael A. *Mystical Languages of Unsaying*. Chicago & London: University of Chicago Press. 1994.

Simons, Walter. *Cities of Ladies :Beguine Communities in the Medieval Low Countries, 1200-1565*. Philadelphia: University of Pennsylvania Press. 2001.

Spearing, Elizabeth. ed. *Medieval Writings on Female Spirituality*. New York: Penguin Books. 2002.

Swan, Laura. *the Wisdom of the Beguines: the Forgotten Story of a Medieval Women's Movement*. New York: Blue Bridge. 2014.

Voaden, Rosalynn. *God's Words, Women's Voices: The Discernment of Spirits in the Writing of Late-Medieval Women Visionaries.* York Medieval Press. 1999.

Underhill, Evelyn. *Mysticism: The Nature and Development of Spiritual Consciousness.* Oxford: Oneworld. 2008.

고프, 르 자크. 『연옥의 탄생』. 최애리. 서울: 문학과 지성사. 1995.

곤잘레스, 후스토 L. 『중세교회사』. 엄성옥. 은성출판사. 2012.

단슬리, 마가렛. 『중세교회 역사』. 박희석. 서울: 기독교문서선교회. 1993.

라우스, 앤드루. 『서양 신비사상의 기원』. 배성옥. 칠곡군: 분도출판사. 2011.

린치, 조셉. 『중세교회사』. 심창섭 & 채천석. 서울: 솔로몬. 2010.

말로운, 메리 T. 『여성과 그리스도 1: 초세기부터 천년까지』. 유정원 & 박경선. 바오로딸. 2008.

_____. 『여성과 그리스도교 2: 천년부터 종교개혁 전까지』. 안은경. 바오로의 딸. 2009.

박승찬. 『중세의 재발견: 현대를 비추어보는 사상과 문화의 거울』. 서울: 도서출판 길. 2020.

베르몽, 장. 『중세는 살아있다: 그 어둠과 빛의 역사』. 최애리. 서울: 도서출판 길. 2008.

러너, 거다. 『역사 속의 페미니스트: 중세에서 1870년까지』. 김인성. 평민사. 1988.

샤하르, 슐람미스. 『중세 여성이 역사: 제4신분』. 최애리. 나남. 2010.

오먼, 조던. 『가톨릭 전통과 그리스도교 영성』. 이홍근. 분도출판사. 1998.

이명곤. 『역사 속의 여성 신비가와 존재의 신비: 생애와 정신 그리고 철학적 비전』. 서강대학교 출판부. 2016.

이충범. 『중세신비주의와 여성: 주체, 억압, 저항 그리고 전복』. 서울: 동연. 2011.

_____. 『중세 여성과 현대영성』. 의정부: 도서출판 문화가족. 2012.

존스턴, 윌리엄. 『신비신학: 사랑학』. 이봉우. 칠곡군: 분도출판사. 2008.

파워, 아일린. 『중세의 사람들』. 이종인. 즐거운 상상. 2010.

코플스턴, 프레드릭. 중세철학사. 파주시: 서광사. 1988.

트뤼옹, 니콜라스 & 쟈크 르 고프. 『중세 몸의 역사』. 이카루스 미디어. 2003.

푸어만, 호르스트. 『중세로의 초대』. 안인희. 이마고. 2001.

틸리히, 폴. 『그리스도교 사상사』. 서울: 대한기독교서회. 2005.

헤르, 프리드리히. 『중세의 세계』. 크리스챤 다이제스트. 2002.

참고 소논문

Andrea, Alfred J. "Walter, Archdeacon of London, and the "Historia Occidentalis" of Jacques de Vitiry." *Church History*. vol. 50. (1981).

Bennett, Judith M., "Medievalism and Feminism." *Speculum*. 68. (1993).

Bartlett, Robert. "Jacques de Vitry (d. 1240) and the Religious Life of his Time." *History*. vol. 108. (2023).

Corduan, Winfried. "The Gospel According to Margaret." *Journal of The Evangelical Theological Society*. 35/4. (1992).

Kurtz, Patricia Deery. "Mary of Oignies, Christine the Marvelous, and Medieval Heresy." *Mystics Quarterly*. Vol. 14. (December 1988).

Lerner, Robert. "The Image of Mixed Liquids in Late Medieval Mystical Thought." *American Society of Church History*. Vol. 40, (1971).

Lachance, Paul. "Nobility and Annihilation in Marguerite Porete's 'Mirror of Simple Souls'" *Journal of Religion*. vo. 83. (2003)

Marin, Juan. "Annihilation and Deification in Beguine Theology and Marguerite Porete's Mirror of Simple Souls." *Harvard Theological Review*. 103:1 (2010).

McGinn, Bernard. "Marie d'Oignies and the New Mysticism," *Svensk Teologik Kvartalskrift*. Årg 72. (1996).

Njus, Jesse. "The Politics of Mysticism: Elisabeth of Spalbeek in Context." *Church History*. 77: 2. (2008).

Wang, Lao. "Medieval Saints and Their Miraculous Songs: Ritual Singing, Funerary Piety, and the Construction of Female Sanctity in Thirteenth-Century Liege" *Church History*. (2020).

Ziegler, J. E. & W. Simons. "Phenomenal Religion in the Thirteenth Century and Its Image: Elizabeth of Spalbeek and the Passion Cult." *Studies in Church History*. vol. 27. (1990).

김재현. "Mulieres vulgariter dictae beguinae": 메히트힐트(Mechthild of Magdeburg)를 중심으로 한 베긴회(Beguines) 연구."「중세르네상스 영문학」. 제12권. (2004).

신소희. "하데위히의 신비문학: 궁정풍 문학과의 관련성."「문화와 종교」. 제21권. (2016).

신창석. "베긴네의 출현과 가톨릭 여성 신비주의."「가톨릭철학」. 제19호 (2012년).

안상혁. "자크 르 고프의 『연옥의 탄생』에 대한 비평적 읽기."「신학정론」. 33. (2015).

이충범. "베긴(Beguine) 여성들과 그 공동체가 수행한 전쟁지도 작법에 관하여."「韓國敎會史學會」. 제21호. (2007).

이필은. "중세 여성 종교운동에 대한 사제와 신학자들의 반응:13세기 초에서 14세기 중엽까지 파리 베긴에 대한 신학자들의 태도 연구를 중심으로."「西洋中世史硏究」. no.22. (2008).

정달용. "중세의 여성 신비가."「중세철학」. 1996.

정용석. "'휘어진 갈빗대': 세 기독교 사회와 여성에 한 역사 고찰"「대학과 선교」, 제25집, (2013).